ADORAÇÃO

ANTIGA & CONTEMPORÂNEA

EDIÇÃO REVISTA

ADORAÇÃO
ANTIGA & CONTEMPORÂNEA

Robert E. Webber

978-1-56344-894-2

Publicado por Literatura Nazarena Portuguesa, Lisboa
e
Global Nazarene Publications, Lenexa, Kansas (EUA)

Originally published in English by Zondervan as
   Worship Old and New
   Copyright © 1994
   Robert E. Webber

Esta edição é publicada por acordo com
   The Zondervan Corporation

Pedidos de informação devem ser enviados para:
   Zondervan, Grand Rapids. Michigan 49530 (EUA)

Todas as passagens bíblicas citadas neste livro estão na versão Almeida Revista e Corrigida (ARC), exceptuando as que tiverem indicada outra versão entre parênteses.

Os títulos dos hinos existentes em português (entre aspas dentro de parêntesis rectos) são do seguinte hinário:

Louvor e Adoração. Hinário para Igrejas Evangélicas.
Publicações Lillenas, Kansas City, 1982.

Versão em português europeu elaborada pela equipa da
Literatura Nazarena Portuguesa, composta por:
Priscila Guevara, Maria João Petticrew, Paulo de Melo Duarte

*Dedicado à minha irmã e ao seu marido
Eleanor e Nelson Entwistle
em apreciação pela calorosa hospitalidade
que têm demonstrado a tantas pessoas e
especialmente pelo amor e terno
cuidado dado aos nossos pais nos
seus anos de maturidade.*

Conteúdo

Prefácio 9
Capítulo 1: *Introdução* 11
PARTE 1: Os Fundamentos Bíblicos da Adoração 17
   Capítulo 2: *Temas Bíblicos na Adoração* 19
   Capítulo 3: *Adoração do Antigo Testamento* 33
   Capítulo 4: *Adoração do Novo Testamento* 41
   Capítulo 5: *Adoração do Cristianismo Primitivo* 51
PARTE 2: Uma Teologia Bíblica da Adoração 63
   Capítulo 6: *A Adoração é o Evangelho em Movimento* 65
   Capítulo 7: *A Adoração é a Representação do Evangelho* 69
   Capítulo 8: *A Adoração é o Evangelho Representado através de Formas e Sinais* 81
PARTE 3: Uma Breve História da Adoração 87
   Capítulo 9: *Adoração Antiga e Medieval* 89
   Capítulo 10: *A Adoração da Reforma e da Igreja Livre* 103
   Capítulo 11: *A Renovação da Adoração no Século XX* 115
PARTE 4: A Prática da Adoração 131
   Capítulo 12: *O Contexto Ambiental da Adoração* 133
   Capítulo 13: *Conteúdo, Estrutura e Estilo* 145
   Capítulo 14: *Juntar o Povo* 149
   Capítulo 15: *Escutar e Responder à Palavra* 159
   Capítulo 16: *Lembrar e Dar Graças* 169
   Capítulo 17: *Seguir Adiante para Amar e Servir ao Senhor* 185
   Capítulo 18: *A Função da Música na Adoração* 189
   Capítulo 19: *A Função das Artes na Adoração* 199
   Capítulo 20: *Os Cultos do Ano Cristão* 211
   Capítulo 21: *As Acções Sagradas da Adoração* 221
   Capítulo 22: *A Adoração e os Ministérios Relacionados* 243
   Capítulo 23: *Um Desafio para os Renovadores Evangélicos da Adoração* 251
Notas finais 255
Bibliografia 267

Prefácio

No prefácio da primeira edição do *Adoração: Antiga e Contemporânea*, escrevi: "o principal valor do livro é ser um texto sobre adoração para aulas no seminário e na universidade. No entanto, também deve ser de interesse para pastores, directores de educação cristã, equipas de adoração e pessoas leigas que desejam estar mais informadas sobre o assunto."

Nesta segunda edição do *Adoração: Antiga e Contemporânea*, resisti à tentação de escrever uma introdução simplista e popular sobre a adoração. Em vez disso, mantive o sabor académico do livro e continuei a vê-lo como uma introdução académica ao vasto campo dos estudos da adoração.

Desde o *Adoração: Antiga e Contemporânea* ter sido publicado há onze anos atrás, tem emergido uma enorme quantidade de livros que cobrem cada aspecto da adoração. Adicionalmente, os fogos de renovação da adoração têm-se espalhado em todas as direcções. Tenho interagido com este renovado interesse na adoração nesta edição revista. Apesar de uma grande porção do texto original ter sido mantido, toda a obra passou por uma significativa revisão.

O material foi reorganizado em quatro divisões principais: Os Fundamentos Bíblicos da Adoração, Uma Teologia Bíblica da Adoração, Uma Breve História da Adoração e A Prática da Adoração.

A porção bíblica do livro foi reforçada com a adição de um novo capítulo sobre os temas bíblicos e com um capítulo mais profundo sobre a adoração do Antigo Testamento.

Também reorganizei o material teológico e expandi o material histórico para incluir um capítulo sobre os movimentos de renovação do século XX.

A secção sobre a prática da adoração é a que contém as mudanças mais significativas. Aqui, tentei providenciar não apenas uma compreensão académica sobre a adoração, mas também uma perspectiva através dos olhos do líder de adoração e dos adoradores.

Espero que estas melhorias no *Adoração: Antiga e Contemporânea* tornem a obra mais prestativa para o estudo em aula e uma orientação útil para os praticantes da adoração que desejem melhorar a adoração nas suas igrejas locais.

Finalmente, desejo adicionar uma palavra de agradecimento ao meu editor, Matthew Maloley e ao Dr. Richard Leonard, que ofereceram muitas sugestões para melhorar esta segunda edição do *Adoração: Antiga e Contemporânea*.

—*Robert Webber*

CAPÍTULO 1

Introdução

Numa visita recente a São Francisco, tive um domingo livre para visitar uma igreja à minha escolha. Ao olhar para as Páginas Amarelas, encontrei um anúncio da St. Gregory Nyssen Episcopal Church que afirmava: "seguimos um modelo de adoração da igreja primitiva com a participação e envolvimento total da congregação."

Uma visita a esta igreja validou o anúncio. Esta igreja tinha um estilo de adoração altamente participativo e de envolvimento. A congregação juntava-se, primeiro, à volta de uma grande mesa na extremidade este da igreja. Ali praticávamos os "Aleluias" que devíamos cantar no culto. Depois disso, a adoração começou com um hino de abertura e todos entrámos em procissão num movimento de dança para o espaço de adoração para o serviço da Palavra. Depois de completar os rituais de entrada, sentámo-nos voltados uns para os outros enquanto escutávamos a Palavra de Deus, lida de um púlpito situado entre bandeiras africanas. Após a leitura das Escrituras, tocaram num gongo tibetano e à medida que o seu som passava ao longo do espaço, meditámos nas palavras que tínhamos ouvido. Depois do sermão, que foi pregado por alguém sentado (um costume antigo), a congregação foi convidada a responder. Uma por uma, as pessoas levantaram-se e responderam. Alguns fizeram perguntas e receberam respostas. Outros falaram de necessidades atendidas ou despertadas. Outros também mencionaram como Deus tinha falado com eles através do sermão ou como Deus estava presente nas suas lutas. Depois do serviço da Palavra, procedemos com uma dança congregacional de volta à mesa. Estando de pé à volta dela, passámos a paz de Cristo, demos graças pelo pão e pelo vinho, partilhámos e depois cantámos e dançámos à volta da mesa. Finalmente, foi dada uma bênção e depois pão, queijo e frutas foram trazidas para a mesa para todos comerem e desfrutarem.

Uma experiência similar ocorreu na Christ Church em Nashville, uma grande igreja pentecostal que está a mudar para aquilo que crê ser a adoração da igreja primitiva. Cada manhã de domingo, esta igreja celebra uma eucaristia especial durante a hora da Escola Dominical para aqueles que desejam participar. No primeiro domingo de cada mês, toda a congregação celebra a eucaristia. O serviço da eucaristia começou com cantos espirituosos — hinos, coros, salmos e músicas particulares da tradição pentecostal. O cantar era seguido por um tempo de oração durante o qual nos juntávamos em pequenos círculos dando as mãos e orando uns pelos outros. Então, ouvíamos e respondíamos à leitura das Escrituras que eram seguidas por um pequeno sermão. Após isso, o pastor chamava as pessoas a juntarem-se à volta da mesa do Senhor. E cantávamos e cantávamos novamente. O pastor guiava-nos na confissão de pecados usando o Livro de Oração Comum e então perguntava se alguém presente precisava de cura. Várias pessoas vinham e ajoelhavam-se para serem ungidas com óleo e para serem tocados pelo pastor. De seguida, a congregação recebia o pão e o vinho enquanto cantavam cânticos de ressurreição e exaltação. À medida que íamos embora, cumprimentávamo-nos uns aos outros com a paz de Cristo.

Descrevi duas tradições cristãs em extremidades opostas do espectro protestante — uma igreja litúrgica e uma igreja pentecostal. Ainda assim, ambas têm-se movido para um estilo particular, da sua tradição para um novo estilo, um estilo que tem numerosos elementos em comum. Este fenómeno, que está a acontecer em quase todas as denominações e à volta de todo o mundo, pode ser explicado por três afirmações inter-relacionadas:

1) As igrejas de quase todas as tradições estão a descobrir a adoração das tradições bíblica e histórica;

2) As igrejas de quase todas as denominações estão a descobrir-se e estão a reconhecer que os elementos de adoração preservados noutras tradições são relevantes para a adoração de hoje;

3) O que está a acontecer é a convergência das tradições de adoração, uma mistura da adoração antiga e da contemporânea.[1]

ADORAÇÃO ANTIGA E CONTEMPORÂNEA

Hoje em dia, a adoração de muitas congregações locais mantém-se num cruzamento incerto. Uma das principais razões para esta incerteza é o colapso dos distintos estilos de adoração denominacionais. O carácter interdenominacional de muitas denominações e a liberdade dos líderes de adoração de extraírem vários estilos desta, está a mudar a adoração em muitas igrejas. Por esta razão, parece haver uma grande ansiedade entre os pastores e líderes de adoração. Que tipo de adoração pode ir, possivelmente, de encontro às mudanças que estão a acontecer na igreja?

Há três respostas para esta questão. Primeiro, há os tradicionalistas que querem que a adoração seja o que sempre foi. Essas são as pessoas que resistem à mudança ou que estão tão profundamente comprometidas com um modelo histórico particular de adoração, que falar sobre incorporar novos estilos de adoração é intolerável. Segundo, há também aqueles que desejam abandonar a adoração tradicional por ser irrelevante e ir em busca de uma adoração que é contemporânea. A adoração contemporânea é difícil de identificar visto haver tantas formas de adoração contemporânea criativa, desde a guitarra até aos modelos de entretenimento da adoração.

Uma terceira abordagem, que defendo neste livro, mescla tanto o antigo como o contemporâneo, uma adoração que respeita a tradição e busca incorporar os estilos de adoração formados pela igreja contemporânea. Refiro-me a esta abordagem como adoração antiga e contemporânea.

CARACTERÍSTICAS GERAIS

A adoração antiga e contemporânea examina, antes de tudo, questões antigas sobre a adoração. O tema reformador da *Semper Reformanda* (sempre reformada) é levado seriamente. A adoração ecuménica tem questionado recentemente a essência da, e as razões para adoração; este livro aborda estas questões das perspectivas bíblicas, históricas, teológicas e da sociologia.

Segundo, a adoração antiga e contemporânea aprende da adoração de toda a comunidade. Consequentemente, este livro irá olhar simpaticamente para a adoração litúrgica, assim como para a adoração dos reformadores, o movimento da igreja livre, os pentecostais e os carismáticos. A adoração antiga e contemporânea identifica o que as comunidades de adoração podem aprender de tradições que não são a sua própria.

Terceiro, a adoração antiga e contemporânea tem um respeito saudável pelo passado. Esta obra reconhece a forma como a adoração tem permanecido fiel às suas raízes judaicas e cristãs primitivas e como é que se tem adaptado aos vários períodos de tempo e diversas culturas.

Finalmente, a adoração antiga e contemporânea está totalmente comprometida com a relevância contemporânea. Pelo facto da adoração ser um acto de comunicação entre Deus e o Seu povo, a adoração deve tocar as vidas das pessoas, estimular a formação pessoal e espiritual e trazer cura aos relacionamentos.

CARACTERÍSTICAS ESPECÍFICAS

A adoração antiga e contemporânea está comprometida com as Escrituras como fundamento para os estudos sobre a adoração. A adoração não é uma invenção humana, mas é um dom dado por Deus. Consequentemente, pesquisar as origens da adoração, tanto no Antigo como no Novo Testamento, não é uma questão de escolha, mas de necessidade. Se Deus dotou os povos de Israel e a igreja primitiva com a adoração, então as Escrituras irão relacionar os princípios e padrões de adoração que vão não só informar a igreja acerca da adoração, mas guiá-la na sua preocupação em ser fiel à tradição bíblica.

A adoração antiga e contemporânea aborda a história da adoração da igreja com grande respeito. Ao longo da história da igreja, o povo adorador de Deus tem buscado, com vários níveis de sucesso, dar forma a uma adoração fiel à tradição bíblica. Como resultado da obra do Espírito Santo ao longo da história, a Igreja tem sido abençoada por uma grande variedade de estilos de adoração. Esses estilos não são meros artefactos do passado, mas são um rico tesouro de recursos dos quais podemos aprender e até tomar emprestado para a adoração de hoje.

A adoração antiga e contemporânea reconhece a teologia como uma disciplina que reflecte na sua experiência, particularmente a experiência da adoração. De um ponto de vista teológico, a adoração constitui o Evangelho em movimento. A adoração celebra os maravilhosos actos de salvação de Deus. Durante a adoração, Deus comunica aos adoradores a Sua salvação e cura, aos quais o povo responde com fé, louvor, oração, acção de graças e uma vida de serviço no mundo.

Finalmente, a adoração antiga e contemporânea apresenta a prática de adoração na sua plenitude — adoração dominical, a função da música e das artes, os cultos do ano cristão, as sagradas acções de adoração e os ministérios de adoração.

A PRÁTICA DA ADORAÇÃO ANTIGA E CONTEMPORÂNEA

Esta secção demonstra como é que o antigo e o contemporâneo podem ser misturados numa alegre experiência de adoração. Consequentemente, os quatro actos de adoração são apresentados: actos de entrada, o serviço da Palavra, o serviço da eucaristia e os actos de despedida. Os líderes de adoração reconhecem que esses quatro actos são caracterizados por uma qualidade narrativa, que conta e representa a história dos actos salvíficos de Deus. Esses actos também levam o adorador à experiência de simbolizar um relacionamento com Deus através da entrada alegre, que traz a comunidade adoradora à presença de Deus, a leitura e pregação das Escrituras que falam às necessidades sentidas, uma resposta eucarística que celebra a presença curadora de Cristo à mesa e uma despedida orientada para a missão que envia o povo para o mundo para amar e servir a Deus.

A prática de uma adoração antiga e contemporânea baseia-se numa grande variedade de conteúdo e estilo musical. Por exemplo, a reunião pode ser caracterizada por uma música amistosa ou coros contemporâneos enquanto o hino de entrada pode ser um hino processional antigo, acompanhado por instrumentos de corda e sopro, uma alegre procissão de pessoas lideradas por um dançarino e bandeiras que expressam a natureza festiva de chegar perante Deus. O salmo responsivo pode ser liderado por um cantor com o povo respondendo com um refrão atraente. As músicas da Santa Ceia podem ser uma mistura entre música Taizé e coros contemporâneos apropriados.

Uma adoração antiga e contemporânea também advém das artes. Na renovação de adoração hoje em dia, muita atenção é dada aos artistas e ao uso dos seus dons artísticos. O poder do símbolo visual, o movimento congregacional e a participação física, o apropriado uso de peças de teatro, a recuperação dos sentidos e o envolvimento da pessoa como um todo na adoração têm sido redescobertos.

A prática de uma adoração antiga e contemporânea também chama para a recuperação das festividades do ano cristão. Os cultos do ano cristão não são meros rituais, mas festividades reais. Elas caracterizam os dramáticos eventos da história redentora nos quais Deus traz salvação ao povo: Advento, Natal, Epifania, Quaresma, Semana Santa, Páscoa e Pentecostes. A recuperação da natureza evangélica desses cultos tem o poder não apenas de revitalizar a fé, mas também de ordenar a espiritualidade da congregação.

A prática da adoração antiga e contemporânea pode ser enriquecida pelas acções sagradas que nos trazem à igreja, que nos nutrem, sustêm e que trazem cura às nossas vidas. A renovação da adoração de hoje traz novos discernimentos para o significado e prática dos sacramentos e uma redescoberta de como a prática evangelística das ordenanças e sacramentos renovam a fé.

CONCLUSÃO

O tipo de adoração apresentado neste livro deve ser saudado como um desafio e não como uma ameaça. Ele é fundamentado nos melhores elementos bíblicos, históricos e tradicionais da adoração. Ele preocupa-se que a adoração seja autêntica e real e caracterizada por um sentido de plenitude, o sentimento de profunda alegria e a experiência de conforto e cura.

É, numa palavra, a adoração do pós-Iluminismo que está sintonizada com a fé dinâmica do cristianismo bíblico e a mudança dos padrões culturais de vida. Este é o tipo de adoração que irá atrair e manter as pessoas na igreja e dar orientação às suas vidas confusas.

Por estas razões, a convergência da adoração antiga e da contemporânea mantém-se como um sinal numa encruzilhada incerta da adoração futura. Diz: "Aqui está uma forma de preservar o melhor do passado e de caminhar com confiança para o futuro."

PARTE 1
Os Fundamentos Bíblicos da Adoração

É um assunto estranho e curioso que tão pouco tenha sido apresentado à maior parte das comunidades de adoração acerca dos fundamentos bíblicos da adoração. Enquanto os estudantes bíblicos têm rebuscado o hebraico e grego para interpretar as Escrituras no seu idioma original e contexto histórico, pouca tem sido a atenção dada à linguagem da adoração nas Escrituras. Enquanto os estudantes das Escrituras têm examinado o desenvolvimento do pensamento bíblico sobre a iniciativa de Deus na revelação e redenção, poucos se têm interessado na resposta do povo em adoração. Enquanto os estudantes têm feito teologia e reflectido no carácter de Deus, na pecaminosidade da condição humana e na obra resgatadora de Jesus Cristo, pouco pensamento tem sido dado a quão toda esta teologia é colocada em movimento na instituição da adoração. Consequentemente, os estudantes têm-se graduado e têm-se tornado pastores que direccionam a atenção da congregação para as Escrituras, mas que têm pouco conhecimento sobre como levar essa congregação em adoração a Deus.

Mas tudo isto está agora a mudar. Um dos tópicos mais importantes nos lábios, tanto do pastor como do povo, é a adoração. As congregações não querem apenas saber como adorar melhor; elas também querem conhecer o que as Escrituras ensinam acerca da adoração.

A Parte 1 aborda essas questões e fundamenta a adoração contemporânea nas Escrituras. O capítulo 2 apresenta os temas bíblicos da adoração que abrangem os testamentos; o capítulo 3 examina a adoração do Antigo Testamento; o capítulo 4 discute a adoração da igreja do Novo Testamento e o capítulo 5 foca-se na adoração da igreja primitiva do ano 200 d. C.

CAPÍTULO 2

Temas Bíblicos na Adoração

A adoração não é algo tangente à história cristã mas uma questão que está na própria essência das Escrituras cristãs do início ao fim.[1] A importância da adoração é expressa tão cedo como na história de Caim e Abel, ao trazerem oferendas ao Senhor (Génesis 4:3-5) e tão tarde como no livro de Apocalipse, que não retrata apenas um cenário celestial de adoração (Apocalipse 4-5), como também está cheio de cânticos de louvor e imagens de adoração. Entre as páginas de Génesis e Apocalipse, as Escrituras mostram uma história em movimento, que retrata os temas de adoração, de como Deus trabalhou na história humana para iniciar um relacionamento salvífico com o povo do mundo.

Deus iniciou um relacionamento com Abraão e Sara; entrou num relacionamento pactual com Israel no Monte Sinai; continuamente chamou a rebelde Israel de volta ao relacionamento através dos profetas; e culminou o grande acto de redenção na vida, morte e ressurreição de Jesus Cristo. E Deus chamou a igreja para ser o povo deste evento salvífico. Deus agora requer que a igreja relembre os Seus actos salvíficos, represente a aliança e viva em total obediência à Sua vontade.

Esta história de Deus iniciar um relacionamento e do povo responder em fé não é apenas a história da salvação e redenção, mas inclui a própria essência da adoração. O que está na essência da adoração é o movimento contínuo de Deus para com os povos do mundo e a resposta contínua do povo de Deus em fé e obediência. Este capítulo explora os temas deste relacionamento bilateral e mostra como é que a adoração está inextricavelmente entrelaçada com o tema da salvação.

O EVENTO DE ORIENTAÇÃO DA ADORAÇÃO BÍBLICA

Apesar de Deus ter iniciado um relacionamento com Abraão e com os patriarcas e de eles terem respondido com obediência e adoração, o ponto de viragem da história da salvação no Antigo Testamento é encontrado nos grandes eventos de salvação de Êxodo. Aqui, o que é verdade do Antigo Testamento também é verdade do Novo; um evento fica no seu centro — o evento de Cristo. Esses grandes eventos de salvação apontam para a natureza fundamental da adoração bíblica — o epicentro a partir do qual todas as facetas da adoração procedem é um evento. A partir desse evento, é feito um pacto com o povo de Deus; central ao pacto está a obediência à Palavra do Senhor e a ractificação do pacto pelo sacrifício. Além disso, pelo menos no Antigo Testamento, a adoração a Deus deve ocorrer num tempo e lugar prescritos com rituais particulares. Esses são temas que iremos examinar na busca dos fundamentos bíblicos da adoração.[2]

O evento de orientação da adoração no Antigo Testamento é claramente visto no encontro que ocorreu entre Deus e o Seu povo depois de Deus os ter libertado milagrosamente das mãos do faraó.

O total contexto deste evento, conhecido como o evento do Sinai ou o evento de Êxodo, é descrito nos capítulos 19-24 do livro de Êxodo. A parte mais pertinente deste evento para a adoração é o encontro público entre Deus e Israel aos pés do Monte Sinai.

> Depois, disse a Moisés: Sobe ao Senhor, tu e Aarão, Nadabe e Abiú, e setenta dos anciãos de Israel; e inclinai-vos de longe. E só Moisés se chegará ao Senhor; mas eles não se cheguem, nem o povo suba com ele. Vindo, pois, Moisés, e contando ao povo todas as palavras do Senhor, e todos os estatutos, então o povo respondeu a uma voz, e disseram: Todas as palavras que o Senhor tem falado, faremos. Moisés escreveu todas as palavras do Senhor, e levantou-se pela manhã, de madrugada, e edificou um altar ao pé do monte, e doze monumentos, segundo as doze tribos de Israel; E enviou certos mancebos dos filhos de Israel, os quais ofereceram holocaustos, e sacrificaram ao Senhor sacrifícios pacíficos de bezerros. E Moisés tomou a metade do sangue, e a pôs em bacias; e a *outra* metade do sangue espargiu sobre o altar. E tomou o livro do concerto, e o leu aos ouvidos do povo, e eles disseram: Tudo o que o Senhor tem falado faremos, e obedeceremos. Então, tomou Moisés aquele sangue, e espargiu-*o* sobre o povo, e disse: Eis aqui o sangue do concerto que o Senhor tem feito convosco sobre todas estas palavras.
>
> *Êxodo 24:1-8*

Este encontro entre Deus e Israel é importante porque *contém os elementos estruturais mais básicos para um encontro entre Deus e o Seu povo*. Esses elementos, a própria substância da adoração pública, são encontrados mais tarde em descrições mais detalhadas da adoração judaica e cristã.

Primeiro, o encontro foi convocado por Deus. Foi Deus que chamou o povo para fora do Egipto e os trouxe ao Monte Sinai. Deus chamou o povo ao encontro aos pés da montanha onde eles se tornaram o *qhal Yahwth*, a "assembleia de Deus." Nisto, é visto o pré-requisito da verdadeira adoração — uma chamada de Deus para a adoração.

Segundo, o povo foi arranjado numa estrutura de responsabilidade. Apesar de a função de liderança ter sido dada a Moisés, outras partes do drama deviam ser executadas por Aarão, Nadabe e Abiú, os setenta anciãos de Israel, um jovem israelita e o povo. A imagem não é a de líderes ou uma audiência, mas a de total participação desses congregados. Cada um tinha a sua parte para executar. A orquestra total trouxe todos juntos numa harmonia completa. Isto aponta para a *participação* como um aspecto fundamental da adoração.

Terceiro, o encontro entre Deus e Israel foi caracterizado pela *proclamação da Palavra de Deus*. Deus falou ao povo e tornou-lhes a Sua vontade conhecida, mostrando, então, que a adoração não está completa sem ouvir o Senhor.

Quarto, o povo aceitou as condições do pacto, simbolizando, deste modo, um compromisso subjectivo para ouvir e obedecer à Palavra. Um aspecto essencial da adoração, tanto na tradição judaica como na cristã, é a *renovação contínua do compromisso pessoal*. Em adoração, a comunidade renova o seu pacto com Deus.

Finalmente, o encontro culminou *num símbolo dramático* de ractificação, um selar de concordância. No Antigo Testamento, Deus sempre usou o sacrifício de sangue para demonstrar o selar de um relacionamento com o povo. Esses sacrifícios apontavam para os sacrifícios definitivos de Jesus Cristo. Depois do Seu sacrifício, a Santa Ceia tornou-se o sinal do relacionamento entre a igreja e Deus.[3]

Apesar do Novo Testamento não conter uma descrição comparável de Deus a convocar um encontro público com a igreja, é claro que os escritores do Novo Testamento vêem uma ligação entre o evento de Êxodo e o evento de Cristo. Pedro resume a comparação nestas palavras:

> Mas vós sois a geração eleita, o sacerdócio real, a nação santa, o povo adquirido, para que anuncieis as virtudes daquele que vos chamou das trevas para a sua maravilhosa luz.
>
> *1 Pedro 2:9*

Absolutamente fundamental para a adoração cristã é o louvor a Deus, "que vos chamou das trevas para a sua maravilhosa luz." O evento de Êxodo ficou no centro da adoração israelita. Assim como Israel estava em escravatura para com o faraó, todas as pessoas estavam em escravatura para com o poder do mal (Efésios 2:2). Assim como Deus enviou Moisés para libertar Israel da sua escravatura, Deus enviou Jesus para nos libertar da nossa escravatura do pecado (Mateus 1:21). Assim como Deus entrou num pacto com Israel, Deus entra num pacto com a Igreja (Hebreus 8:8-12). Assim como Deus estabeleceu um tabernáculo para a adoração com um sumo sacerdote, Deus tem estabelecido um novo sumo sacerdote e uma entrada para o Santo dos Santos através de Jesus Cristo (Hebreus 9:11-14). Assim como o tabernáculo era caracterizado por sacrifícios, o novo pacto com a Igreja é caracterizado pelo sacrifício feito, de uma vez por todas, por Jesus Cristo (Hebreus 10:15-18). Assim como Israel antecipava a Terra Prometida, a Igreja antecipa os novos céus e nova terra (Apocalipse 21-22). Consequentemente, Pedro confessa com confiança:

> Vós, que em outro tempo não éreis povo, mas agora *sois* povo de Deus; que não tínheis alcançado misericórdia, mas agora alcançastes misericórdia.
>
> *1 Pedro 2:10*

O povo de Deus é o povo de um evento salvífico. E é este evento, e tudo o que ele representa, que está na essência da adoração bíblica.

A NATUREZA PACTUAL DA ADORAÇÃO BÍBLICA

No âmago do relacionamento entre Deus e Israel, expresso no encontro público no Monte Sinai, estava o *pacto*. O pacto era um acordo, ou um tratado, entre Deus e o Seu povo, Israel. Frequentemente, os termos deste relacionamento eram expressos numa forma abreviada, numa fórmula breve como: "Eu serei o seu Deus e eles serão o meu povo" (ver Jeremias 31:33; Génesis 17:7; Levítico 26:12; Deuteronómio 29:10-13; Ezequiel 37:27, etc.). Estas palavras simples e directas expressavam o acordo: O Senhor acordava ser o Deus de Israel e Israel concordava em adorar e obedecer ao Senhor.

O pacto de Deus com Israel era similar aos tratados que os imperadores antigos por vezes faziam com os reis e oficiais que governavam partes do seu império. Nesses tratados, o imperador, ou "grande rei", identificava-se como aquele que tinha garantido uma posição de favor ao seu parceiro do tratado ou "servo." Em troca de completa lealdade, o rei prometia proteger o servo. Ele também estabelecia estipulações pelas quais o relacionamento deveria ser mantido. Por exemplo, o servo tinha de tratar como irmãos todos os outros que estavam no pacto com o seu soberano e tinha de aparecer diante do grande rei em tempos específicos para lhe levar tributo.

Esses tratados incluíam actos pelos quais o acordo era ractificado, tais como o juramento solene do servo de lealdade ao grande rei ou um sacrifício. O acordo era frequentemente concluído com a promessa de benefícios que viriam ao servo se ele mantivesse os termos, tais como prosperidade e paz pela sua região. Por outro lado, várias maldições teriam efeito se o servo violasse os mandamentos do grande rei, tais como seca, fome e doença.

Tratados deste tipo eram provavelmente bem conhecidos pelos antigos israelitas porque eram parte do seu contexto cultural. Para clarificar que tipo de relacionamento Ele queria estabelecer com eles, Deus parece ter incluído várias características desses tratados no seu pacto com Israel no Monte Sinai. Ele começou por identificar-Se como Aquele que tinha mostrado favor pelo Seu povo: "Então falou Deus todas estas palavras, dizendo: Eu sou o Senhor, teu Deus, que te tirei da terra do Egipto, da casa da servidão" (Êxodo 20:1-2).

Portanto, Deus delineou os termos do acordo — os Dez Mandamentos e outras estipulações do Livro do Concerto. Como temos visto, o pacto foi selado por um acto de adoração sacrificial no qual todos os povos participaram. Noutras partes dos livros de Moisés, encontramos recitais das bênçãos que poderiam vir da fidelidade ao pacto (Levítico 26: 1-13; Deuteronómio 28:1-14) e as maldições que teriam efeito se o povo servo desobedecesse ao seu rei (Levítico 26: 14-39; Deuteronómio 28: 15-68). Finalmente, Deus deu instruções específicas para a adoração como parte do Seu pacto, não apenas nas orientações para construir o tabernáculo e consagrar o sacerdócio (Êxodo 25-31), mas também na descrição detalhada dos sacrifícios e ofertas nos capítulos seguintes de Êxodo e Levítico. Através da adoração sacrificial em ocasiões específicas, o povo de Deus devia oferecer o seu tributo ao seu grande rei.

Desta forma, a natureza pactual da adoração foi delineada no estabelecimento do próprio pacto. Através da adoração, Israel devia manter a sua identidade como povo de Deus, pois era na adoração que Israel continuamente recordava e celebrava o seu relacionamento com o seu Deus. Através desta adoração, Israel também devia oferecer o seu tributo como o servo leal do grande rei. A história dos eventos no Monte Sinai é a narrativa básica da cerimónia de adoração da aliança, mas a base do pacto de adoração é clara através de todo o Antigo Testamento. Foi afirmado nas palavras dos profetas de Israel, que repetidamente anunciavam o julgamento de Deus num povo cuja adoração se tinha tornado falsa por causa da sua negligência para com o pacto. E é visto claramente em Salmos, nos quais os adoradores proclamam a majestade do grande rei, oferecem o tributo do seu louvor e afirmam a sua lealdade a Deus como seus servos de confiança. Através da adoração baseada no pacto, Israel devia reflectir a glória de Deus às nações.

Assim, a natureza do pacto de adoração continuou a ser vista ao longo da história de Israel. Sempre que os israelitas caíam no pecado e apostasia, esqueciam o seu pacto e a sua adoração era perdida, ritualizada ou corrompida por influências pagãs. Mas, sempre que havia uma renovação do relacionamento de Israel com Deus, a restauração do pacto e a verdadeira adoração estavam de mãos dadas. Exemplos deste princípio incluíam a renovação pactual sob Josué (Josué 23:1-16); as reformas de David baseadas nas suas consultas com o Livro do Concerto (1 Crónicas 15:11-16:43); os movimentos de renovação sob Salomão (1 Reis 8:1-9:9), Ezequias (2 Crónicas 29:1-31:1) e Josias (2 Crónicas 34:14-35:19); e a redescoberta de Deuteronómio sob Esdras, o sacerdote, e Neemias, o governador, quando o remanescente de Israel voltou a Jerusalém da sua escravatura na Babilónia (Esdras 9:1-10:17; Neemias 12:27-13:31).

O tema pactual do Antigo Testamento é continuado no Novo Testamento. Assim como Deus entrou num pacto com Israel, entrou também num pacto com a Igreja. Embora as estipulações do pacto com a Igreja serem parecidas às estipulações com Israel ("Eu serei o seu Deus e eles serão o meu povo"), há uma diferença. A diferença é Jesus Cristo. Israel não era capaz de manter o pacto. Israel falhou o acordo vez após vez. Mas no novo pacto, Jesus Cristo faz — por Israel e pela igreja, por nós e por todos — o que não podemos fazer por nós mesmos. Ele mantém o acordo. Ele cumpre o acordo. E na Sua obediência absoluta, morte e ressurreição, Ele estabeleceu para nós e para todos os povos, um relacionamento eterno com Deus. Em nenhum outro lugar esta verdade é mais claramente expressa do que no livro de Hebreus (ver especialmente o capítulo 8).[4]

Então, a adoração bíblica está enraizada num evento e baseado num pacto. À medida que se examina o pacto, torna-se claro que o pacto tem duas forças centrais: obediência ao Livro do Concerto e a ratificação do pacto através de um acto de sacrifício.

OBEDIÊNCIA AO LIVRO DO CONCERTO

O Livro do Concerto pode ser identificado com os Dez Mandamentos e as regulamentações para a obediência encontradas em Êxodo 20-23, assim como as últimas leis de Levítico. O que era central ao pacto era o acordo de que os israelitas viviam pelo livro, um acordo que eles fizeram com Deus no encontro público que teve lugar no Monte Sinai.

Antes do encontro entre Israel e Deus, que ocorreu aos pés da montanha, o texto informa-nos que "Todas as palavras que o Senhor tem falado, faremos" (Êxodo 24:3). Então novamente, no contexto do próprio encontro, Moisés "tomou o livro do concerto, e o leu aos ouvidos do povo, e eles disseram: Tudo o que o Senhor tem falado faremos, e obedeceremos" (Êxodo 24:7).

Este Livro do Concerto, contendo as leis e regulamentos para Israel, foi fundamental ao longo da história da adoração de Israel. Era-lhe dado um lugar de proeminência particular na renovação sob Esdras, o sacerdote, e

Neemias, o governador, depois do povo ter voltado do seu cativeiro babilónico para reconstruir Jerusalém. A leitura do Livro do Concerto era o acto central de adoração. A leitura da Palavra de Deus atingia os corações do povo e este "chorava, ouvindo as palavras da lei" (Neemias 8:9).

Como os israelitas, os cristãos sempre tiveram em grande consideração as Escrituras e deram à Palavra de Deus um lugar de suprema importância na adoração. Paulo escreveu a Timóteo que "Toda a Escritura, divinamente inspirada, é proveitosa para ensinar, para redarguir, para corrigir, para instruir em justiça; Para que o homem de Deus seja perfeito, e perfeitamente instruído para toda a boa obra" (2 Timóteo 3:16-17). Os primeiros cristãos "perseveravam na doutrina dos apóstolos" para ouvirem a Palavra do Senhor e viver em obediência a ela (Actos 2:42). Ao longo da história da igreja, a leitura e a pregação das Escrituras tem sido sempre central à adoração cristã.

Portanto, a adoração bíblica está enraizada num evento, estabelecido num pacto, e caracterizado pela centralidade na Palavra de Deus e a ractificação do pacto por um sacrifício.

A NATUREZA SACRIFICIAL DA ADORAÇÃO BÍBLICA

Nas Escrituras, os pactos entre Deus e o Seu povo eram sempre assegurados com um sacrifício (ver por exemplo, Noé [Génesis 8:20-9: 17], Abraão [Génesis 15:9-21], Isaque [Génesis 26:24-25] e Jacob [Génesis 31:43-55. 35:6-12]). O pacto feito com Israel não era excepção. Êxodo 24:5-6 diz: "E enviou certos mancebos dos filhos de Israel, os quais ofereceram holocaustos, e sacrificaram ao Senhor sacrifícios pacíficos de bezerros. E Moisés tomou a metade do sangue, e a pôs em bacias; e a outra metade do sangue espargiu sobre o altar".

Nos sacrifícios do tabernáculo, Deus deu aos israelitas actos que simbolizavam a sua abordagem a Deus. Era expresso um sinal fundamental do relacionamento com Deus nos sacrifícios do tabernáculo e no próprio contexto de lugar, espaço e ritual nos quais esses sacrifícios eram alcançados.

Uma característica central de todo o sistema sacrificial era a noção da expiação, expresso particularmente nos sacrifícios no dia da expiação. Nesse dia, uma vez por ano, o sumo sacerdote entrava no Santo dos Santos levando o sangue do sacrifício, que era borrifado na tampa da arca para fazer a expiação por toda a nação (Levítico 16:1-34). Neste acto, o animal sacrificial era compreendido como um substituto do povo da nação. Este sangue expiava simbolicamente os pecados de Israel. Apesar de o pecado de Israel permanecer, tinha sido coberto pelo sangue do sacrifício, para que Deus não olhasse mais para ele. Assim como o conceito do sacrifício era central à adoração de Israel, era também central à adoração da igreja. Hebreus delineia claramente a natureza sacrificial da obra de Jesus Cristo (ver especialmente o capítulo 9). Jesus Cristo é a nova propiciação (Romanos 3:25). Ele fica entre Deus e o povo do pacto. O Seu sacrifício é por eles. Ele é quem os cobre, Ele é a sua expiação. Apesar do sacrifício agora não ser necessário na adoração cristã, a Santa Ceia é dada como um sinal perpétuo do sacrifício culminante de Cristo e da Sua vitória sob os poderes do mal.[5]

Finalmente, a adoração cristã que está enraizada num evento, expressa num pacto, caracterizada por um livro e ractificada por um sacrifício, deve ocorrer em tempos e lugares específicos.

AS ÉPOCAS E LUGARES NOMEADOS DA ADORAÇÃO BÍBLICA

Deus não instituiu apenas a adoração como uma característica central do pacto, mas definiu um dia da semana como um dia de adoração e descanso.

> Guardarão, pois, o sábado, os filhos de Israel, celebrando o sábado nas suas gerações, por concerto perpétuo. Entre mim e os filhos de Israel será um sinal, para sempre; porque em seis dias fez o Senhor os céus e a terra, e ao sétimo dia descansou e restaurou-se.
>
> *Êxodo 31:16-17*

Enquanto o *Sabbath* [Sabat] é um dia para recordar o acto de criação de Deus, é também um dia para relembrar a obra de redenção de Deus em libertar Israel do Egipto (Deuteronómio 5:15).

À medida que Israel se movia ao longo da história, eram também estabelecidas várias festividades para relembrar os grandes actos de salvação e bondade de Deus. Acima de todas essas festividades estava a Páscoa, que significava a passagem por cima das casas de Israel quando os primogénitos dos egípcios foram mortos e a libertação subsequente do povo de Israel das mãos do Faraó ocorreu (Êxodo 12).

Além dos tempos apontados para a adoração, Deus também estabeleceu um lugar específico para a adoração — primeiro o tabernáculo móvel e depois o templo. Apesar dos israelitas poderem adorar a Deus nos seus corações em qualquer lado e em qualquer altura, as reuniões especiais para a adoração pública aconteciam num tempo e lugar específicos.

No Novo Testamento, a igreja encontrava-se para adoração no Sabat judeu (Actos 17:1-2; 18:4). Mas algures no primeiro século, a igreja designou o primeiro dia da semana para relembrar a ressurreição do Senhor. A *Didaqué*, ou o Ensino dos Doze Apóstolos, um documento não canónico datado do ano 50 d. C., dirige a igreja "em cada dia do Senhor — o Seu dia especial — a juntar-se, a partir o pão e a dar graças".[6] Este dia, mencionado em Apocalipse 1:10, é uma instituição distintamente cristã, o dia no qual o grande acto de salvação de Deus é recordado.

A igreja também tem estabelecido dias de festa para relembrar os actos salvíficos de Deus. A adoração do ano cristão, com festividades que celebram o nascimento de Cristo (Advento, Natal e Epifania) e as festas que recordam a morte e ressurreição de Cristo (Quaresma, Semana Santa, Páscoa e Pentecostes) permanecem na tradição bíblica ao marcar o tempo pelos eventos salvíficos de Deus.

Enquanto os cristãos têm marcado o tempo pelos actos de salvação, têm também construído lugares de adoração onde os eventos salvíficos de Deus são relembrados. Enquanto os cristãos têm criado esses tempos e lugares designados para a adoração, eles têm-no feito mais como consequência do relacionamento de Deus com Israel do que uma prescrição divina dada à igreja.

Então, no capítulo 2, temos pesquisado as origens bíblicas da adoração da perspectiva de Deus. O que tem sido visto é que Deus sempre inicia um relacionamento com a humanidade. Este princípio é profundamente expresso nos actos salvíficos do Êxodo e na vida, morte e ressurreição de Cristo. Através dos eventos, Deus estabeleceu um relacionamento pactual com Israel e depois com a Igreja. A adoração no relacionamento pactual é caracterizada por uma disposição de ser obediente ao Livro do Concerto e um compromisso ractificado por um sacrifício. A adoração de Israel devia ocorrer num tempo e local específicos, com rituais específicos. Apesar dos cristãos não terem tempos ou lugares prescritos, têm o ritual da Santa Ceia, têm adoptado o primeiro dia da semana para celebrar a morte e ressurreição e têm estabelecido lugares de adoração.

A RESPOSTA DO POVO

Enquanto o primeiro tema fundamental da história da salvação e adoração é que Deus inicia um relacionamento, o segundo é que o povo de Deus deve responder à Sua iniciativa. Deus fala e age e o povo responde.

Essas respostas são feitas na adoração pública através de instituições de adoração tais como o tabernáculo, o templo, a sinagoga e a igreja. A adoração em e através dessas instituições proclama, recorda e decreta os grandes actos de salvação de Deus. E o povo responde ao relembrar, antecipar, celebrar e servir.

O POVO RECORDA-SE

O tema da lembrança (*anamnesis*) é central para a adoração bíblica. O povo de Deus recorda os Seus actos salvíficos ao contar e demonstrar a história da redenção.[7]

Esta lógica da adoração foi expressa por Moisés num diálogo com Deus. O povo queria saber como contar aos seus filhos acerca de todas as leis que eles tinham. A resposta que Deus deu a Moisés, e a resposta que Moisés entregou ao povo, foi de contar-lhes a história da redenção. Deus instruiu Moisés a contar aos filhos a seguinte história:

Então dirás ao teu filho: Éramos servos de Faraó, no Egipto; porém o Senhor nos tirou com mão forte do Egipto. E o Senhor fez sinais grandes, e penosas maravilhas no Egipto, a Faraó e a toda a sua casa, aos nossos olhos; E dali nos tirou, para nos levar, e nos dar a terra que jurara aos nossos pais. E o Senhor nos ordenou que fizéssemos todos estes estatutos, para temer ao Senhor, nosso Deus, para o nosso perpétuo bem, para nos guardar em vida, como no dia de hoje. E será para nós justiça, quando tivermos cuidado de fazer todos estes mandamentos perante o Senhor, nosso Deus, como nos tem ordenado.

Deuteronómio 6:21-25

Este conceito de relembrar os actos salvíficos de Deus, que era fundamental na adoração do Antigo Testamento, é igualmente fundamental para a adoração do Novo Testamento. A pregação como no *kerygma* [kerigma] conta a história da redenção (ver Actos 2:22-36), e a Santa Ceia é um acto que a Igreja faz em lembrança (l Coríntios 11:24). Mas a adoração cristã não apenas recorda, ela antecipa.

O POVO DE DEUS ANTECIPA

A religião bíblica não é apenas uma religião de eventos históricos, recordados na adoração, mas é também uma religião de promessa. A promessa é primeiramente encontrada no pacto com Abraão e depois em todos os pactos que se sucederam. A promessa era a terra. Pois o Senhor apareceu a Abraão e disse: "À tua semente darei esta terra. E edificou ali um altar ao Senhor que lhe aparecera" (Génesis 12:7). Quando Israel foi retirado da escravatura no Egipto, foi para possuir a terra. Pois Deus disse a Moisés: "E eu vos levarei à terra, acerca da qual levantei minha mão que a daria a Abraão, a Isaac, e a Jacob, e vo-la darei por herança, eu Jeová" (Êxodo 6:8).

Os cristãos têm sempre visto a promessa da terra no Antigo Testamento como um tipo de promessa dos novos céus e nova terra, o reino de Deus. O baptismo é uma iniciação para o novo reino, a Igreja é o tipo de reino na terra e a eucaristia é uma renovação contínua da inicial antecipação do reino de Deus.

A adoração não está apenas fundamentada nos eventos redentores do passado, mas numa antecipação do que está por vir. Consequentemente, o povo de Deus junta-se para relembrar os Seus eventos salvíficos e para antecipar a Sua salvação final nos novos céus e na nova terra. Pode-se falar deste tipo de adoração como uma celebração.

O POVO CELEBRA

O conceito de celebração é implícito na ideia da lembrança. Uma verdadeira celebração, seja de um nascimento, aniversário, ou um evento nacional, tem três características principais. Uma celebração relembra um evento passado. Uma celebração torna contemporâneo o evento passado. Eventos do passado são relembrados e celebrados através de histórias, cânticos, teatros e festividades.

Os festivais de adoração do Antigo Testamento são celebrações. Eles lembram o passado, tornam-no contemporâneo e são caracterizados por histórias, cânticos, teatros e festividades. Por exemplo, a Páscoa recorda e revive os momentos imediatos de preparação da casa enquanto a família se prepara para fugir do Egipto.

Tanto a Páscoa judaica como a eucaristia cristã são grandes dramas dos actos salvíficos de Deus. Eles não são meros rituais para serem repetidos ao longo do caminho, mas são o epicentro da fé e adoração, que o povo de Deus celebra através de actos sagrados de lembrança e recordação.

Mas esses grandes actos de salvação não podem ser recordados separadamente dos símbolos que os indicam.

O POVO DE DEUS ADORA ATRAVÉS DE SINAIS-ACTOS

A adoração bíblica envolve inúmeros sinais e símbolos que proclamam e decretam o original evento salvífico e por isso agem como "carregadores da presença" da acção salvífica de Deus.

Essas sagradas acções de adoração eram claramente visíveis no tabernáculo, templo e festivais do Antigo Testamento com o seu conceito de espaço sagrado, ritual sagrado e ministro sagrados. Apesar dessas acções sagradas serem menos óbvias no Novo Testamento, estão claramente implicadas nos rituais de baptismo e eucaristia.

Através dessas acções sagradas, Deus fala, age e traz o poder do evento salvífico à comunidade adoradora. Os adoradores, então, respondem em fé, relembrando e celebrando os actos salvíficos de Deus através dessas sagradas acções. Consequentemente, as acções sagradas tornam-se o ponto de encontro para a presença salvadora de Deus e para a resposta dos adoradores em louvor e acção de graças.

O POVO DE DEUS ADORA A PARTIR DO CORAÇÃO

A adoração pública nas Escrituras é sempre definida pelas características visíveis e tangíveis mencionadas acima — o povo reúne-se para relembrar, antecipar e celebrar através de actos específicos de adoração. Mas as Escrituras vão mais a fundo do que os actos exteriores de adoração e determinam as respostas profundas e sinceras do povo de Deus. Deus quer mais do que um ritual. Deus quer a adoração da pessoa interior.

O povo de Deus deve relembrar os actos de salvação de Deus e a Sua promessa de terra ao ser grato e ao comprometer as suas vidas. E eles devem chegar perante Ele com uma atitude particular de homenagem e reverência na presença do seu rei. Este aspecto da adoração é expresso por algumas das palavras da adoração.[8]

A palavra hebraica habitualmente mais traduzida como "adoração" é o verbo *shachah*, que os gramáticos chamam de forma reflexiva. Este verbo significa "curvar-se" ou "prostrar-se." Denota o gesto de alguém se curvar a um governador ou mestre. Aponta tanto para uma homenagem interior como exterior a Deus, como um sinal de admiração e rendição. Quando o servo de Abraão encontrou uma esposa para Isaque, por exemplo, ele "Então inclinou-se aquele varão, e adorou ao Senhor", dizendo, "Bendito *seja* o Senhor" (Génesis 24:26-27). A sua adoração era uma acção de graças de coração em resposta à provisão de Deus. Esta é a atitude que Deus deseja em resposta aos Seus actos de salvação. O salmista declara: "Toda a terra te adorará" (Salmos 66:4), usando o mesmo verbo.

A palavra grega correspondente é *proskuneo*. Mateus usou este verbo quando contou como é que os magos do oriente encontraram o menino Jesus em Belém: "prostrando-se, o adoraram" (Mateus 2:11). João usou a mesma palavra ao relatar a frase de Jesus à mulher samaritana acerca da verdadeira adoração espiritual (João 4:21-24).

Outra palavra hebraica que significa adoração é *'avad'*, que significa literalmente "servir." Quando Deus chamou Moisés para ir ao faraó egípcio, para tirar o povo da sua escravatura, foi para o propósito da adoração: "Quando houveres tirado este povo do Egipto, servireis a Deus neste monte" (Êxodo 3:12). Esta mesma palavra é usada no convite familiar para "adorar o Senhor com alegria." O que o salmista queria dizer neste contexto é explicado pela seguinte frase: "Apresentai-vos a Ele com canto" (Salmos 100:2). O conceito de adoração como serviço implica um completo estilo de vida em lealdade a Deus (Deuteronómio 10:12-13). Esta ideia é capturada pelo correspondente verbo grego *latreuo* (Actos 24:14). Paulo usou a forma de nome, *latreia* ("serviço") quando urgia os cristãos romanos a oferecerem-se em "adoração... espiritual" (Romanos 12:1). Tal adoração requeria o serviço a Deus com todo o coração e alma. Então, a adoração é, não apenas uma resposta interior de acção de graças do coração, mas também indica uma vida totalmente comprometida a servir a Deus.

Outro verbo frequentemente usado na adoração é o hebraico *yare*; o equivalente grego do Novo Testamento é *phobeomai*. Esses verbos denotam o temor e respeito com os quais o povo de Deus se aproximava d'Ele. Temer a Deus e ter reverência e respeito por Ele é obedecer à Sua voz (1 Samuel 12:14), andar nos Seus caminhos (Deuteronómio 8:6), manter os Seus mandamentos (Eclesiastes 12:13) e afastar-se do mal (Job 1:1, Provérbios 3:7). A igreja primitiva era caracterizada por um estilo de vida corporativo de "viver no temor do Senhor" (Actos 9:31). Os gentios que adoravam na sinagoga e

TEMAS BÍBLICOS NA ADORAÇÃO

que respondiam prontamente quando os apóstolos proclamavam Jesus como o Messias, eram chamados "tementes a Deus" (*phoboummot*) (Actos 13:16). Temer a Deus é adorá-Lo e dar-Lhe glória (Apocalipse 14:7).

Finalmente, uma importante palavra hebraica associada a adoração é *hodah*: "dar graças." Os salmos convidam-nos várias vezes a "dar graças ao Senhor, porque Ele é bom" (Salmos 136:1). Esta palavra transmitia mais do que compreendemos por gratidão. Significava "confessar" no sentido de afirmar que o Senhor é Deus. Para os adoradores bíblicos, dar graças estava directamente relacionado com a adoração pactual, o juramento de Israel de lealdade ao Grande Rei. A palavra grega comparável é *exomologeo*, o verbo usado por Paulo quando declarou: "Para que, ao nome de Jesus, se dobre todo o joelho dos que estão nos céus, e na terra, e debaixo da terra, E toda a língua confesse que Jesus Cristo é o Senhor, para a glória de Deus Pai" (Filipenses 2:10-11). A imagem de Paulo é uma imagem poderosa do propósito da adoração cristã.

CONCLUSÃO

Neste capítulo temos visto que a adoração na tradição bíblica é orientada à volta de duas forças primárias. A primeira é a iniciativa tomada por Deus para trazer salvação a criaturas caídas. A segunda é a resposta do povo para com Deus.

O epicentro da adoração com Israel era o evento central salvífico de Êxodo, e com a Igreja é a vida, morte e ressurreição de Cristo. Através desses eventos, Deus oferece um pacto, um acordo de estipulações obrigatórias e actos rituais de adoração, que sob o antigo pacto ocorriam em tempos e lugares estabelecidos através de específicos actos sagrados. Vimos também que a adoração é a resposta do povo à iniciativa salvífica de Deus. Através de actos prescritos, o povo recordava o passado evento salvífico; e através do tempo comemorativo e dos actos rituais, o poder deste evento salvífico é comunicado vez após vez. A pessoa interior recebe os actos de salvação de Deus comunicados na adoração pública, com humildade e em reverência e demonstra a sua contínua resposta a Deus numa vida de serviço e devoção.

Estes são os temas bíblicos básicos de adoração que são expressos tanto no Antigo como no Novo Testamento. E é para estudar estes temas que agora nos voltamos nos capítulos 3 ao 5.

CAPÍTULO 3

Adoração do Antigo Testamento

No capítulo 2 vimos que a adoração do Antigo Testamento estava fundamentada no evento de Êxodo, o evento que formou toda a vida religiosa de Israel. Através deste evento, Deus tirou o povo de Israel da escravatura do faraó egípcio e entrou num relacionamento pactual com ele, tornando-os servos de Deus. Central ao seu serviço a Deus estava a adoração.

Deus deu a adoração a Israel como meio de expressar o seu relacionamento com Ele. Esta adoração incluía um recinto sagrado (o tabernáculo e mais tarde o templo) com o seu sacrifício e ritual e com um sacerdócio sagrado. A adoração de Israel também incluía um número de festivais. Mais tarde, depois do exílio, o povo começou a adorar nas sinagogas. Este capítulo olha para essas instituições da adoração, mas não procura desenvolver a história da adoração de Israel, um tema além do âmbito desta obra.[1]

ESPAÇO, RITUAIS E MINISTRO SAGRADOS

Em Êxodo 25-31, Deus dá instruções explícitas a Israel relativamente à construção do tabernáculo. O propósito primário do tabernáculo era providenciar a Deus um lugar para habitar no meio de Israel (Êxodo 25:8). Ao contrário das nações pagãs que tinham uma imagem ou ídolo do seu deus, o Deus de Israel estava de facto presente entre o Seu povo. Dentro do tabernáculo, no Santo dos Santos, estava posicionada a arca que continha o Livro do Concerto. A arca que continha as Palavras de Deus era uma expressão poderosa não apenas da presença de Deus com Israel, mas do domínio real de Deus sobre Israel (Êxodo 25:10-22; Deuteronómio 10:1-5). A presença de Deus era tão intensa com a arca que Deus era descrito como "Aquele entronizado entre os querubins" da arca (2 Samuel 6:2, 1 Reis 19:15, Salmos 80:1).[2]

O tabernáculo devia ficar no centro do campo de Israel como um símbolo contínuo, não apenas da presença de Deus, mas do domínio real de Deus sob o povo. Sempre que Israel se movia, o tabernáculo era movido com eles e era sempre mantido no centro.

A adoração no tabernáculo mantinha os israelitas separados dos pagãos e acentuava o seu relacionamento com Deus (Deuteronómio 12). Também simbolizava o relacionamento de Israel com Deus através de espaço, rituais e ministério sagrados. Israel conhecia a glória e santidade de Deus e o povo sabia que só podia aproximar-se de Deus nos Seus termos. Aqui, através do espaço, rituais e ministério sagrados do tabernáculo, Israel tinha uma forma claramente definida de chegar ao Santo e de viver na presença de Deus.

O tabernáculo empregava muito simbolismo no seu uso do espaço. O arranjo dos pátios exterior e interior e do Santo dos Santos comunica a distância entre o adorador e Deus, que habita no Santo dos Santos. Todas as peças de decoração, tais como o altar, a alga, os castiçais de ouro, a mesa com o pão da Presença, o altar de incenso e a arca, estavam carregados com significado simbólico por representarem um encontro com Deus. Nada na decoração do templo ou plano foi escolhido aleatoriamente ou colocado ao acaso.

Além disso, ocorriam vários rituais sagrados no tabernáculo. Regras gerais governavam a oferta de um sacrifício: apresentação da vítima, colocação das mãos na vítima, matar a vítima, salpicar o sangue e queimar o sacrifício. Sacrifícios tais como as ofertas queimadas (a oferta diária de um cordeiro inteiramente consumido para indicar a consagração completa a Deus), a oferta de comunhão (uma oferta voluntária simbolizando comunhão entre as pessoas e Deus), a oferta pelo pecado (oferecida pelos pecados de omissão, entre outras coisas) e as ofertas pelas transgressões (oferecidas pelos pecados de comissão) eram oferecidas em várias alturas. A característica importante desses sacrifícios era que eram sinais visíveis que expressavam o relacionamento entre Deus o Seu povo. Eles resultaram do acto de ractificação no Sinai e antecipavam o sacrifício de Cristo (Hebreus 10).

A adoração no tabernáculo precisava de um ministério sagrado. Os ministros do ritual sagrado representavam toda a nação. Eles eram os mediadores entre Israel e Deus. Não era qualquer um que podia ser um sacerdote, apenas os levitas. Eles eram chamados por Deus e consagrados para o Seu serviço numa elaborada cerimónia (Êxodo 29). Vestiam roupa que se adequava ao seu serviço (Êxodo 28; 39:1-30) e eram-lhes dados rigorosos requisitos para uma vida santa (Levítico 21-22:6).

Aqui no tabernáculo, a glória de Deus habitava com o povo de Israel. João capturou este tema quando escreveu "E o Verbo se fez carne, e habitou entre nós, e vimos a sua glória, como a glória do Unigénito do Pai, cheio de graça e de verdade" (João 1:14). Na vida de Jesus, a glória de Deus que estava presente no tabernáculo, tornou-se encarnada e participou na humanidade.

A ADORAÇÃO DURANTE O TEMPO DE DAVID

Quando Israel entrou na terra e se estabeleceu, era inevitável que um centro para adoração fosse estabelecido. Quando David se tornou rei de Israel e trouxe a arca para Jerusalém, Jerusalém tornou-se o centro da vida e da adoração de Israel.

A história do templo é o tema principal de 1 e 2 Reis. O templo diferenciava-se do tabernáculo apenas no seu tamanho e magnificência. Como o tabernáculo, o templo continuava a representar o domínio de Deus sobre Israel; permanecia como uma lembrança contínua da presença de Deus; e continuava a representar a aproximação de Israel para com Deus através do espaço, rituais e ministro sagrado.

O Novo Testamento descreve como Jesus Cristo suplanta o culto do templo (Marcos 14:58; 15:38; João 2:19-21) e como a Igreja (Seu corpo) se torna o novo lugar de habitação (templo) de Deus (l Coríntios 3:16-17; 6:19; 2 Coríntios 6:16; Efésios 2:21-22). O sentido de que *há um lado físico da vida e actividade espiritual*, algo que vinha do templo, continuou na adoração do Novo Testamento. Os cristãos primitivos rejeitaram a espiritualidade não-física dos gnósticos e continuavam a expressar a sua espiritualidade através de meios físicos. Por essa razão, o sentido sagrado do espaço (templos da igreja), do ritual (a eucaristia) e do ministério (pessoas ordenadas), continua na tradição da adoração do templo.

Visto que o templo não ficou completo até ao reinado de Salomão, David precisou de um lugar de adoração. Em Sião, David erigiu uma tenda para adoração, uma tenda que por vezes é chamada de tabernáculo de David. A adoração no tabernáculo de David diferiu substancialmente da adoração no templo de Moisés. Na tenda de David não havia sacrifícios animais. Os levitas levavam as pessoas dia e noite em louvor ao Senhor através de música, instrumentos musicais e dança (1 Crónicas 16:4). Até a profecia musical, tanto vocal como instrumental, era uma característica da adoração davídica (l Crónicas 25:1).

A adoração no tabernáculo de David pode ser vista como um tipo de adoração da igreja. Aqui está um modelo do povo de Deus a entrar nos portões de Deus com acções de graça, oferecendo os seus sacrifícios de louvor e dando graças noite e dia (Hebreus 13:15).[3]

OS FESTIVAIS

A adoração davídica claramente demonstrou que a adoração de Israel envolveu mais do que o sistema sacrificial. Também ilustrava a liberdade, alegria e a natureza celebrativa da adoração não sacrificial. Esses mesmos temas de celebração e alegria eram expressos nas festividades de Israel.[4]

O que mais acontecia nas festividades era o Sabat, que era instituído como um sinal especial do relacionamento de Deus com Israel (Êxodo 31:2-17). O Sabat não implicava apenas uma celebração semanal, mas todo um ano de descanso pela terra a cada sete anos (Levítico 25:1-7). Esse louvor, acção de graças e celebração que permaneciam na própria essência da religião de Israel eram demonstrados, não apenas pelo Sabat, mas pelo ciclo de festividades jubilosas celebradas ao longo do ano.

Os israelitas lutavam por manter a sua religião imaculada relativamente às influências dos seus vizinhos pagãos e da sua religião. Uma característica do paganismo era a relação religiosa que mantinha com a natureza. Consequentemente, Israel estabeleceu festivais da natureza que reconheciam a mão de Deus nas estações da natureza e na fecundidade da terra. Nesses festivais, o povo era capaz de celebrar a bondade de Deus com sacrifícios e festas. Os três festivais da natureza eram a "Colheita de Cevada," celebrado com a Páscoa e os sete dias do pão não-levedado (Êxodo 12:6; Levítico 23:5-8; Números 28:16-25; Deuteronómio 16:1-18); a "Colheita de Trigo," celebrada com o Festival das Semanas, também conhecido como o Pentecostes (Êxodo 34:26; Levítico 23:10-14; Números 28:26-31); e o "Festival da Colheita Anual", celebrado com o Festival dos Tabernáculos (Êxodo 23:16; Levítico 23:33-36; Deuteronómio 16:13-15).

Esses festivais eram profundas expressões de alegria oferecidas a Deus pela Sua contínua preservação e nutrição. Através dessas festividades, os israelitas professavam o domínio de Deus sob os frutos da terra e a sua dependência d'Ele. Ou seja, Israel não recebia os dons da terra por causa de qualquer direito próprio, mas apenas como um dom divino. Consequentemente, quando o povo ofereceu ao Senhor parte da sua colheita e a partilhou com os outros, estava a cumprir o mandamento de amar e obedecer a Deus (Deuteronómio 6:5).

Dos três maiores festivais — Páscoa, Pentecostes e Tabernáculos — dois tinham uma função principal na adoração da igreja primitiva. Jesus introduziu a Santa Ceia durante a celebração da Páscoa. Isto não só colocou ênfase em Jesus como o Cordeiro da Páscoa (1 Coríntios 5:7), como também estabeleceu a Santa Ceia como o ritual central do novo pacto. O Pentecostes (literalmente "cinquenta") concluía o ciclo de tempo que começava na Páscoa. Era um festival de alegria e acções de graça pela conclusão da estação da colheita. As pessoas vinham de todo o lado a Jerusalém para celebrar. Depois da vinda do Espírito Santo (ver Actos 1-2), os cristãos olhavam para o Pentecostes como o nascimento da Igreja.

A SINAGOGA

A sinagoga (literalmente "lugar de reunião" ou "lugar de assembleia") teve origem como um resultado da destruição de Jerusalém e do templo e subsequente dispersão do povo judeu durante o exílio. Uma motivação preocupante era a preservação e propagação da Palavra do Senhor no contexto da comunidade judaica. Assim, a sinagoga tornou-se o centro religioso, educacional e social da vida judaica. Através dela, as tradições da antiga religião judaica foram preservadas e passadas de geração em geração.

A adoração na sinagoga diferenciava-se grandemente da adoração do templo. Não tinha rituais sagrados e não se apoiava num ministério sagrado. O seu foco era na leitura e compreensão da Palavra do Senhor.[5]

A adoração da sinagoga consistia numa afirmação de fé, oração e a leitura das Escrituras. A afirmação da fé era expressa no *shema* (Deuteronómio 6:4-9). O *shema* proclama a unidade de Deus e define a principal responsabilidade do povo de Israel de "amar o Senhor teu Deus com todo o teu coração e com toda a tua alma e com todas as tuas forças" (versículo 5).

A adoração da sinagoga também salientava a oração. O *tefillah*, uma série de orações dividas em três conjuntos, era recitado numa postura de pé. O primeiro conjunto era uma série de três orações que se concentravam no louvor a Deus ao dar-Lhe homenagem como o Deus de Abraão, Isaque e Jacob, e ao reverenciá-Lo como Aquele "que nutre os vivos, acorda os mortos e é o Santo de Israel."[6] A série seguinte continha três "petições congregacionais para assuntos como sabedoria e compreensão, perdão de pecados, restauração de Israel, saúde e sustento". Especificamente, as orações abordavam o arrependimento; o perdão dos pecados; a capacidade de estudar a Torah; e o livramento de catástrofes como perseguição, fome e doença. Elas também mencionavam a vinda do Messias e pediam a aceitação de Deus pelas orações de Israel. As três orações de conclusão da série final expressavam a acção de graças das pessoas a Deus e desejos por paz.

O terceiro elemento da adoração da sinagoga era o estudo da Torah.[7] Uma reverência contínua era dada às Escrituras porque elas incorporavam as tradições do antigo Israel. Cada judeu tinha uma responsabilidade primária de estudar a Torah e passar os seus ensinos à geração seguinte: "E as intimarás aos teus filhos, e delas falarás assentado em tua casa, e andando pelo caminho, e deitando-te e levantando-te" (Deuteronómio 6:7). Esta noção que as pessoas comuns poderiam compreender e aprender a tradição era um conceito revolucionário. Noutras religiões, a tradição era secreta, conhecida apenas pela classe sacerdotal. Mas na religião de Israel, a tradição do povo e o seu relacionamento com Deus era para ser conhecido e ensinado a todos.

A leitura da Torah era seguida por um sermão (ver Lucas 4:16-20). Normalmente, a leitura da Torah era acompanhada por uma tradução. A tradução era necessária porque muitas pessoas falavam apenas a linguagem da cultura na qual residiam. Aqui está uma descrição do décimo século da leitura que tinha permanecido imutável durante séculos:

> Aquele chamado à Torah lê e outro traduz, versículo por versículo... e uma terceira pessoa permanece entre o leitor e o tradutor e alerta-os antes de eles lerem ou traduzirem... Se há alguém que não sabe ler bem, ou que é tímido, então a terceira pessoa ajuda-o. Mas se ele não souber mesmo ler, poderá não ser chamado para ler ou traduzir... E se o leitor errar, o tradutor poderá não o corrigir. De forma semelhante, se o tradutor errar, o leitor poderá não o corrigir. Apenas a terceira pessoa poderá corrigir a leitura ou a tradução.[8]

> *O sermão interpretava e aplicava a leitura das Escrituras à vida diária do povo. Era conhecido como o derashah, um acto de "buscar" o Torah pelos seus ensinos. O pregador era chamado o darshan, ou aquele que "buscava." O objectivo dos pregadores era a instrução moral e teológica. Eles ofereciam conforto e esperança ao povo, à medida que ensinavam doutrinas e leis pelas quais as pessoas deviam viver.*[9]

A influência da sinagoga na adoração cristã primitiva foi marcante. Todo o sentido de afirmar a fé, de oferecer oração por assuntos específicos e a leitura e pregação dos escritos sagrados foi facilmente transferido da sinagoga à assembleia cristã, à medida que os cristãos começavam a formar as suas próprias comunidades de adoração.

CONCLUSÃO

Os temas bíblicos de adoração desenvolvidos no capítulo 2 são claramente vistos na adoração do Velho Testamento. Deus continuou a iniciar um relacionamento com Israel baseado no evento de Êxodo através da adoração no tabernáculo e mais tarde no templo. Os sacrifícios nessas instituições de adoração, bem como os festivais de Israel e mais tarde a adoração da sinagoga, demonstraram que a lembrança, antecipação, celebração e culto estavam na essência da resposta de Israel a Deus. Apesar de o facto de Israel ter frequentemente caído para longe de Deus, essas instituições de adoração providenciaram uma forma contínua para o povo renovar a sua fé.

Essas instituições de adoração pressagiaram a adoração do Novo Testamento. Algumas falsamente assumem que a adoração de Israel era física e que a adoração da igreja devia ser espiritual. Esta falsa dicotomia falha em reconhecer a sobreposição entre o conteúdo do Antigo Testamento (evento do Êxodo) e o conteúdo do Novo Testamento (evento de Cristo). A adoração no Antigo e Novo Testamento tem aspectos tanto espirituais como físicos. À medida que desenvolvemos o lado físico da adoração cristã, iremos ver como os princípios do Antigo Testamento são ainda encontrados na adoração cristã. A diferença radical é que eles são formados pelo evento de Jesus Cristo, o conteúdo principal da fé cristã.

CAPÍTULO 4

Adoração do Novo Testamento

O estudo da adoração no Novo Testamento é mais difícil e complexo do que o seu estudo no Antigo Testamento por causa da natureza fragmentada das fontes. Não há uma única declaração altamente desenvolvida sobre a adoração no Novo Testamento. Em vez disso, breves descrições providenciadas por hinos, confissões, bênçãos, doxologias e pistas subtis em palavras descritivas da adoração estão espalhadas ao longo dos documentos do Novo Testamento. Padrões em constante mutação, e por vezes confusos, forçam-nos a relembrar o princípio simples, mas necessário do *processo de desenvolvimento*. Assim, deve ser dada alguma permissão para um certo grau de flexibilidade ao formar todos esses pontos díspares num todo coerente.[1]

No entanto, é certo que a adoração do Novo Testamento nasceu na fornalha dos eventos à volta de Jesus, que foram reconhecidos como o cumprimento das profecias do Antigo Testamento para Israel. À primeira vista, não há pista que um novo povo de Deus, um que incluía os gentios, estava a ser formado como resultado desses eventos. Ainda assim, os cristãos primitivos adoraram na sinagoga, até que o crescente conflito sobre o facto de Jesus ser o Messias os forçou a ir para outro lado. Neste contexto, a adoração cristã desenvolveu características que eram distintas da adoração judaica.[2]

Neste capítulo iremos reflectir, de uma forma sistemática, nos começos da adoração cristã no primeiro século ao nos concentrarmos em duas questões: Qual é a base da adoração do Novo Testamento? E que descrições emergem da adoração? Outros assuntos tais como oração, hinos, confissões e outros, serão tratados noutro lado.

A BASE DA ADORAÇÃO DO NOVO TESTAMENTO

A base da adoração do Novo Testamento pode ser descoberta ao examinar a atitude de Jesus para com a adoração e o significado do evento de Cristo.

A ATITUDE DE JESUS PARA COM A ADORAÇÃO

Primeiro, *Jesus apoiou a adoração israelita*. Uma análise deste relacionamento com o templo, sinagoga e festivais confirma esta conclusão. Lucas e João falam do ensino de Jesus no templo (Lucas 19:47; João 7:14; 10:22-24) e os quatro evangelhos descrevem a limpeza do templo, no qual Jesus demonstrou a Sua preocupação pela pureza da adoração do templo (Mateus 21:12-13; Marcos 11:15-17; Lucas 19:45-46; João 2:13-16). Jesus ia regularmente à sinagoga no Sabat (ver Lucas 4:16, "entrou num dia de sábado, segundo o seu costume, na sinagoga, e levantou-se para ler").[3] Jesus participava nos festivais de Israel e o detalhe com o qual Ele celebrou a Sua última Páscoa demonstra o Seu conhecimento e apreciação pelo maior festival de Israel (Mateus 26:17-30; Marcos 14:12-26; Lucas 22:7-23).

Segundo, *Jesus acreditava que estar acima das instituições do Antigo Testamento sobre a adoração*. Ele via-se a Si mesmo como o cumprimento do culto do templo. Ele era "maior que o templo" (Mateus 12:6; ver também João 2:19) e tornou os seus rituais obsoletos. Quando Jesus celebrou a Sua última Páscoa, viu-Se como o sacrifício final e como o verdadeiro Cordeiro de Deus: "Tomai, comei, isto é o meu corpo... Porque isto é o meu sangue, o *sangue* do Novo Testamento, que é derramado por muitos, para remissão dos pecados" (Mateus 26:26,28).

Jesus também *assumiu o direito de interpretar os costumes da adoração judaica*. Por exemplo, nas confrontações que teve com os fariseus sobre o Sabat, Jesus disse: "O sábado foi feito por causa do homem, *e* não o homem por causa do sábado. Assim, o Filho do homem até do sábado é Senhor" (Marcos 2:27-28). A disposição de Jesus para quebrar as severas regras sobre o Sabat, tal como foram desenvolvidas pelos fariseus, foi clara na Sua atitude para com os regulamentos que governavam a falta de limpeza e a impureza (Marcos 7:1-23), bem como com as regras sobre o jejum e a oração (Mateus 6:5-8, 16-18). O ponto em cada um desses casos é que Jesus está a proclamar-Se a Si mesmo — o Seu senhorio, o Seu lugar no reino, o Seu lugar na revelação de Deus na história — como superior a tudo antes d'Ele. Desta maneira, Jesus preparou o caminho para as significativas mudanças que ocorreram na adoração à medida que o povo de Deus gradualmente desenvolveu uma adoração retratando os rituais do Antigo Testamento em Jesus Cristo.

ADORAÇÃO DO NOVO TESTAMENTO

O EVENTO DE CRISTO

Da mesma forma que a adoração do Antigo Testamento celebrava o evento do Êxodo, a adoração do Novo Testamento proclama a história do segundo êxodo — Cristo retirando o Seu povo da escravatura do pecado.[4]

O nascimento de Cristo gerou uma grande quantidade de literatura sobre a adoração que louva a Deus por cumprir as profecias do Antigo Testamento.[5] A parte mais importante do nascimento foi atingida por Maria no *Cântico de Maria* (Lucas 1:46-55). Esta nota de adoração é reconhecida como um dos primeiros hinos da igreja. Os eventos da morte e ressurreição de Jesus produziram uma resposta de adoração que abordou a destruição dos poderes do pecado e da morte. Este tema é o foco do baptismo, da pregação e da Santa Ceia. Jesus Cristo, como Paulo referiu aos colossenses, tem "despojando os principados e potestades" e "os expôs publicamente, e deles triunfou em si mesmo" (2:15). O poder de Deus, que foi demonstrado na cruz, tem sido evidente na igreja desde a Ascensão e Pentecostes. O derramamento do Espírito é manifestado nas vidas do novo povo de Deus que, pelo Espírito, age no Seu nome e O adora. O facto de que Jesus está agora sentado ao lado direito de Deus e irá voltar em julgamento foca a adoração, não apenas em eventos passados, mas também no cumprimento desses eventos na consumação. Desta forma, os eventos associados a Cristo têm formado o conteúdo da adoração cristã.

O baptismo é uma identificação com a morte e ressurreição de Cristo, quando o novo cristão passa da morte para a vida (Romanos 6:1-4). É possível que os contrastes entre a antiga e a nova vida, que tão frequentemente aparecem nas Escrituras, sejam de facto remanescentes das instruções baptismais dadas aos novos crentes e adoradores (ver Romanos 6:18: "E, libertados do pecado, fostes feitos servos da justiça"; Colossenses 3:5: "Mortificai... que estão sobre a terra"; Gálatas 5:16: "Andai em Espírito, e não cumprireis a concupiscência da carne").

Esses temas são tão penetrantes na literatura do Novo Testamento que alguns estudiosos vêem porções do Novo Testamento como produtos da adoração primitiva.[6] "Numa data antiga, as formas litúrgicas e catequísticas começaram a ser desenvolvidas pela adoração e ensino das várias igrejas e em breve espalharam-se extensamente para as outras."[7] Apesar de não haver prova absoluta que os elementos da adoração cristã primitiva estavam incorporados nos documentos do Novo Testamento, a ideia em si é fascinante e tem provocado o questionamento académico que requer atenção.

Por exemplo, esses estudiosos argumentam que o *Cântico de Maria* (Lucas 1:46-55), o *Cântico de Zacarias* (Lucas 1:68-79), o *Glória a Deus nas Alturas* (Lucas 2:29-32), são todos hinos da igreja, conhecidos e usados pela igreja antes da sua incorporação no texto do Evangelho. O mesmo tem sido dito sobre os hinos de Cristo tais como João 1:1-18, Filipenses 2:6-11 e Colossenses 1:15-20 e os muitos salmos e doxologias, tais como as encontradas em Apocalipse (4:8, 11; 7:12; 11:17-18; 15:3-4). Parece razoável assumir que as tradições de adoração ter-se-iam desenvolvido e espalhado rapidamente entre as várias comunidades cristãs. Visto que os evangelhos não foram escritos até alguns anos depois do Pentecostes, parece natural que o desenvolvimento de hinos, doxologias e catequeses baptismais sejam anteriores à literatura do Novo Testamento.

O SURGIMENTO DA ADORAÇÃO CRISTÃ

O cristianismo começou como um movimento entre os judeus palestinos e foi então espalhado à comunidade judaica da Diáspora e, através dela, aos gentios. A adoração cristã evoluiu como parte deste processo de expansão. Enquanto o Novo Testamento menciona algumas características desta adoração emergente em várias comunidades cristãs, podemos traçar o seu desenvolvimento cronológico apenas num sentido amplo.

A ADORAÇÃO NA IGREJA DE JERUSALÉM

A primeira comunidade cristã era a igreja em Jerusalém. Era constituída tanto de judeus de língua aramaica como de língua grega (estes últimos chamados de "helenistas" ou "judeus gregos" no Novo Testamento; Actos 6:1). Por causa de Jerusalém, com o seu templo, ser o centro do judaísmo, os judeus devotos das áreas de língua grega, frequentemente visitavam-no como peregrinos e muitos viviam ali permanentemente. Tanto judeus de língua aramaica como grega responderam à proclamação dos apóstolos sobre Jesus ser o Messias e a igreja de Jerusalém cresceu rapidamente depois dos eventos do dia do Pentecostes (Actos 2:37-41). Os Actos dos Apóstolos dão algumas ideias sobre a adoração desta primeira comunidade cristã.

Primeiro, *os cristãos de Jerusalém continuavam a relacionar-se com o templo*. A sua ligação com os rituais sacrificiais judeus não é clara, apesar de Lucas relatar que "grande parte dos sacerdotes obedecia à fé" (Actos 6:7). Mas o templo era a cena de muitas outras actividades; por exemplo, várias sinagogas estavam nos seus recintos. Actos relata o clamor dos líderes cristãos de Jerusalém de que "quantos milhares de judeus há que crêem, e todos são zeladores da lei" (21:20). Agindo sob o aviso desses líderes, o próprio Paulo tomou parte nos rituais de purificação tradicional.

Apesar de ser verdade que os novos crentes "partiam o pão nas suas casas," eles continuaram a encontrar-se "todos os dias no templo" (Actos 2:46) e usavam esses espaços como um lugar para proclamar o Evangelho (Actos 3:11-26).[8] Lucas descreve a vida da comunidade de Jerusalém desta forma: "E perseveravam na doutrina dos apóstolos, e na comunhão, e no partir do pão, e nas orações" (Actos 2:42). O conteúdo da adoração centrada em

Cristo é claro, mas a palavra "orações" está no plural em grego ("nas orações") e provavelmente refere-se às horas tradicionais judaicas de oração. De facto, Lucas diz-nos que os apóstolos continuavam a observar as horas regulares de oração (Actos 3:1).

No entanto, *os cristãos de Jerusalém estavam conscientes que o templo e os seus rituais tinham sido cumpridos em Cristo.* Isto é claro no relato de Estêvão, o cristão judeu de língua grega que se tinha tornado um pregador efectivo de Cristo. Os membros da sinagoga de Freedmen, uma organização de judeus fora da Palestina, acusaram Estêvão perante o concílio dos judeus, dizendo: "Este homem não cessa de proferir palavras blasfemas contra este santo lugar e a lei; Porque nós lhe ouvimos dizer que esse Jesus Nazareno há de destruir este lugar e mudar os costumes que Moisés nos deu" (Actos 6:13-14). Ao confrontar os seus oponentes, Estêvão lançou-se numa narrativa da história da desobediência de Israel para com o Senhor. A parte mais inflamada deste discurso foi a rejeição de Estêvão do templo, expresso numa citação de Isaías: "O céu é o meu trono, e a terra o estrado dos meus pés. Que casa me edificareis? diz o Senhor, ou qual é o lugar do meu repouso? Porventura não fez a minha mão todas estas coisas?" (Actos 7:49-50). Aqui, Estêvão atingiu uma nota proeminente da pregação cristã primitiva: por causa do culto do Antigo Testamento ter sido cumprido em Cristo, o templo e os seus sacrifícios já não são necessários.[9]

A ADORAÇÃO NAS IGREJAS DA DIÁSPORA

À medida que o cristianismo se expandiu na diáspora judaica, este tema foi amplificado. *As cerimónias judaicas foram reinterpretadas como tendo sido cumpridas em Cristo e na Sua igreja.* Por exemplo, Cristo era visto como o cordeiro da Páscoa que tinha sido sacrificado (1 Coríntios 5:7, ver também Romanos 3:25, Efésios 5:2, 1 Pedro 1:19). O templo foi substituído pelo corpo de Cristo: "Não sabeis vós que sois o templo de Deus e que o Espírito de Deus habita em vós? Se alguém destruir o templo de Deus, Deus o destruirá; porque o templo de Deus, que sois vós, é santo" (1 Coríntios 3:16-17, ver também Efésios 2:19-22, 1 Pedro 2:4-5). O povo que constituía a igreja, o novo templo, foi designado um "sacerdócio real" (1 Pedro 2:9). Porque Jerusalém, o centro religioso do judaísmo, estava "em escravidão com seus filhos", foi substituída pela "Jerusalém que está acima" como a verdadeira mãe dos crentes cristãos (Gálatas 4:25-26). A comunidade de adoração no meio da qual Deus agora vivia era "a nova Jerusalém, vinda dos céus de Deus" (Apocalipse 21:2-3). Essas reinterpretações de Jerusalém, do templo, do sacrifício, do cordeiro da Páscoa e do sacerdócio, juntamente com a sua aplicação para com a igreja emergente, eram radicais e novas. Elas alcançavam a própria essência do judaísmo e atingiam o âmago da adoração judaica. Estava a tornar-se evidente que as adorações judaica e cristã não se misturavam.

A diferenciação cristã da adoração judaica foi claramente definida na carta aos hebreus, que foi provavelmente escrita de uma localização da Diáspora (ver Hebreus 13:24). O autor atingiu a sua ênfase em 7:18, na discussão do sacerdócio. "O precedente mandamento," insistiu ele, "é abrogado por causa da sua fraqueza e inutilidade." As práticas do culto judaico tinham servido o seu propósito. Elas eram agora obsoletas, visto que uma nova e melhor forma tinha chegado (ver Hebreus 7-10). Os cristãos, declarou o autor, não tinham ido ao Monte Sinai, "uma montanha que podia ser tocada." Em vez disso, eles tinham ido ao "Monte de Sião, à Jerusalém celestial" através de Jesus, que tinha mediado um novo pacto no Seu sangue (ver 12:18-24). Nos rituais sacrificiais do antigo pacto, os adoradores eram borrifados com o sangue da vítima de forma a prepararem-se para entrarem na presença de Deus. O sangue de Jesus agora tinha tomado o lugar desses sacrifícios.

Já na Palestina, o movimento cristão veio a incluir pessoas que não eram judias, tais como um oficial etíope (Actos 8:26-39) e um comandante romano e a sua casa (Actos 10). O número de convertidos gentios aumentou marcadamente no contexto da diáspora, onde muitos não judeus, buscando a Deus, participavam nas sinagogas nas suas cidades. Quando essas pessoas ouviram os apóstolos a anunciar o novo pacto através de Jesus, o Messias, muitas responderam com entusiasmo. Agora elas podiam fazer parte do pacto de Deus sem terem de se tornar judeus pela circuncisão e outros rituais judeus. De facto, os profetas e os salmistas de Israel tinham predito que os não judeus (ou seja, "as nações") fariam parte do reino de Deus e O adorariam (ver Isaías 2:2-5; 11:1-10; 42:6; Daniel 7:27; Zacarias 8:23; Salmos 22:27-28; 117:1-2). Saulo, de Tarso, perseguidor da igreja, foi chamado por Jesus para ser "um vaso escolhido, para levar o meu nome diante dos gentios" (Actos 9:15). Como Paulo, o apóstolo, ele via a inclusão dos gentios no propósito de Deus como o "mistério" agora revelado, do qual ele era um servo (Efésios 2-3). A inicial oposição dos cristãos judeus à livre aceitação dos gentios foi ultrapassada (Actos 15) e a maioria das igrejas do Novo Testamento parecem ter incluído membros tanto judeus como gentios.

A vida de uma das igrejas da Diáspora, a igreja em Corinto, é reflectida nas cartas de Paulo a essa congregação. Em 1 Coríntios, o apóstolo lida grandemente com assuntos relacionados com a adoração corporativa, por vezes directa e por vezes indirectamente. Este material, verificado noutras fontes litúrgicas desse período, inclui coisas como o formado da bênção (1 Coríntios 1:3; 16:23), a adoração ao domingo ou "o primeiro dia de cada semana" (16:1-2), a possível celebração do Pentecostes (16:8) e a Páscoa (5:7), o uso do ósculo santo (16:20) e a disciplina da igreja com ênfase na excomunhão (5:5, 16:22).

Mais útil para os nossos propósitos são os ensinos explícitos de Paulo sobre a adoração. Primeiro, *Paulo enfatizou a necessidade de ordem na adoração corporativa*. Aparentemente, muitos cristãos de Corinto não estavam habituados ao tipo estruturado de reunião encontrado na sinagoga e precisavam de aprender como se conduzirem "decentemente e com ordem" (14:40) na sua assembleia. Paulo enfatiza a ordem com referência ao exercício dos dons espirituais, especialmente às línguas e profecia. Parece que a adoração estava por vezes cheia de confusão: "Se, pois, toda a igreja se congregar num lugar, e todos falarem em línguas, e entrarem indoutos ou infiéis, não dirão porventura que estais loucos?" (14:23). Paulo não instrui os coríntios a deixarem de falar em línguas; ele simplesmente pediu que reconhecessem o tempo apropriado para as línguas na adoração e que todo o falar em línguas e interpretações deviam acontecer de uma forma ordenada. O mesmo é verdade acerca das profecias. Dois ou três profetas poderiam falar e os outros deviam avaliar o que estava a ser dito. Ninguém devia monopolizar o dom profético se outro adorador tivesse algo a dizer (14:29-32).

A ordem também tinha que ver com a Santa Ceia. Paulo comentou as condições de Corinto nestas palavras: "quando vos ajuntais num lugar, não é para comer a ceia do Senhor. Porque, comendo, cada uma toma antecipadamente a sua própria ceia; e assim um tem fome e outro embriaga-se" (11:20-21). Até neste ritual central da fé cristã, os coríntios tinham de ser ensinados a focar-se na morte de Cristo e a examinarem os seus motivos com respeito aos seus irmãos crentes (11:23-32).

O assunto da ordem, com respeito tanto à Santa Ceia como à assembleia onde as línguas e profecias eram praticadas, tinha que ver com o reconhecimento que a adoração cristã era uma acção corporativa, não apenas individual. Paulo recordou os coríntios que o pão que partiam juntos era "participação no corpo de Cristo," e por isso "nós, sendo muitos, somos um só pão e um só corpo, porque todos participamos do mesmo pão" (10:17). Por essa razão, um adorador não deveria observar a Santa Ceia como um acto egoísta, individual, "sem reconhecer o corpo do Senhor" (11:29). E um adorador que fala em línguas sem reconhecer a necessidade de edificar os membros da assembleia está a usar mal o seu dom. Por esta razão, Paulo incluiu a sua tão bem conhecida exortação acerca do amor, nesta discussão dos dons espirituais (capítulo 13). O amor que Paulo descreve aqui é a*gapé* [ágape], um amor reconhecido pela lealdade aos irmãos e irmãs dentro do relacionamento pactual de Deus.

Segundo, o ensino de Paulo sobre a adoração estava relacionado com o conteúdo. Paulo não nos dá uma ordem de culto, mas menciona alguns dos aspectos principais da adoração cristã, especialmente em 1 Coríntios 12 e 14. "Quando vos ajuntais," escreveu ele "cada um de vós tem salmo, tem doutrina, tem revelação, tem língua, tem interpretação" (14:26). Paulo também refere orar, cantar, dar graças e responder com "ámen" (15:13-17). Indicando que "a manifestação do Espírito é dada pelo bem comum," ele menciona, entre outros dons, a palavra de sabedoria, a palavra de conhecimento, profecia, a capacidade de distinguir os espíritos, a capacidade de falar em diferentes tipos de língua e a interpretação das línguas (12:7-11).

A discussão de Paulo revela uma grande variedade de actividades de adoração da igreja da Diáspora, onde os gentios adoravam juntamente com os cristãos judeus. Ao que Paulo menciona nesta carta deve ser adicionado o cantar os salmos e outras músicas (Efésios 5:19), o baptismo (Romanos 6:4, Efésios 1:5, Colossenses 2:12) e a pregação do *kerygma* ou proclamação do Evangelho. Em relação à pregação, Paulo recordou os seus leitores em Corinto da mensagem que tinha sido dada à igreja. Alguns deles não creram na ressurreição dos mortos (1 Coríntios 15:12-58). Por isso, Paulo reviu (em formato confessional) a tradição da igreja que recebeu e passou-a a eles: "Porque primeiramente vos entreguei o que também recebi: que Cristo morreu por nossos pecados, segundo as Escrituras, e que foi sepultado, e que ressuscitou ao terceiro dia, segundo as Escrituras. E que foi visto por Cefas, e depois pelos doze" (15:3-5). Esta confissão básica está na essência do *kerygma* e deve estar no centro da pregação cristã.

O PERÍODO APOSTÓLICO

É imperativo ter em mente que o período até 100 d.C. foi altamente formativo na vida da igreja primitiva, como demonstrado ao longo dos sinais da *maturação no aumento da organização da igreja*. Até agora, a missão da igreja tinha-se estendido ao longo da maioria do império romano e além dele. Juntamente com o espalhar do Evangelho, grupos hereges surgiram e desafiaram a igreja. Consequentemente, a igreja estava sob pressão externa para se definir mais claramente. Isto aconteceu através de uma crescente literatura (os evangelhos e as epístolas), uma organização mais fixa e precisa da igreja (1 Timóteo 3:16, 1 Coríntios 15:3-5) e uma consciência litúrgica mais desenvolvida.

Um número crescente de académicos reconhece a presença dos materiais de adoração na literatura do período apostólico. O argumento pressupõe a incorporação dos hinos da igreja, da literatura de catequeses baptismais, declarações de credo, confissões, doxologias e bênçãos nos escritos dos apóstolos. Por exemplo, pensa-se que esses hinos da igreja por vezes eram usados como argumentos para enfatizar um ponto doutrinal particular ou que largas partes das epístolas são elaborações sobre os materiais de adoração existentes já conhecidos pela igreja. Até os evangelhos não escapam do contexto de adoração. Oscar Cullmann tem tentado definir "a ligação entre a adoração cristã contemporânea e a vida histórica de Jesus" no Evangelho de João.[10] E outros, como Massey Shepherd, têm argumentado a favor da estrutura do culto de adoração cristã como o princípio organizador para a revelação do apóstolo João em Apocalipse.[11]

Um exame desta vasta quantidade de material leva à conclusão que o período apostólico *incluía uma crescente ênfase numa abordagem ordenada à adoração*. Por exemplo, as epístolas pastorais enfatizam a função do ministro na adoração da igreja. Ao mesmo tempo, a Igreja tentou encontrar um equilíbrio entre o entusiasmo cristão e as formas judaicas da ordem ou a preocupação pela mesma. Assim, o período apostólico da adoração tornou-se mais fixo. Este parece ser o caso, como sugerido pelo estudo, das formas de adoração conhecidas por nós do segundo século, o assunto do próximo capítulo.

CONCLUSÃO

O propósito deste capítulo tem sido traçar o desenvolvimento da adoração no Novo Testamento. Apesar de haver muitas brechas nos documentos fragmentados da adoração, é evidente que estamos a lidar com um *processo* e com uma *variedade* nas primeiras comunidades cristãs.

No entanto, três declarações sumárias podem ser feitas com algum grau de certeza.

1) Jesus suplanta o culto do templo e o ritual judeu.

2) A fonte comum da adoração cristã está enraizada no evento de Cristo.

3) O Novo Testamento não providencia uma imagem sistemática da adoração cristã.

Pelo facto do Novo Testamento não providenciar uma imagem sistemática da adoração cristã, deve ser buscada orientação relativamente à adoração da prática da igreja primitiva.

Na convicção de que Deus é o Senhor da Igreja, que Deus tem dado o Seu Espírito para guiar a Igreja em toda a verdade e que os sucessores imediatos dos apóstolos foram cuidadosos em manter a prática apostólica, voltamo-nos no próximo capítulo para comparar as primeiras descrições não canónicas da adoração com as fontes do Novo Testamento.

CAPÍTULO 5

Adoração do Cristianismo Primitivo

O espaço de tempo entre as cartas de Paulo e a descrição de Justino Mártir sobre a adoração no segundo século pode ser preenchido com referências a Pedro, o livro dos Hebreus e Apocalipse, assim como vários escritos não-canónicos. Neste capítulo iremos examinar as práticas de adoração relatadas por Plínio, na *Didaqué* e Justino e depois considerar as suas origens do Novo Testamento, ao mesmo tempo que observamos a imagem normativa da adoração cristã a emergir no segundo século.

DESCRIÇÕES DA ADORAÇÃO DO SEGUNDO SÉCULO

As descrições elaboradas da adoração não são encontradas nem no Novo Testamento nem nos escritos da igreja do segundo século. No entanto, isso não significa que a adoração não era importante para a igreja primitiva. A adoração era de tal vital importância para os cristãos primitivos que eles conscientemente retiveram a informação para não lançarem pérolas aos porcos. A Ceia do Senhor, em particular, era deliberadamente protegida dos pagãos.[1]

A CARTA DE PLÍNIO

O segredo da adoração no segundo século provocou uma investigação por parte de Plínio, o governador romano de Bithynia-Pomus (d.C. 111-113). Ele queria saber o que os cristãos faziam quando se juntavam para adorar. Numa carta endereçada ao Imperador Trajan, Plínio descreveu os seus achados. Desse relatório podemos obter alguns pequenos discernimentos sobre a adoração, especialmente o segredo que rodeava a adoração cristã. Ele informou o imperador que "a substância da sua falta ou erro era que eles tinham o hábito de se encontrar num dia fixo, antes da luz do dia para recitar responsivamente, entre eles, um hino a Cristo, como um deus."² Alguns pensam que a palavra traduzida por "hino" significa "fórmula religiosa" e podem estar a referir-se à Santa Ceia.

Plínio também disse ao imperador que os cristãos "estavam ligados por um juramento de não cometer nenhum crime e absterem-se de roubo e adultério e que não deviam quebrar a sua própria palavra, ou negar uma dívida quando fossem chamados para a pagar." Apesar de não ser absolutamente claro como é que este juramento era expresso, é geralmente acreditado o que o académico Joseph Jungmann descreve como "um paralelo distante da confissão de pecados de domingo."³ Talvez o recitar do Decálogo fosse usado.

Uma terceira parte da declaração de Plínio relatou que "quando tinham feito isto, era seu costume irem-se embora e encontrarem-se novamente para uma refeição, mas de forma comum e inofensiva. Eles diziam que tinham desistido de o fazer desde a promulgação do meu édito, pelo qual, em concordância com as suas ordens, eu tinha proibido a existência de clubes." A referência a esta refeição como "comum" e "inofensiva" indica um conhecimento substancial da parte de Plínio acerca da refeição. Que provavelmente não era a Santa Ceia é sugerido pelo facto de que esta era feita separadamente do "hino" e de que os cristãos "desistiram dela" como uma concessão a Plínio. O mais provável é que fosse a festa do *agapé* [ágape], uma refeição comum partilhada pela igreja, mas separada da Santa Ceia.⁴

A DIDAQUÉ

Um segundo documento que veio do mesmo período de tempo é a *Didaqué* (d.C. 100). Este pequeno documento, um manual da igreja primitiva, contém entre outras coisas, material instrutivo para a igreja primitiva. Para os nossos propósitos, a característica mais importante da *Didaqué* é o texto completo de oração usado numa refeição comum que levava à celebração da eucaristia.

> Relativamente à eucaristia. Dar graças como se segue: Primeiro relativamente ao copo: "Nós damos-Te graças, nosso Pai, pela Santa vinha de David, Teu servo, que nos fizeste conhecido através de Jesus, Teu servo." "A Ti seja a glória para sempre."
>
> Depois, relativamente ao pão partido: "Nós damos-Te graças, nosso Pai, pela vida e conhecimento que nos fizeste conhecido para usar através de Jesus, Teu servo." "A Ti seja a glória para sempre." "Da mesma forma como este pão partido foi espalhado pelas montanhas e depois, quando juntado, se tornou numa massa, a Igreja seja junta dos fins da terra para o Teu reino." "Pois Tua é a glória e o poder através de Jesus Cristo para sempre." "Que ninguém coma ou beba da Tua eucaristia a não ser

os baptizados no nome do Senhor; a isto, também, o dizer do Senhor é aplicável: Não dêem aos cães o que é sagrado.

Depois de ter tomado a tua parte de comida, dá graças como se segue: "Nós damos-Te graças, oh Pai Santo, pelo Teu santo nome que Tu consagraste nos nossos corações e pelo conhecimento e fé e imortalidade que nos fizeste conhecidas através de Jesus, Teu servo." "A Ti seja a glória para sempre." "Tu, Senhor Todo-Poderoso, criaste todas as coisas pelo Teu nome e deste comida e bebida ao homem para disfrutar, para que Te pudesse dar graças; mas a nós nos concedeste a comida e bebida espiritual e vida eterna através de Jesus, Teu servo." "Acima de tudo, nós Te damos graças pelo Teu maravilhoso feito." "A Ti seja a glória para sempre." "Relembra, oh Senhor, a Tua Igreja: livra-a de todo o mal, aperfeiçoa-a no Teu amor e dos quatro cantos junta-a, os santificados, no Teu reino que preparaste para ela." "Que a graça venha e que este mundo passe!" "Hosana ao Deus de David!" "Se alguém é santo, que avance; se alguém não é, que se converta. Maranata!" "Ámen." Mas permitimos que os profetas dêem graças o quanto queiram.[5]

Algumas das orações desta festividade eram incorporadas pela mesa de comunhão judaica. Era uma prática comum entre o povo judaico repetir as bênçãos na refeição do copo e do pão. Assim, era natural para os cristãos primitivos, que também eram judeus, mudar ao de leve essas orações para as usarem na refeição de comunhão cristã. Compare, por exemplo, as seguintes orações sobre o copo e o pão.[6]

JUDAICA	CRISTÃ
A bênção sobre o copo: "Abençoado és Tu, Ó Senhor nosso Deus, Rei Eterno, que criaste o fruto da vinha." As palavras ditas sobre o pão: "Abençoado és Tu, Ó Senhor nosso Deus, Rei Eterno, que nos trouxeste o pão da terra."	"Nós damos-Te graças, nosso Pai, pela Santa vinha de David, Teu servo, que nos fizeste conhecido através de Jesus, Teu servo. A Ti seja a glória para sempre. Nós damos-Te graças, nosso Pai, pela vida e conhecimento que nos fizeste conhecido para usar através de Jesus, Teu servo." "A Ti seja a glória para sempre."

As orações da mesa eram lindas em conteúdo e expressivas da teologia da criação, da igreja e da volta de Cristo. Uma característica importante dessas orações, inclusive as orações do fim da refeição, é que nos dão uma ideia da estrutura da oração eucarística.

JUSTINO MÁRTIR

O próximo documento, *The First Apology* [A Primeira Apologia], chega-nos de meados do segundo século. Foi escrito pelo apologista Justino[7] ao imperador Antoninus Plius. Esta obra providencia uma quantidade considerável de informação acerca da estrutura e significado da adoração cristã. Aqui, a declaração mais importante de Justino relativamente à estrutura da adoração cristã é:

> E no dia chamado de domingo, há um encontro num lugar daqueles que vivem nas cidades ou no campo e as memórias dos apóstolos ou os escritos dos profetas são lidos à medida que o tempo o permite. Quando o leitor acaba, o presidente num discurso exorta e convida [-nos] para a imitação dessas coisas nobres. Então, todos nós nos levantamos juntos e oferecemos orações. E, como dito antes, quando acabamos a oração, o pão é trazido e o vinho e a água e o presidente oferece semelhantemente orações e acções de graças no melhor da sua capacidade e a congregação concorda, dizendo Amém: a distribuição, a recepção dos [elementos] consagrados por cada um, toma lugar e esses elementos são enviados aos ausentes pelos diáconos.[8]

Uma característica importante deste culto de adoração é a estrutura dupla da Palavra e da Santa Ceia. Ao incluir informação sobre a adoração de outras fontes com os escritos de Justino, o esboço seguinte parece ser a estrutura normativa da adoração cristã primitiva:

O SERVIÇO DA PALAVRA

Leituras das memórias dos apóstolos e dos profetas

Sermão pelo presidente

Orações por todas as pessoas, ditas de pé

O SERVIÇO DA SANTA CEIA

O beijo da paz (mencionado acima)

Apresentação do pão e de um copo de vinho e água ao presidente

A oração eucarística (orações de louvor e acção de graças oferecidas pelo presidente de uma forma improvisada)

Resposta (as pessoas dizem "Ámen")

Recepção (o pão e o vinho são distribuídos e tomados pelos diáconos para os ausentes)

Ofertório (esmolas são levantadas e distribuídas pelos necessitados)

Estas descrições de adoração providenciam discernimento sobre a estrutura e conteúdo aceite da adoração cristã na metade do segundo século. Estamos agora em posição de traçar os padrões de adoração que se desenvolveram nesta estrutura normativa dupla.

AS ORIGENS DA ESTRUTURA DUPLA DA ADORAÇÃO CRISTÃ NO NOVO TESTAMENTO

A preocupação desta secção é discutir as origens da estrutura dupla da adoração cristã. Duas linhas de desenvolvimento informaram e moldaram a adoração cristã primitiva. Elas cresceram das práticas da sinagoga com a sua ênfase na Palavra e na Santa Ceia. Apesar dessas duas instituições poderem ser traçadas separadamente, é significativo que elas têm uma base comum na experiência de adoração mais antiga da igreja. É sobre esta experiência que nos debruçamos primeiro.

A ADORAÇÃO CRISTÃ PRIMITIVA

A descrição inicial da adoração cristã é encontrada em Actos 2:42: "E perseveravam na doutrina dos apóstolos, e na comunhão, e no partir do pão, e nas orações." Alguns estudiosos têm argumentado uma sequência dupla da Palavra e sacramento neste texto.[9] Mas não há acordo universal sobre este assunto e o texto em si mesmo não pode ser mais do que uma provável sequência dupla. No entanto, a sequência da Palavra e sacramento é mais firmemente baseada em 1 Coríntios 16:20-24. As conclusões acerca desta passagem alcançadas por John A. T. Robinson, e as sugestões de Hans Lietzmann e Günther Bornkamm, são agora geralmente aceites. Elas são: (1) em 1 Coríntios 16:20-24 a linguagem não "é meramente de convenção epistolar, mas de uma comunidade adoradora para outra, a conversa dos santos reunidos para a eucaristia"; e (2) nesta perícope podem ser traçados "os remanescentes da sequência litúrgica cristã primitiva, que possuímos e que é pré-paulino na sua origem."[10] A estrutura básica da adoração da igreja do Novo Testamento parece ser uma ênfase dupla na Palavra e na Santa Ceia, onde a oração e o louvor também fazem parte. 1 Coríntios devia ser lido no serviço da Palavra e imediatamente depois do serviço da Santa Ceia ter sido celebrado, como indicado pelas alusões em 2 Coríntios 16:20-24.[11]

Esta sequência dupla da Palavra e da Santa Ceia está enraizada, tanto num contexto teológico, como num contexto histórico. Teologicamente, a sequência da adoração cristã está fundamentada na estrutura do pacto bíblico, discutido no Capítulo Dois. Ao garantir o pacto no Monte Sinai, Deus proclamou os Seus mandamentos, que eram para governar este relacionamento. Ele descreveu o comportamento que Lhe agrada, através do qual o Seu povo devia demonstrar a sua fidelidade e obediência. Como resposta, o povo e os seus líderes empenhavam-se numa série de actos de compromisso. Primeiro, faziam uma confissão verbal: "Tudo o que o Senhor disser faremos." Depois, ofereciam um sacrifício, borrifando o sangue do animal morto no povo. Finalmente, comiam uma refeição sagrada na presença do Senhor (Êxodo 24:3-11). Quando Jesus instituiu a Santa Ceia, chamou-a especificamente de "novo pacto no meu sangue" (Lucas 22:20). Podemos apreciar totalmente o sentido da Santa Ceia e compreender a sua posição na sequência dupla da adoração cristã, apenas quando a vemos como uma resposta de compromisso ao relacionamento de aliança que Deus oferece através da proclamação do Evangelho de Cristo na Sua Palavra.[12]

Historicamente, a sequência dupla da adoração parece estar relacionada com o estilo de adoração da sinagoga, que combinava a leitura das Escrituras, a oração e a bênção, com a cerimónia distintivamente cristã do "partir do pão" juntos em obediência ao mandamento do próprio Jesus. Podemos esboçar linhas de ligação entre a sequência rudimentar da adoração no Novo Testamento e a que foi expressa por Justino em 150 d.C. Ao traçar, tanto a influência da sinagoga na adoração primitiva e o desenvolvimento da Santa Ceia, o relacionamento tornar-se-á aparente.

A INFLUÊNCIA DA SINAGOGA

Era prática de Paulo ir à sinagoga pregar Cristo (Actos 14:1; 17:2). Aqueles que se tornaram cristãos a princípio permaneceram na sinagoga e gradualmente formavam comunidades de adoração por si mesmos.[13] Quando Paulo morreu, a meio dos anos 60 d.C., as comunidades de adoração eram ainda uma seita judaica, mas a meados do segundo século elas tinham atingido uma identidade separada. Ou seja, a separação entre os dois grupos teve lugar dentro desse período de tempo. Os factos que contribuíram para tal incluíam as diferentes opiniões sobre a observância literal da lei e da visão cristã de Jesus como o Messias.[14]

Apesar do antagonismo entre os judeus e os cristãos no final do primeiro século, há evidência considerável que o relacionamento que existia entre eles antes da sua separação era de duração suficiente para influenciar significativamente a adoração cristã. A evidência sugere que a primeira parte da adoração cristã, a liturgia da Palavra, era directamente influenciada pela sinagoga.

Primeiro, a adoração cristã, como aquela da sinagoga, *mantinha-se na centralidade das Escrituras*. Era costume judeu ler e comentar as Escrituras.[15] Porções do Pentateuco e dos profetas eram lidas regularmente. Da mesma forma, a prática cristã de ler e expor as Escrituras foi atestada por Lucas, que descreveu Paulo como aquele que "disputou com eles sobre as Escrituras, expondo e demonstrando que convinha que o Cristo padecesse e ressuscitasse dentre os mortos. E este Jesus, que vos anuncio, dizia ele, é o Cristo" (Actos 17:2-3). Desde cedo que os escritos dos apóstolos eram lidos juntamente com o Velho Testamento. Evidência desta prática é encontrada em

Colossenses 4:16: "E, quando esta epístola tiver sido lida entre vós, fazei que também o seja na igreja dos laodicenses, e a que veio de Laodicéia lede-a vós também" (ver também 2 Pedro 3:16). A primeira evidência não-canônica da leitura das Escrituras é encontrada no *The First Apology* de Justino (citado acima): "As memórias dos apóstolos ou os escritos dos profetas são lidos à medida que o tempo o permite. Quando o leitor acaba, o presidente num discurso exorta e convida [-nos] para a imitação dessas coisas nobres." A dependência aqui na forma da sinagoga é dificilmente coincidente.[16]

Segundo, a igreja, como a sinagoga (que seguia a prática do templo), enfatizava a oração.[17] Há uma correspondência no tempo de oração. Os primeiros cristãos observavam as horas diárias de oração praticadas na sinagoga: a terceira hora (Actos 2:15), a sexta hora (Actos 10:9) e a nona hora (Actos 3:1). Esses tempos de oração foram continuados na igreja primitiva como evidenciado por Tertuliano e Hipólito no início do terceiro século. Também parece haver uma correspondência no uso do *shermoneh 'esreh* (as Dezoito Bênçãos) e da Santa Ceia. Nas sinagogas, o *shermoneh 'esreh* era lido em cada culto (é a oração por excelência da sinagoga).[18] Da mesma forma, de acordo com a *Didaqué*, o Pai Nosso era dito três vezes por dia.[19]

No entanto, o mais impressionante é a correspondência entre a linguagem e o conteúdo das orações. Os assuntos de preocupação articulados no *shermoneh 'esreh* parecem ter uma grande influência nas orações da igreja primitiva, que carregam uma semelhança às bênçãos judaicas. Uma comparação com a oração cristã primitiva encontrada na carta de Clemente aos coríntios mostra-o.

SHERMONEH 'ESREH	CLEMENTE
"(Dá-nos) a esperança no Teu nome, a fonte primária de toda a criação; abre os olhos dos nossos corações para Te conhecer, que apenas Tu sejas o Exaltado entre os exaltados, e permaneças Santo entre os santos."	"Tu És santo e santo é o Teu nome; e os santos louvam-Te todos os dias. Abençoado és Tu, ó Senhor, o Santo."[20]

A oração de Clemente, que é muito mais longa do que a citação acima, influenciou fortemente o desenvolvimento da oração cristã na igreja primitiva. A ênfase central na santidade de Deus e o louvor que Lhe é dado pelos santos é frequentemente encontrada nas orações litúrgicas da igreja primitiva.

Outros traços do *shermoneh 'esreh* podem ser encontrados na oração cristã primitiva. Exemplos de tais orações incluem orações por iluminação espiritual, a oração *agapé* [ágape] sobre o pão, orações relacionadas com a criação, orações intercessoras, orações de confissão, orações por perdão de pecado e a doxologia. Tais outros aspectos, como a ênfase central na redenção, a santificação do Nome ("Santo, santo, santo é o Nome do Senhor Todo-Poderoso, toda a terra está cheia da Sua glória," Isaías 6:3), o dizer do Ámen, o uso dos salmos em recitação e em canto, a confissão de fé, a leitura do Decálogo e o uso da Santa Ceia são rastreáveis relativamente à influência da sinagoga. Até a inclusão das orações improvisadas, como indicado por Justin, tem as suas raízes na oração de vida da sinagoga!²¹

Porque a liturgia cristã estava em processo de desenvolvimento, não podemos esperar encontrar paralelos exactos ou completos entre o *shermoneh 'esreh* e a oração cristã. No entanto, o número completo de paralelismos e a similaridade da linguagem oferecem muito ao argumento de que toda a liturgia da Palavra na igreja primitiva deve a sua origem estrutural às práticas que se desenvolveram na sinagoga. As práticas da sinagoga serviram como a matriz através da qual a experiência de adoração dos primeiros cristãos foi inicialmente formada.

No entanto, os estudantes de adoração deviam ter em mente as conclusões mais cépticas dos recentes estudiosos, particularmente as de Paul Bradshaw na sua obra *The Search of the Origin of Christian Worship* [A Procura pela Origem da Adoração Cristã]. Apesar de Bradshaw reconhecer o impacto da sinagoga na adoração cristã, ele não partilha da certeza dos eruditos da anterior geração relativamente ao impacto da sinagoga na adoração cristã. Ele avisa os seus leitores: "Tem acontecido uma revolução nos estudos litúrgicos judeus, uma revolução que tem mudado quase por completo a nossa percepção de como os recursos podem ser usados para reconstruir as formas de adoração do judaísmo primitivo. Isto tem resultado na necessidade de ser mais cuidadoso ao afirmar quais seriam as práticas litúrgicas com as quais Jesus e os Seus seguidores estavam familiarizados."²²

O DESENVOLVIMENTO DA SANTA CEIA

A origem da Santa Ceia aconteceu na noite antes da crucificação.²³ A primeira menção escrita da Santa Ceia foi na primeira carta de Paulo aos coríntios (11:17-34). Isto tem levantado algumas questões sobre a origem e desenvolvimento da Santa Ceia. Essas questões focam-se, em parte, na interpretação do "partir do pão" mencionado em Actos 2:42, 46; 20:7. Devemos assumir que este termo se refere à Santa Ceia?

Já reparámos que a adoração da igreja primitiva relatada em Actos 2:42 ocorre no contexto de uma refeição. A questão é: era o "partir do pão" parte da refeição em si mesma (como numa refeição judaica) ou isso designa um acto à parte da refeição, apesar de estar no contexto da refeição? Se o partir do pão era um acto em si mesmo, então pode-se dizer que esta expressão é uma referência antiga à Santa Ceia. Por causa do acto do partir do pão ser estruturalmente separado da comunhão e o termo *partir o pão* ser usado para as refeições judaicas, pode-se sugerir que os cristãos usavam o termo para se referir ao Santo Pão da Comunhão Cristã. Apesar de este argumento não ser disputável, duas outras considerações também favorecem esta interpretação.

Primeiro, nas aparições da pós-ressurreição de Jesus, os discípulos comeram frequentemente com Ele depois de terem feito a Santa Ceia (ver Lucas 24:30, 41-43; João 21:12-13). No relato do Caminho de Emaús, Jesus fez as mesmas quatro acções feitas na Última Ceia. Ele "tomou o pão, deu graças, partiu-o e começou a dar-lhes" (Lucas 24:30, comparar com Mateus 26:26). Quando os discípulos voltaram a Jerusalém para contar aos outros discípulos o que tinha acontecido, eles disseram-lhes: "E eles lhes contaram o que lhes acontecera no caminho, e como deles fora conhecido no partir do pão" (Lucas 24:35). Na costa do mar da Galileia, eles "perceberam que era o Senhor" e "Jesus veio, tomou o pão e deu-lhes" (João 21:12-13). O partir do pão na comunidade cristã primitiva pode ter sido uma forma de recordar a presença de Jesus que Se tornou conhecido no partir do pão.

Segundo, deveria ser notado que o partir do pão foi sempre no contexto de uma refeição. O partir do pão não apenas invoca a memória de Cristo, mas a refeição também serve o mesmo propósito. A refeição retorna à última refeição e é uma lembrança da promessa de futuras refeições (Mateus 26:29). Tanto a refeição como o partir do pão da comunidade cristã primitiva provêm da Santa Ceia e das refeições das aparições pós-ressurreição. Nesta nova refeição de Comunhão, o Cristo ressurecto e ascendido está presente, especialmente na refeição e no partir do pão. Por esta razão, a adoração da igreja primitiva era caracterizada por um tremendo sentido de alegria e gozo (Actos 2:46-47).

A relação entre a refeição e a Santa Ceia é vista na carta de Paulo aos coríntios (1 Coríntios 11:17-34). Aqui, é inquestionável que os coríntios "realmente ligavam a santa celebração com um grande banquete."[24] É igualmente claro que certos abusos tinham sido afastados desta celebração da ressurreição, pelo menos em Corinto. Paulo puniu os cristãos pela sua pobre conduta.

Quando vos ajuntais num lugar, não é para comer a ceia do Senhor.

Porque, comendo, cada um toma antecipadamente a sua própria ceia; e assim um tem fome e outro embriaga-se.

Não tendes porventura casas para comer e para beber? Ou desprezais a igreja de Deus, e envergonhais os que nada têm? Que vos direi? Louvar-vos-ei? Nisto não vos louvo.

1 Coríntios 11:20-22

Parece que o aspecto de banquete da refeição de comunhão tinha ficado fora de controle. Por causa do seu excesso de ênfase no aspecto da festa da refeição corintiana, Paulo enfatizou a morte de Cristo ao recordar os coríntios das palavras de Jesus na Última Ceia. Que ele não estava a introduzir *novos* elementos é evidente nas palavras, "Porque eu recebi do Senhor o que também vos ensinei" (1 Coríntios 11:23). As palavras de instrução eram conhecidas na tradição da igreja e tinham sido passadas na prática da igreja.[25] Aparentemente, a prática era ter primeiro a refeição, seguida da Santa Ceia.[26] Os coríntios tinham pervertido o propósito da refeição ao embebedarem-se e ao não tomarem a Santa Ceia seriamente. Consequentemente, Paulo exortou-os a comerem em casa. "Mas, se algum tiver fome, coma em casa, para que não vos ajunteis para condenação" (1 Coríntios 11:34).

A ênfase de Paulo na Santa Ceia como lembrança da morte de Cristo e a sua admoestação para os famintos comerem em casa, providencia a evidência de uma separação entre a Santa Ceia e a refeição.[27] A meio do segundo século, a refeição tinha sido cortada do culto de adoração. Tinha sido substituída pelo ritual do pão e do vinho, que permaneceu a característica essencial da segunda parte da liturgia.

Nenhuns documentos disponíveis deste período providenciam um discernimento claro sobre as razões da refeição estar separada da Santa Ceia. A primeira explicação é o relato providenciado por Paulo em 1 Coríntios. Aqui a razão é clara. Os coríntios estavam a violar o espírito da refeição. A carta de Plínio e o *Didaqué* parecem assumir uma separação entre a refeição e a Santa Ceia. No tempo de Plínio, a refeição era omitida por causa da perseguição. Noutros casos, a refeição pode ter sido omitida por razões práticas. Poderá ter-se tornado pesada para a crescente igreja acomodar o número crescente de pessoas na refeição comum. Consequentemente, as muitas mesas foram substituídas por uma — a mesa do Senhor na qual o pão e o vinha eram colocados. Desta forma, o conceito da refeição e a Santa Ceia eram fundidas numa acção ritual singular que encontramos no ano 150 d.C. na descrição providenciada por Justino.

O BAPTISMO NA IGREJA PRIMITIVA

Apesar de o baptismo não ser parte de todas as experiências de adoração, ele não deve ser negligenciado. Na igreja primitiva, o baptismo era um ritual de adoração que trazia uma pessoa à comunhão, adoração e eucaristia da igreja primitiva. No Novo Testamento, o significado teológico do baptismo é o ritual de adoração que expressa uma identificação com a morte e ressurreição do Senhor, que a adoração no Dia do Senhor recorda e celebra repetidamente. Como é que as pessoas lembram e recordam uma experiência com a qual não se identificaram?

No dia do Pentecostes, aqueles cujos "corações se compungiram" responderam ao dizer "Irmãos, que devemos fazer?" (Actos 2:37). A resposta directa de Pedro foi "Arrependei-vos, e cada um de vós seja baptizado em nome de

Jesus Cristo, para perdão dos pecados; e recebereis o dom do Espírito Santo" (Actos 2:38).

Há uma clara progressão aqui: arrependimento, baptismo, perdão e recepção do Espírito Santo. Aqui, temos o esqueleto dos rituais de iniciação. Eles incluem uma disposição interior, marcas exteriores e resultados específicos. Através do baptismo, uma pessoa identifica-se com a morte e ressurreição de Jesus e entra na vida de adoração da igreja (Romanos 6:1-4; Colossenses 2:11-12). O baptismo é um ritual de mudança de vida através do qual a pessoa nasce novamente (Marcos 16:16; João 3:5). Este ritual é tão importante para a vida cristã que Paulo refere-se a ele como "lavagem da regeneração e da renovação do Espírito Santo" (Tito 3:5) e associa o baptismo com a entrada na igreja: "Pois todos nós fomos baptizados em um Espírito, formando um corpo" (1 Coríntios 12:13). A natureza escatológica do baptismo, como a natureza escatológica da obra de Cristo e da própria adoração, também é abordada por Paulo (Tito 3:5-7).

A igreja do segundo século continuou a ver o baptismo na tradição do Novo Testamento. Longe de ser uma opção, o baptismo era um ritual central da adoração que identificava uma pessoa com a morte e ressurreição de Cristo e com a destruição final dos poderes do mal, activos nas suas vidas.

Na *Didaqué*, era requerido que aqueles que eram baptizados recebessem "instrução pública." A instrução refere-se à apresentação de "dois caminhos", o caminho da morte e o caminho da vida.[28] O ensino dos "dois caminhos" carrega uma impressionante semelhança com as admoestações do Novo Testamento para matar a natureza do pecado e receber a vida da nova pessoa, uma imagem padronizada segundo a morte e ressurreição de Cristo.

Mais tarde, no segundo século, Justino confirmou a importância do baptismo. "Aqueles que são persuadidos e crêem que as coisas que ensinamos e dizemos são verdade e prometem que podem viver de acordo com elas, são instruídos a orar e a suplicar a Deus com jejum pela remissão dos seus pecados passados, enquanto oramos e jejuamos juntamente com eles. Então, eles são trazidos por nós onde houver água e renascem pela mesma forma de renascimento pela qual nós renascemos."[29] Apesar de Justino não ter sido específico acerca das "coisas que ensinamos," ele certamente foi claro que os novos crentes deviam chegar para o baptismo com uma compreensão do seu significado. Dada a sua pequena remoção da era do Novo Testamento, podemos estar confiantes que o seu ensino se focou no significado de morrer para o pecado e ser levantado para uma nova forma de vida em Jesus Cristo.

O baptismo na igreja primitiva não era um assunto acidental, mas um sinal-acto que estava no âmago da comunidade adoradora.

CONCLUSÃO

Tanto o Antigo como o Novo Testamento contribuem para os padrões de adoração da igreja primitiva. O padrão normativo que emergiu incluía as características essenciais da adoração cristã:

1) O *conteúdo* da adoração cristã era Jesus Cristo — o Seu cumprimento do Antigo Testamento, nascimento, vida, morte, ressurreição, ascensão e volta.

2) A *estrutura* da adoração cristã era Palavra e sacramento, incluindo orações, hinos, doxologias, bênçãos e respostas.

3) O *contexto* no qual a adoração tomava lugar era a igreja cristã, chamada por Deus para a adoração, onde cada membro tinha a sua parte e onde Deus falava e o adorador respondia. Esta adoração era destacada por sinais-actos (baptismo e eucaristia). No conteúdo, estrutura e contexto, somos capazes de discernir uma continuidade com a adoração judaica e particularmente com os temas bíblicos em torno da acção dupla de Deus iniciar a adoração e do povo responder em fé através da lembrança, antecipação e celebração.

PARTE 2
Uma Teologia Bíblica da Adoração

A tarefa teológica é pensar acerca da narrativa e ensinos bíblicos e depois sistematizar esses materiais num todo coerente. Neste sentido, a teologia é uma disciplina reflectiva.

Por exemplo, a igreja antiga abordou a teologia a partir do adágio *lex orangi, lex credenti*, que significa que a regra de oração é a regra de fé. A teologia é uma reflexão sobre a adoração na qual a mente contempla o que a igreja faz na sua experiência de adoração. Consequentemente, quando a teologia é separada da liturgia, ela torna-se abstraída da vida de fé, perdendo então a sua vida. Esse é o motivo pelo qual a adoração, não a teologia, é a forma mais básica de comunicar a vida e o espírito de Deus. Por esta razão, é mais apropriado pensar teologicamente sobre a adoração como o Evangelho em movimento.

Nos próximos três capítulos iremos explorar a ideia da adoração ser o Evangelho em movimento. E agora ver como a fé do adorador não é apenas expressa na adoração, mas nutrida e fortalecida. Nisto, estaremos a fazer teologia, ou seja, pensar acerca da adoração.

CAPÍTULO 6

A Adoração é o Evangelho em Movimento

Vimos no capítulo 2 que o epicentro a partir do qual a adoração flui é um evento. Neste capítulo iremos reflectir em como a vida, morte, ressurreição e volta de Jesus Cristo são centrais à experiência da adoração cristã.[1]

A adoração não é uma mera memória ou uma questão de olhar para um evento histórico (que é a noção do Iluminismo). Em vez disso, a adoração é a acção que traz o evento de Cristo à experiência da comunidade reunida no nome de Jesus. Três implicações a esta compreensão da adoração são: (1) a adoração recapitula o evento de Cristo, (2) a adoração actualiza a igreja e, (3) a adoração antecipa o reino.

RECAPITULAÇÃO DO EVENTO DE CRISTO NA ADORAÇÃO

A palavra *recapitular* significa simplesmente "resumir" ou "repetir." Na adoração, há um resumo desses eventos na história que constitui a fonte da salvação da igreja.[2] Na adoração, representamos a história do Evangelho. Representamos a criação, a queda, a encarnação, morte e ressurreição de Cristo e a consumação de todas as coisas. Portanto, a nossa adoração, seja baptismo, pregação ou eucaristia, proclama Jesus Cristo e a Sua realidade salvífica vez após vez. Nesta acção, a recapitulação toma lugar em três níveis: no céu, na terra e nos nossos corações.

A *recapitulação* que toma lugar no céu ocorre na adoração eterna do Pai por causa da obra do Filho. Jesus serviu o Pai ao destruir as obras do mal (1 João 3:8) e assim reconciliou o Criador e a Sua criação através da Sua morte

(Romanos 5:10). Visto Jesus Se ter oferecido a Si mesmo para salvar a humanidade, Ele devolveu a Deus a glória de todas as Suas obras. Esta oferta é "um sacrifício" no qual "Ele aperfeiçoou para sempre os que são santificados" (Hebreus 10:14).

Por esta razão, os céus tocam com adoração. Tanto Isaías como João atestam a esta adoração celestial (Isaías 6; Apocalipse 4-5). A descrição em Apocalipse parece sugerir que toda a criação de Deus (anjos, arcanjos, apóstolos, mártires e toda a comunhão de santos, materiais e imateriais) oferece um louvor incessante a Deus. E aqui, nesta adoração celestial, o foco central é no "Cordeiro," que está no "centro do trono." Todos se juntam a Ele em adoração e música (Apocalipse 5:6-9).

Alguns eruditos crêem que a estrutura do livro de Apocalipse estava baseada na adoração cristã.[3] Quer seja isso ou não, parece ao menos que João reconheceu a necessidade de padronizar a adoração terrena considerando a celestial (Apocalipse 4-5). A nossa adoração é como a adoração celestial porque se centra à volta de Jesus e da Sua obra. Na adoração, "resumimos" ou "recapitulamos" a obra de Cristo. Esse evento irrepetível na história é tornado real vez após vez através do poder da proclamação (pelo Espírito Santo) que nos confronta com a realidade da nova vida em Jesus Cristo.

Isto não é, como a teologia medieval sugeriu, um re-sacrifício de Cristo. Em vez disso, é o reconhecimento contínuo da oferta de Jesus Cristo feita de uma vez por todas. Na adoração, recordamos o evento de Cristo que alcançou a nossa redenção e oferecemos o nosso louvor e adoração ao Pai através da obra alcançada pelo Filho. Ou seja, o carácter da adoração cristã é informado e moldado pelo recontar do evento de Cristo.

O terceiro aspecto da recapitulação preocupa-se com o assegurar que o que acontece no céu e na terra acontece no coração. O relacionamento entre o externo e o interno nunca deve ser negligenciado na adoração. O que fazemos externamente deve significar o que acontece internamente. Na adoração, oferecemo-nos como Paulo admoestou: "...apresenteis os vossos corpos em sacrifício vivo, santo e agradável a Deus, que é o vosso culto racional" (Romanos 12:1).

A experiência da adoração como uma recapitulação do evento de Cristo reúne o céu, terra e o crente para oferecer louvor ao Pai, através do Filho pelo Espírito e nesta acção, a igreja é actualizada.

ACTUALIZAÇÃO DA IGREJA NA ADORAÇÃO

A imagem que melhor descreve o que acontece quando a igreja se junta para a adoração é tirada da congregação de Israel no Monte Sinai. Aqui, Israel, através da Aliança, torna-se o povo de Deus. O termo técnico usado para descrever esse povo é *qehal Yahweh*. Eles são a assembleia resgatada do Egipto; assim, eles tornam-se, como este termo implica, "a assembleia de

Deus." A característica especial desta assembleia é a adoração. Portanto, os cinco elementos da adoração discutidos no capítulo 3 — iniciativa divina, estrutura de responsabilidade, proclamação da Palavra, o assentimento do povo e o acto de ractificação — caracterizavam esta assembleia. Esses elementos definem a natureza do encontro no qual Israel, como o povo especial de Deus, se actualiza.

Similarmente, a igreja é uma assembleia junta para adoração. A igreja constitui o povo de Deus na terra, junto no nome de Jesus. Como a natureza do povo de Israel, a natureza desta assembleia é definida por um evento. Neste sentido, a igreja pode ser definida como o "povo do evento de Cristo." Assim, quando os crentes se juntam, a Igreja, como povo do evento de Cristo, torna-se uma realidade. Pode-se dizer: "Aqui está a Igreja," ou "Aqui estão as pessoas que pertencem a Deus" como resultado do evento de Cristo. Desta forma, a Igreja é actualizada.

A visão de que a adoração actualiza a Igreja fundamenta-se em dois argumentos. Primeiro, todos os sinais físicos da presença de Cristo são evidentes na variedade de dons e obras dentro do corpo. Cada membro do corpo tem o seu dom (Romanos 12:6; 1 Coríntios 7:7). Nenhuma pessoa cumpre todos os ofícios ou possui todos os dons, mas a adoração reúne os crentes e coloca-os de acordo com as suas funções. Essas pessoas têm a Palavra de Deus, através da qual Deus lhes fala. Também têm os sacramentos, baptismo e Comunhão, que os relembra do propósito para o qual eles se reuniram. O ponto é que nesses sinais — pessoas, ofícios, dons, Palavra, sacramentos — a Igreja está presente e visível.

Segundo, esses sinais comunicam a realidade espiritual que representam. Deus fez o Seu mundo material de tal forma que ele pudesse ser o veículo através do qual as realidades espirituais são realizadas. Vemos uma coisa, mas compreendemos outra. Os ofícios e dons são expressos através do povo, mas através dele também vemos o ministério de Jesus Cristo, que supervisiona a igreja, pastoreia o rebanho e serve a igreja. Na Palavra, ouvimos a voz de Deus. No baptismo e na eucaristia, apreendemos a limpeza dos nossos pecados e somos nutridos em Cristo.

Desta forma, a adoração actualiza a Igreja e torna-se o meio através do qual Cristo, a cabeça da igreja, se torna presente para o Seu corpo. Não nos devemos atrever a negar este lado físico da comunicação espiritual onde, através da acção da adoração, a presença triunfante do Senhor ressurrecto é actualizada e a antecipação do Seu retorno corpóreo é celebrado.

ANTECIPAÇÃO DO REINO NA ADORAÇÃO

Visto a adoração ter a ver com o evento de Cristo, a esperança escatológica para a consumação da obra de Cristo não pode ser negligenciada.[4] Ou seja, a adoração expressa a tensão entre a ressurreição de Cristo e a Sua volta.

Apesar de celebrarmos o triunfo de Jesus sobre os poderes do pecado e morte, reconhecemos que esses poderes ainda não foram postos completamente debaixo dos pés de Jesus. Então, na adoração levantamos uma voz profética contra os poderes e expressamos a nossa esperança na conclusão futura do triunfo de Jesus sob o pecado e morte. Esta nota antecipatória da adoração é expressa na Palavra e sacramento.

Na Palavra, o reino é anunciado e proclamado na pregação de Cristo. A primeira pregação incluía a insistência que Cristo viria novamente como Juiz e Salvador. Esta mesma antecipação é expressa na oração que Jesus ensinou aos Seus discípulos: "Venha o Teu reino, seja feita a Tua vontade na terra como é feita no céu" (Mateus 6:10). O mesmo tema é encontrado na instrução da Santa Ceia. Paulo diz à igreja de Corinto: "Porque todas as vezes que comerdes este pão e beberdes este cálice anunciais a morte do Senhor, *até que Ele venha*" (1 Coríntios 11:26). Na eucaristia, a igreja prefigura a nova criação. Aqui, os elementos comuns — pão e vinho — tornam-se os símbolos de um novo mundo. O partilhar do pão e do vinho pelo povo simboliza o banquete messiânico — a celebração dos novos céus e da nova terra. Portanto, a adoração transporta a igreja da esfera terrena aos céus para a juntar à adoração eterna descrita por João (Apocalipse 4-5). Desta forma, a igreja em adoração mostra o seu relacionamento à geração vindoura e é da adoração que deriva o poder para viver agora neste mundo — na tensão entre a Ressurreição e a Segunda Vinda, entre a promessa e o cumprimento.

CONCLUSÃO

Neste capítulo vimos que o foco e sentido da adoração está enraizado na obra de Cristo. Assim, a nossa adoração do Pai é oferecida em e através de Jesus Cristo, que alcançou a redenção por causa do e para a glória do Pai. Portanto, a adoração recapitula a obra de Cristo ao proclamá-la através da Palavra e sacramento. Nesta acção, a igreja (o Corpo de Jesus) é actualizada. Ou seja, ela reúne-se e pode ser vista e experimentada de uma forma visível e concreta. Mas a obra de Jesus ainda não está completa e por isso, a igreja em adoração reconhece que antecipa essa triunfante destruição final do pecado e da morte que irá ter lugar quando Cristo voltar para consumar todas as coisas.

Desta forma, a igreja experimenta a adoração como Evangelho em movimento. A renovação da adoração não pode ocorrer sem a recuperação deste princípio principal na mente, coração e acções da comunidade adoradora.

CAPÍTULO 7

A Adoração é a Representação do Evangelho

A adoração é a representação dramática do relacionamento que temos com Deus, um relacionamento que deriva de eventos históricos. A representação pode ser feita por meio de recitação e de drama. A recitação (credos, hinos e pregação) e o drama (ou ritual) têm as suas bases no Antigo e no Novo Testamento, particularmente na Páscoa e na eucaristia. Na adoração, representamos ou demonstramos o Evangelho.

DEFINIR REPRESENTAÇÃO

O princípio de actuar em adoração é similar ao que fazemos noutras áreas das nossas vidas. Por exemplo, cumprimentamos pessoas, celebramos aniversários, casamentos e feriados nacionais, tais como o Dia de Acção de Graças e o Dia da Independência através de um ritual organizado ou gestos simbólicos que comunicam o sentido do evento. Deste modo, um aperto de mão ou um aceno com a cabeça, um bolo ou velas, um peru com todos os seus deleites, e fogos de artifício indicam o significado de um evento específico.[1]

No baptismo, na pregação e na eucaristia, representamos uma história. A história tem a ver com o que Deus tem feito por nós e a nossa resposta à Sua obra. É uma representação do evento que dá sentido e propósito à vida. Alinha o crente com o evento de Cristo e com a comunidade dos fiéis ao longo da história. Por isso, quando a adoração é representada em fé, o crente experimenta novamente o refrescar do seu relacionamento com Deus e ele ou ela experimenta espontaneamente a alegria da salvação.

O princípio da representação está enraizado nas Escrituras. Uma análise da adoração, tanto no Antigo como no Novo Testamento, demonstra que ela não é a reunião de pessoas de uma forma casual. Pelo contrário, a adoração é cuidadosamente designada para trazer o adorador através de uma experiência bem organizada. Neste sentido, a organização da adoração é simplesmente o meio através da qual o encontro entre Deus e os seres humanos toma lugar numa forma vital, dinâmica e viva.[2]

Pelo facto da adoração ser a representação de um evento, a organização da adoração não é deixada ao capricho de pessoas criativas ou do consenso da comunidade. Em vez disso, é enraizada no encontro histórico que já teve lugar entre Deus e o Seu povo. Este encontro, representado pelo povo de Deus é o princípio organizador da adoração. Portanto, a característica primordial da demonstração bíblica é a representação da história.

Um exame superficial da adoração bíblica torna a *orientação histórica* da representação abundantemente clara. Todos os eventos à volta dos quais a adoração de Israel estava organizada eram acções de Deus na história. Por exemplo, é significativo que a maioria das instituições de adoração em Israel derivam fundamentalmente do evento de Êxodo: a instituição da adoração pública no Monte Sinai celebrou o pacto que Deus estabeleceu com Israel; a adoração elaborada do tabernáculo e do templo eram um comentário sobre o relacionamento entre Deus e Israel; a sinagoga acentuava o dar da lei; os festivais, especialmente a Páscoa, que era a festa central de Israel, comemoravam a redenção da escravatura.

A orientação histórica também está na base da adoração do Novo Testamento. A adoração cristã deriva da morte e ressurreição de Cristo. Na pregação re-contamos a história; na eucaristia dramatizamos o evento. Até a adoração ao domingo tem significado em termos de representação, pelo facto de ser o dia da Ressurreição. Além disso, a ênfase especial que colocamos no Natal e na Páscoa é com o propósito de tornar vivo o significado desses dias históricos na nossa experiência.

O significado da orientação histórica da adoração bíblica é: adoração recria e por isso representa o evento histórico. Desta forma, a adoração proclama o significado do evento original e confronta os adoradores com a reivindicação de Deus sob as suas vidas.[3]

Por isso, o conceito primordial da adoração não é simplesmente a representação do evento, mas um encontro pessoal com Deus. Por um lado, a ênfase está em Deus que agiu; por outro lado, a ênfase está nos humanos a responderem. Desta forma, *algo acontece* na adoração: Deus e o Seu povo encontram-se. A adoração não é simplesmente ir de acordo com os movimentos da cerimónia. Torna-se no encontro visível e tangível de Deus através dos sinais e símbolos da Sua presença.

A ADORAÇÃO É A REPRESENTAÇÃO DO EVANGELHO

Na adoração, a ordem é definida de tal forma que o adorador é capaz de entrar indirectamente no evento original. Esta representação dos eventos passados ocorre através da recitação e do drama.

REPRESENTAÇÃO ATRAVÉS DA RECITAÇÃO

Um exame, tanto da adoração do Antigo como do Novo Testamento, mostra como a representação ocorre através da recitação em pelo menos três maneiras: credos, hinos e pregação.

CREDOS

O propósito de um credo é o de comprimir eventos históricos numa declaração histórica. Por exemplo, estude a dimensão histórica e a teologia contida neste breve recital do Antigo Testamento:

> Então testificarás perante o Senhor teu Deus, e dirás: "Arameu, prestes a perecer, foi meu pai, e desceu ao Egipto, e ali peregrinou com pouca gente, porém ali cresceu até vir a ser nação grande, poderosa e numerosa. Mas os egípcios nos maltrataram e nos afligiram, e sobre nós impuseram uma dura servidão. Então clamamos ao Senhor Deus de nossos pais; e o Senhor ouviu a nossa voz, e atentou para a nossa miséria, e para o nosso trabalho, e para a nossa opressão. E o Senhor nos tirou do Egipto com mão forte, e com braço estendido, e com grande espanto, e com sinais, e com milagres; E nos trouxe a este lugar, e nos deu esta terra, terra que mana leite e mel."
>
> *Deuteronómio 26:5-9*

A ênfase desta declaração é histórica — o período mais formativo de Israel é resumido em poucas palavras. A estadia, o tratamento severo, a recordação de Deus, a redenção e a Terra Prometida, são mencionadas rápida e sucintamente. Mas igualmente importante para esta recitação é o significado que está por detrás dela. Não é simplesmente uma recitação de um número de eventos, mas eventos específicos que tinham a ver com a aliança. Nesses eventos e através deles, foi estabelecido um relacionamento especial entre Deus e Israel. Ou seja, a recitação desses eventos em fé renova o relacionamento do pacto que representam.

Similares declarações de credo são encontradas no Novo Testamento.[4] Considere, por exemplo, a compressão de eventos e o significado sugerido no seguinte:

> Cristo morreu por nossos pecados, segundo as Escrituras,
>
> ... foi sepultado
>
> ... ressuscitou ao terceiro dia, segundo as Escrituras.
>
> *1 Coríntios 15:3-4*

Deus se manifestou em carne,

foi justificado no Espírito,

visto dos anjos,

pregado aos gentios,

crido no mundo,

recebido acima na glória.

1 Timóteo 3:16

Também são encontrados exemplos na adoração cristã. No quarto século, as afirmações de credo eram uma parte vital da adoração. Através da recitação do credo, o crente testemunhava numa forma breve os eventos significativos da fé cristã. Considere a vasta quantidade de ensinos cristãos comprimidos numa breve recitação do Credo dos Apóstolos.

Creio em Deus Pai, todo-poderoso,

Criador do céu e da terra;

E em Jesus Cristo, Seu único Filho, Nosso Senhor,

que foi concebido pelo poder do Espírito Santo,

nasceu da Virgem Maria;

padeceu sob o poder de Pôncio Pilatos,

foi crucificado, morto e sepultado;

Desceu aos infernos,

ressuscitou ao terceiro dia;

subiu ao Céu,

está sentado à direita de Deus Pai todo-poderoso,

De onde há de vir a julgar os vivos e os mortos.

Creio no Espírito Santo,

na Santa Igreja Católica, na comunhão dos Santos,

na remissão dos pecados,

na ressurreição da carne,

na vida eterna. Amém.

Textus Receptus, ca. 700

A ADORAÇÃO É A REPRESENTAÇÃO DO EVANGELHO

Aqui, numa questão de poucas afirmações, toda a estrutura da verdade cristã é recitada. O crente confessa o Deus trino; a sua fé no Pai como criador; no Jesus Cristo encarnado, morto, sepultado, ascendido e que voltará novamente em juízo; e no Espírito Santo, que cria a igreja, estabelece a comunidade, aplica a obra de Deus de perdão, ressuscita os mortos e confirma o nosso destino eterno. A característica importante de recitar esses eventos é demonstrar o significado que resulta deles. Nesta confissão, o crente demonstra uma visão do mundo. Os membros da congregação contam a história que os reúne e eles expressam a sua fé no Deus trino, que tem agido na história pela sua salvação.

HINOS

A verdade histórica também é recitada através do uso de vários salmos usados na adoração de Israel e da igreja. Apesar de poderem referir-se à experiência de Israel como uma nação, ou à de uma só pessoa, o efeito de usar os salmos na adoração é o de recriar a experiência do salmista para o adorador. Por exemplo, proclamar Deus como rei (Salmos 93; 96; 97; 99) é experimentar Deus como rei na actividade de adoração e permitir que a vida seja vivida no sentido dessa experiência. A recitação histórica também ocorre através da recitação dos salmos penitenciais ou salmos de louvor (ver Salmos 136).

Há exemplos semelhantes nos hinos do Novo Testamento.[5] Esses hinos recontam os eventos que dão forma à fé cristã. Um bom exemplo é o hino de Filipenses 2.

Que, sendo em forma de Deus,

    não teve por usurpação ser igual a Deus,

    mas esvaziou-se a si mesmo,

    tomando a forma de servo, fazendo-se semelhante aos homens;

E, achado na forma de homem,

    humilhou-se a si mesmo, sendo obediente até à morte,

    e morte de cruz.

Por isso, também Deus o exaltou soberanamente,

    e lhe deu um nome que é sobre todo o nome;

    para que ao nome de Jesus se dobre todo o joelho

    dos que estão nos céus, e na terra, e debaixo da terra,

    e toda a língua confesse que Jesus Cristo é o Senhor,

    para glória de Deus Pai.

Filipenses 2:6-11

Os hinos não bíblicos que cantamos hoje nas nossas igrejas também servem para contar uma história, representarem um evento e para tornarem esse evento contemporâneo na nossa experiência. Este é o propósito de famosos hinos como "When I Survey the Wondrous Cross" ["Quando eu contemplo"], "*O Sacred Head Now Wounded*" [Oh Cabeça Sagrada Agora Ferida] e inúmeros outros hinos da igreja.

PREGAÇÃO

O conceito da recitação estabeleceu as bases para o desenvolvimento da pregação. A pregação no seu melhor é uma forma de recitação porque recria o passado e aplica-o ao presente.[6] Todo o livro de Deuteronómio é um bom exemplo da pregação do Antigo Testamento. Considere por exemplo o início deste sermão. Ele define o tom para toda a mensagem, um recontar das acções de Deus na história pelo povo de Israel (ver Deuteronómio 1:5-8).

Os sermões da igreja primitiva são exemplos excelentes de recitação através da pregação. Em cada momento, o pregador conta a história da obra de Deus na história até à vinda de Jesus e oferece uma interpretação do seu significado. Aqui, por exemplo, temos uma secção do sermão de Pedro no dia de Pentecostes:

> Homens israelitas, escutai estas palavras: A Jesus Nazareno, homem aprovado por Deus entre vós com maravilhas, prodígios e sinais, que Deus por ele fez no meio de vós, como vós mesmos bem sabeis; A este que vos foi entregue pelo determinado conselho e presciência de Deus, prendestes, crucificastes e matastes pelas mãos de injustos; Ao qual Deus ressuscitou, soltas as ânsias da morte, pois não era possível que fosse retido por ela; Saiba pois com certeza toda a casa de Israel que a esse Jesus, a quem vós crucificastes, Deus o fez Senhor e Cristo.
>
> *Actos 2:22-24, 36*

Essas ilustrações apontam a função importante da recitação na adoração cristã. A implicação para a adoração contemporânea é clara: precisamos de estar preocupados em recuperar o lugar e o significado da representação através da recitação na nossa adoração.

REPRESENTAÇÃO ATRAVÉS DE DRAMA

Enquanto a recitação comprime e transmite um evento histórico através do meio da linguagem, o drama reencaminha e, por isso, transmite um evento histórico através de símbolos visíveis, tangíveis e concretos. Ou seja, demonstra um evento histórico de forma a recriar esse evento e proclamar o seu significado ao adorador.[7]

A ADORAÇÃO É A REPRESENTAÇÃO DO EVANGELHO   75

REPRESENTAÇÃO DO ANTIGO TESTAMENTO ATRAVÉS DE DRAMA

Os rituais do templo eram representações através de drama que simbolizavam o relacionamento entre Deus e o adorador como no acto de ratificação no Monte Sinai. Eles também antecipavam o sacrifício definitivo de Cristo quando o drama final e eterno da salvação alcançaria o seu clímax.

Um excelente exemplo do ritual do templo pode ser tirado da representação no Dia da Expiação. Aqui, depois do sumo sacerdote ter conduzido um ritual elaborado no santuário e no Santo dos Santos para fazer expiação pelo povo de Israel, ele demonstrava visualmente o perdão do pecado ao impor as suas mãos na cabeça de um bode (que transmitia os pecados dos israelitas para o bode) e o mandava para o deserto (ver Levítico 16:20-22).

O exemplo mais impressionante de representação através de drama no Antigo Testamento é a Páscoa. O propósito do *seder* da Páscoa (refeição ritual) era recontar os eventos históricos nos quais a redenção de Israel era assegurada e a partir dos quais a vida espiritual de Israel era desenvolvida (ver Deuteronómio 6:20-23).

A dramática representação da fuga do Egipto foi algo altamente complicado, que foi primeiramente passado pela memória e mais tarde escrito e preservado na *haggadah* (corpo de interpretações da lei judaica). A *haggadah* contém instruções específicas para cada detalhe deste evento. As preparações domésticas eram complexas e consumiam tempo, exigindo o envolvimento de toda a família.

Hoje, o *seder* é baseado em três princípios pedagógicos. O primeiro é a injunção bíblica de que todos os judeus estão exortados a contar aos seus filhos acerca da redenção dos seus antecessores do Egipto (ver Êxodo 12:26-27). O pai é admoestado não para ser apressado, mas para contar a história em profundidade para que seja entendida e compreendida. Por esta razão, o segundo e terceiro princípios têm a ver com o método de ensino.

O segundo princípio chama a criança para ser colocada no centro do ritual *seder*. A criança, então, pergunta acerca do significado do pão não levedado, da salsa que é mergulhada na água salgada e das ervas amargas. A resposta a estas perguntas é dada numa explicação da história do Êxodo. As crianças, tendo dramaticamente repetido a situação original, estão numa situação estratégica para ouvirem e compreenderem o significado das acções que repetiram.

O terceiro princípio é que todos os participantes devem considerar-se pessoalmente redimidos do Egipto. Esta dimensão pessoal do evento original é levada através de uma série de gestos e de comer comidas particulares para memorizar e se identificar com o evento do Êxodo.[8]

Não só a ordem do culto é feita para re-apresentar o evento histórico, mas até os elementos da refeição servem para recriar o exacto evento. Consequentemente, cada porção da refeição tem um significado. O *matzo* representa a "porção dupla" (Êxodo 16:22) e o "pão da aflição" (Deuteronómio 16:3); o osso da canela do cordeiro representa o cordeiro pascal; o ovo assado comemora a oferta do festival; o rábano recorda a amargura do Egipto; e o *haroseth* (frutas, frutos secos, canela e vinho) simboliza o barro do Egipto [a matéria-prima dos tijolos que o povo escravizado tinha que fabricar].

O significado desta representação para aqueles que a celebram é capturado pelo académico da liturgia do Antigo Testamento, Abraham Idelsohn, na sua obra *Jewish Liturgy* [Liturgia Judaica].

> Esta celebração memorável tem retido o seu valor para os nossos dias, tal como nos dias antigos, e tem exercido uma grande influência pedagógica sobre as crianças para as quais foi principalmente instituído. Foi começado para que o pai pudesse ensinar aos seus filhos as doutrinas religiosas e éticas deduzidas desse evento [Páscoa] e dos seus sublimes ideais subjacentes, para que a criança possa ser permeada com eles e obter força deles para levar adiante a luta pela justiça, rectidão e liberdade espiritual, com a firme crença no sucesso final.
>
> A história conta o sofrimento, a tristeza e a dor, a luta contra o jugo de ferro da escravatura e as aflições que penetram o cerne da vida; também fala da esperança de libertação e da devoção idealista da causa da humanidade como evidenciada pelo ilustre líder Moisés, que criou um povo livre da escravatura e lhes deu leis do maior valor ético.
>
> Na ocasião desta celebração, cada casa judaica recebe a atmosfera de um santuário no qual cada membro da família é um sacerdote e o mestre da casa — o sumo sacerdote — é um santuário para servir os ideais humanos mais puros e o Deus vivo.[9]

REPRESENTAÇÃO DO NOVO TESTAMENTO ATRAVÉS DO DRAMA

Pode-se claramente ver os elementos da representação dramática na eucaristia ou Santa Ceia.[10] A Santa Ceia foi iniciada dentro do contexto da Páscoa. A sugestão de que o sacrifício de Cristo foi a Páscoa cristã (1 Coríntios 5:7) põe a celebração da eucaristia num contexto maior que é partilhado com o drama da Páscoa. Este sentido de representar o drama da Santa Ceia foi passado à igreja primitiva e ao longo da história.

O sentido da representação dramática é primeiramente expresso no significado da palavra lembrança (*anamnesis*). Jesus disse: "Fazei isto em memória de mim" (Lucas 22:19). O significado antigo de *anamnesis* não é "a mera

A ADORAÇÃO É A REPRESENTAÇÃO DO EVANGELHO

memória da mente" como temos interpretado no nosso mundo iluminista. Em vez disso, no mundo antigo, essa palavra carregava uma conotação mais activa. Na *anamnesis*, Cristo é proclamado em palavra e acção.[11]

O facto dos cristãos primitivos terem tido a noção de representarem dramaticamente o significado da Santa Ceia na eucaristia é sugerido pela representação cuidadosa do significado de Cristo nas primeiras liturgias da igreja. A ênfase está em retratar dramaticamente Cristo num tipo de linguagem visual, uma linguagem que deve "espelhá-Lo" ou torná-Lo presente através da imaginação. Nesta acção, Jesus é visivelmente dramatizado. Este elemento dramático, simples à primeira vista, torna-se mais complexo no quarto e quinto séculos e perde praticamente o seu significado no período medieval quando o drama tomou a natureza de uma epifania. Infelizmente, os protestantes reagiram fortemente e perderam o sentido do drama, permitindo que a eucaristia perdesse a sua qualidade especial de representação.

A NATUREZA DA ADORAÇÃO COMO REPRESENTAÇÃO DRAMÁTICA

A adoração não é drama no seu sentido técnico. No entanto, a adoração é caracterizada por elementos dramáticos e tem muitos paralelos com o drama. Por exemplo, o elemento dramático pode ser claramente visto na experiência de adoração de trazer a arca da aliança para o novo templo construído por Salomão.

> E sucedeu que, saindo os sacerdotes do santuário (porque todos os sacerdotes, que ali se acharam, se santificaram, sem respeitarem as suas turmas),
>
> E os levitas, que eram cantores, todos eles, de Asafe, de Hemã, de Jedutum, de seus filhos e de seus irmãos, vestidos de linho fino, com címbalos, com saltérios e com harpas, estavam em pé para o oriente do altar; e com eles até cento e vinte sacerdotes, que tocavam as trombetas).
>
> E aconteceu que, quando eles uniformemente tocavam as trombetas, e cantavam, para fazerem ouvir uma só voz, bendizendo e louvando ao Senhor; e levantando eles a voz com trombetas, címbalos, e outros instrumentos musicais, e louvando ao Senhor, dizendo: Porque ele é bom, porque a sua benignidade dura para sempre, então a casa se encheu de uma nuvem, a saber, a casa do Senhor;
>
> E os sacerdotes não podiam permanecer em pé, para ministrar, por causa da nuvem; porque a glória do Senhor encheu a casa de Deus.
>
> *2 Crónicas 5:11-14*

A adoração contém todos os elementos externos de um drama — um guião, um director e actores, palavras, som, acções, um tempo de reunião e o uso de espaço.[12]

Visto a adoração significar a representação do evento de Cristo, só pode haver um guião. A noção de que deveria haver um novo e criativo culto de adoração semana após semana não é necessário. Há uma semelhança básica de adoração porque o guião não pode separar-se do evento histórico de Jesus. No entanto, a leitura das Escrituras, os hinos e as orações podem variar de semana para semana (especialmente se o ano cristão for seguido) e por isso, abordar diferentes necessidades.

Uma vez que a adoração contém o elemento dramático de um director (pastor) e actores (adoradores), deve ser vista como a acção dramática da congregação. Este ponto de vista foge da falsa dicotomia do artista-audiência. Na adoração, *todos são parte da peça*; não há audiência. As pessoas centrais são, claro, os líderes de adoração. Se eles não tiverem uma noção do drama e não compreenderem a peça (representar o evento de Cristo), há pouca esperança de que o povo, que está a adorar, possa cumprir o seu próprio papel adequadamente.

É imperativo que o líder de adoração ou os celebrantes compreendam o significado das palavras, som e acções que formam a peça. Eles devem dirigir a adoração de tal maneira que as acções e sons complementam as palavras. Para o fazer, eles devem compreender o significado de cada parte do drama. Eles precisam de se perder na acção para que possam fazer a sua parte e levar os outros a uma união com toda a representação.

Por esta razão, o tempo de reunião (a noção do domingo de Ressurreição e a ênfase particular da semana, seja Advento, Epifania, Quaresma, Páscoa ou Pentecostes) e o uso do espaço (onde colocar os participantes assim como os símbolos ou adereços da peça tal como o púlpito e a mesa) são significativos. Eles relacionam-se com a noção do que está a acontecer, como sentimento do que está a ser representado.

O que nos traz ao segundo elemento do drama na adoração, nomeadamente a noção de que a adoração contém todos os *elementos internos de um drama*. Tem a ver com o tempo, emoções e os sentidos.

No drama, o tempo é sempre importante. Quando o tempo se atrasa, toda a peça é afectada. O mesmo é verdade na adoração. Nas igrejas evangélicas, uma séria distracção que destrói completamente o tempo da adoração é a interrupção constante dos anúncios. A necessidade de anunciar cada hino e de fazer observações iniciais aqui e ali ao longo do culto, interrompe o fluxo e destrói o sentido de representar o drama do evento de Cristo.

Deve ser dada uma atenção cuidadosa à emoção na adoração. O uso de emoção apropriada é normal e bom. O drama da adoração pede alegria e entusiasmo, assim como quietude, sobriedade e tristeza. É importante que a emoção se encaixe nas palavras e acções (ninguém gosta de ouvir acerca do amor de Deus quando a emoção do pregador, leitor ou cantor é raiva).

Além disso, os sentidos devem também estar envolvidos na adoração. No drama vemos, ouvimos, cheiramos e até saboreamos. E o mesmo acontece na adoração. Deus deu-nos todos os sentidos e não nos nega o uso deles em nenhum aspecto da vida, especialmente na adoração. Se o que vemos, ouvimos, cheiramos e saboreamos na adoração não é prazeroso aos sentidos, então o acto de adoração será perturbador e insatisfatório.

Os elementos externos e internos da adoração devem ser reunidos propriamente para dar à adoração um sentido de movimento e uma qualidade dinâmica. Uma vez que toda a congregação é constituída pelos participantes no drama da adoração, é importante que todos os membros conheçam as suas partes, compreendam o significado do que deve ser feito e participem com propósito. Por esta razão, é importante relembrar que a adoração é uma *actividade de grupo* e que o seu significado deve ser *aprendido*.

CONCLUSÃO

Neste capítulo temo-nos preocupado com o método de adoração. O que fazemos quando nos juntamos para encontrar Deus através de Jesus Cristo pelo Espírito Santo? A adoração é uma representação dramática de um encontro com Deus. Deus e o Seu povo encontram-se à medida que a história da obra de Deus em Jesus Cristo é recontada através da recitação da Palavra, a dramatização da Sua morte e a resposta do Seu povo. Nestas acções, o Evangelho é representado vez após vez e o povo experimenta outra vez as boas novas, que o nutre e encoraja na sua fé.

CAPÍTULO 8

A Adoração é o Evangelho Representado através de Formas e Sinais

Uma vez que a adoração é levada a cabo na representação, envolve necessariamente certas formas. As formas não são meramente sinais externos, mas sinais e símbolos de uma realidade espiritual. Assim como Deus, que é imaterial, se encontrou com humanos numa forma material de uma pessoa humana (Jesus), os cristãos encontram Deus em adoração no contexto de formas visíveis e tangíveis. Essas formas, apesar de rudimentares e básicas, são sinais e símbolos de um relacionamento com Deus.[1] Iremos primeiro considerar a base teológica da forma — criação, revelação e encarnação — e depois discutir os tipos de sinais e símbolos que têm sido encontrados apropriados para representar o evento de Cristo.

UMA TEOLOGIA DE FORMA

A base teológica da forma é encontrada nas doutrinas da criação, revelação e encarnação.[2]

CRIAÇÃO

O cristianismo afirma a bondade da criação como o produto da imaginação e acção de Deus, uma obra criativa que reflecte o Criador. Por isso, rejeitar a criação é rejeitar o Criador.[3]

As implicações doutrinais da criação tornam-se claras no conflito do segundo século entre o cristianismo e o gnosticismo. Os gnósticos rejeitaram a criação, insistindo que era o resultado do acto criativo de um deus mau. Para eles, havia dois deuses, um bom e outro mau. O deus bom era espírito e imaterial; o mau era carnal e material. Para eles, a verdadeira espiritualidade negava o material (carne) de forma a que o (espírito) imaterial pudesse eventualmente voltar ao deus de puro espírito de onde veio.

O resultado da visão gnóstica era negar que uma realidade espiritual pudesse ser conhecida através de uma expressão material. A implicação mais séria deste ponto de vista é a negação da encarnação. Para os gnósticos, Jesus não era Deus em carne. Em vez disso, Jesus era um espírito, uma aparição. Eles argumentavam que o deus do espírito não se podia tornar encarnado na criação do deus mau sem se tornar prisioneiro do mal. Assim, uma negação do físico permaneceu no centro da fé gnóstica. Isto necessitava uma rejeição de todos os sinais materiais da realidade espiritual.

Tal rejeição teve implicações significativas para a prática da igreja. Por exemplo, nas Escrituras, a água é símbolo da criatividade de Deus e é um sinal, portanto, da passagem de um estado para o outro: o povo de Israel foi trazido através das águas do Mar Vermelho para o Monte Sinai e passou através das águas do Jordão para a Terra Prometida. Na igreja primitiva, a água era parte de um ritual de passagem para a igreja. Consequentemente, quando os cristãos eram baptizados em Jesus através das águas, isto representava uma passagem espiritual de uma condição para a outra. A salvação não era sem fé. Os primeiros cristãos criam na experiência interior e no sinal exterior. O baptismo era o sinal de uma realidade interior. No caso dos adultos, a realidade interna precedia o sinal externo da água. A rejeição dos gnósticos das formas visíveis como sinais da realidade espiritual levaram-nos a considerar o baptismo de águas como desnecessário. Tertuliano, um teólogo do final do segundo século, escreveu um tratado contra este ponto de vista, concluindo: "Não é de duvidar que Deus tenha feito a substância material que governa a vida terrestre como agente tal como na forma celestial."[4] O princípio de Tertuliano, expressando o consenso geral da igreja primitiva, foi baseado na visão bíblica que Deus tinha criado o físico e de que Ele podia ser conhecido nele e através dele.

Um segundo exemplo da rejeição gnóstica do material é encontrado na visão gnóstica da eucaristia. Visto os gnósticos negarem que Jesus tinha vindo na carne, é lógico para eles negarem o valor material do pão e vinho como sinal da presença de Jesus na comunidade adoradora. Inácio, o bispo de Antioquia do início do segundo século, avisou a comunidade de Esmirna contra a visão gnóstica nestas palavras: "Eles mantêm-se à distância da eucaristia e dos cultos de oração, porque se recusam a admitir que a eucaristia é a carne do nosso Salvador Jesus Cristo, que sofreu pelos nossos pecados e que, na Sua bondade, o Pai levantou (da morte)."[5] Não é claro se os gnósticos abandonaram completamente a eucaristia. O que é claro é que a sua rejeição de Jesus como uma pessoa física os levou a rejeitarem que Jesus era representado nas formas do pão e do vinho.

REVELAÇÃO

A segunda base teológica para o uso da forma material como um meio de comunicar a verdade espiritual é encontrada na doutrina da revelação. Primeiro, Deus comunica-Se através da criação natural. O salmista testifica que os "céus *declaram* a glória de Deus; os céus *proclamam* as obras das Suas mãos" (Salmos 19:1; ver também Romanos 1:19-20; itálicos adicionados). Segundo, Deus comunica o conhecimento de Si mesmo através de eventos históricos. Ele é um Deus de acção. Através desta acção, Ele faz-Se conhecido ao Seu povo. A acção central do Antigo Testamento é o Êxodo e esta acção central está repleta de referências simbólicas.

Terceiro, Deus revela-Se através de instituições de adoração. Os padrões de adoração no tabernáculo, e mais tarde no templo, estão carregados com linguagem simbólica. O plano arquitectónico exacto, o uso de ouro e outros metais preciosos, as cores e horas — todos estes eram sinais físicos de uma realidade espiritual.[6]

O escritor aos hebreus interpretou todas essas formas como "uma sombra dos bens futuros" (Hebreus 10:1; ver também Hebreus 7-10). Ele reconheceu, como também o fez a igreja primitiva, que todos os regulamentos terrenos no Antigo Testamento foram cumpridos em Jesus Cristo. Consequentemente, os regulamentos do Antigo Testamento já não eram necessários. No entanto, os cristãos primitivos não rejeitaram o princípio de que as formas terrenas eram sinais de realidades eternas. Foram estabelecidas novas formas no Novo Testamento (exemplo: baptismo de água, a Santa Ceia, impor as mãos no ministro, a estrutura dupla da Palavra e sacramento), reconhecidas na igreja e desenvolvidas na comunidade cristã para indicar realidades celestiais. Por isso, o que foi abolido pelo Novo Testamento foram as formas particulares do Antigo Testamento, não o princípio de que as formas terrenas podiam comunicar verdades eternas.[7]

ENCARNAÇÃO

A doutrina da encarnação é o ponto focal para uma teologia de forma. Na encarnação, a Palavra eterna encarnou numa pessoa humana; como João disse: "A Palavra tornou-se carne e habitou entre nós" (João 1:14). Este facto da história afirma para sempre o princípio de que a realidade espiritual pode ser conhecida através da forma terrena. Deus usou a criação (o corpo do Seu filho) como o instrumento de salvação. Por isso, a criação física (inclusive o corpo também) tem um lugar na adoração.

Através do uso apropriado da criação, as criaturas mortais podem significar realidades eternas. Como vimos no capítulo 7, toda a experiência de adoração é um encontro simbólico com Deus no qual a aliança eterna estabelecida por Jesus Cristo é reafirmada na acção física da adoração. Aqui, os cristãos proclamam pela palavra e ritual a morte e ressurreição de Cristo e eles respondem em fé com louvor e acção de graças. Por esta razão, a adoração necessita de formas e sinais. Porque os seres humanos têm um corpo, vivem num mundo físico e comunicam através de linguagem e símbolo, não pode haver uma adoração incorpórea, sem ordem e sem símbolos. No entanto, a adoração representada no corpo, de acordo com a forma e por sinais, é uma adoração espiritual porque significa a verdade eterna que é o seu ponto final de referência. Assim como na encarnação a Palavra imaterial foi feita presente na forma material, na adoração, a forma material é o meio através do qual a igreja torna presente a sua adoração espiritual para Deus, o Pai.

A forma de adoração é determinada por três considerações. Primeiro, porque a adoração é um encontro entre Deus e os seres humanos, é ligada por regras de ordem. Deve conter um começo e um fim e segue uma sequência de eventos. Então, é natural que a adoração deva começar com actos de entrada (ir para algo) e acabe com um acto de despedida (ir embora do encontro). Visto ser um encontro com Deus, o povo deve primeiro chegar perante Deus com acções apropriadas e, ao partir, deve receber uma bênção de Deus.

Segundo, pelo facto do encontro ser uma representação da história do Evangelho, é apropriado que siga a sequência da obra de Deus na história. Por esta razão, as leituras das Escrituras e o sermão agem como um sinal de Deus a falar ao Seu povo e precedem a eucaristia — um sinal da vinda de Deus ao Seu povo.

Terceiro, por causa da adoração requerer uma resposta, é apropriado que o povo de Deus O louve em doxologias, hinos, orações, confissões, credos e ofertas. Essas respostas podem ser colocadas ao longo da ordem do culto que sequencialmente define a história do Evangelho. Os detalhes da ordem histórica da adoração serão discutidos mais pormenorizadamente nos capítulos 14-16.

UMA TEOLOGIA DE SINAIS

Os sinais podem ser definidos como linguagem que comunicam mais do que aquilo que é visto pelos olhos.[8] Num sinal vemos uma coisa e compreendemos outra. Por exemplo, alguém pode ver uma cruz, mas compreender a morte e ressurreição de Cristo. Desta forma, um sinal é uma *acção* — revela algo ao colocar-nos em contacto com uma realidade invisível e pelo poder do Espírito cria em nós um desejo por aquilo que não se consegue ver.

É geralmente reconhecido que há três tipos de linguagem.[9] Primeiro, há a *linguagem do discurso diário*. Neste tipo de linguagem, utilizamos as palavras para transmitir significado, para provocar pensamentos e para estabelecer sentimentos. As palavras são, claro, a forma mais comum de comunicação e são básicas para todas as pessoas. Segundo, há a *linguagem da ciência*. Esta linguagem utiliza conceitos que têm referência empírica e são capazes de serem testados por experiência. Terceiro, há a *linguagem da poesia*, na

FORMAS E SINAIS

qual utilizamos símbolos para provocar pensamentos, sentimentos e intuições. Todos esses tipos de linguagem pertencem à religião cristã e estão implicados na adoração. Os protestantes são os mais fracos na terceira área da comunicação, a linguagem dos símbolos. Temo-nos rendido à inclinação do Iluminismo para a objectividade científica, para observar e provar, para a comunicação cerebral. Isto tem resultado numa perda da nossa capacidade de expressar sentimentos e na intuição simbólica.

Se vamos restaurar o simbolismo, devemos distinguir entre os símbolos dominicais e os eclesiásticos. Os primeiros são símbolos especialmente designados por Jesus, enquanto os últimos são aqueles estabelecidos pelo uso e tradição na igreja. Por exemplo, os símbolos dominicais incluem o baptismo de água e o pão e o vinho na eucaristia. Os símbolos eclesiásticos incluem actos e rituais à volta da confirmação, reconciliação, casamento, ordem santa e unção. Estes são limitados em número. Por um lado, os símbolos da tradição são muitos e variados. Eles incluem os símbolos universalmente aceites tais como a Bíblia, o púlpito, a mesa, a fonte ou piscina baptismal e a cruz. Ainda assim, outros símbolos são mais locais e reflectem o comportamento cultural de uma congregação particular. Esses incluem o uso de ícones, vestimentas, velas, cores, o sinal da cruz e outros gestos corporais tais como ajoelhar-se, curvar-se, levantar as mãos entre outros similares. A igreja antiga (e os católicos romanos e os cristãos ortodoxos) estava acostumada a um uso mais amplo e mais completo de símbolos do que os evangélicos. Esses símbolos permitem que toda a pessoa (corpo, mente, sentimentos e sentidos) se envolva na adoração de Deus. O mau uso da comunicação simbólica pela igreja medieval levou a que os reformadores, e especialmente os líderes a seguir a eles, optassem por aquilo que pensavam ser uma abordagem mais espiritual (menos física) da adoração. Infelizmente, isto levou a uma perda no uso do corpo assim como outros sinais físicos legítimos e materiais da adoração.[10]

É particularmente importante reconhecer o objectivo e o significado subjectivo dos símbolos. Um símbolo não é um fim em si mesmo. É um meio que se relaciona com o objecto ao qual se refere e serve o sujeito que o vê. Um símbolo da adoração cristã significa uma realidade sobrenatural. Assim, uma cruz representa o evento de Jesus na história. Os gestos, tais como curvar-se e levantar as mãos, significam a honra e a grandeza de Deus. Ou seja, a importância do símbolo é encontrada naquilo que ele significa. Por outro lado, um símbolo tem significado para a pessoa cuja imaginação e atitude do coração são desencadeados pela visão do símbolo. Portanto, uma cruz pode invocar louvor e um gesto pode significar humildade na presença de Deus. Assim, os símbolos subjectivos e as representações simbólicas lidam com a linguagem do inconsciente. Eles desencadeiam uma emoção, um sentimento, uma intuição — todos pertencem à adoração.[11]

Todos os símbolos têm qualidades externas, internas e espirituais. A qualidade externa é a entidade física, tal como uma cruz ou um gesto apropriado. A qualidade interna é a interpretação dada a um símbolo por um grupo (neste caso, a igreja). A qualidade espiritual é a energia espiritual libertada pelo indivíduo ou congregação em relação ao símbolo externo e ao sentido interno. Consequentemente, os símbolos requerem fé se são meios de adoração. Para um não crente, uma cruz representa pouco mais do que um evento histórico, mas para um crente uma cruz evoca a energia da fé em Jesus como Salvador.

Assim, o propósito de um símbolo é funcionar como uma parábola. Ela tanto revela como esconde. Ele revela o seu significado ao crente, mas esconde o seu significado ao não crente. Pelo facto da adoração ser para o crente, é importante ensiná-lo o significado da acção, para que a obra da adoração seja feita pela fé, por ser dirigida à glória de Deus.[12]

Por esta razão, as congregações cristãs devem aprender certas premissas acerca de símbolos de forma a entrarem numa adoração total a Deus. Primeiro, o adorador deve concentrar-se no significado sobrenatural do símbolo. Deve haver a intenção de adorar, um desejo propositado de oferecer louvor desde o coração. Segundo, o adorador deve-se permitir meditar no significado final do símbolo. Isto leva à encarnação do significado do símbolo para que "aquilo pretendido" se torne uma realidade na vida da pessoa.

A nossa adoração é encarnada e representada pelo próprio uso do espaço, tempo e som. Este uso apropriado, quando acompanhado pela fé, incita o adorar e a comunidade adoradora a oferecer louvor ao Pai, através do Filho, pelo Espírito Santo.

CONCLUSÃO

Existem várias implicações para a teologia da forma e sinal. O princípio a manter em mente é que as formas e sinais constituem o contexto tangível no qual a adoração intencional toma lugar. Eles não são fins em si mesmos; pelo contrário, são pontos de encontro tangíveis entre os seres humanos e Deus, nos quais a adoração espiritual toma lugar. Isto é verdade sobre a ordem da adoração, que é um sinal-acto, tal como o são o baptismo e a eucaristia.

PARTE 3
Uma Breve História da Adoração

Um dos problemas mais significativos do protestantismo e particularmente o protestantismo norte americano, é a sua falta de interesse na história, que vem da relativa juventude da cultura da América do Norte e do seu grosseiro individualismo. Entre os cristãos protestantes, os movimentos frequentes de se voltarem apenas para as Escrituras sem uma apreciação apropriada das tradições baseadas nas Escrituras, também contribuem para este problema.

De um ponto de vista teológico, a falta de interesse na história vem da noção errada de que a história do envolvimento de Deus na fé do Seu povo está exclusivamente relegada ao tempo do período bíblico. É certo que o tempo do período bíblico é de importância primordial e constitui a fonte de todo o pensamento teológico. Mas negligenciar a actividade contínua do Espírito Santo na vida da igreja é, no pior dos casos, heresia e é, no melhor dos casos, arrogância espiritual.

Deus é o Deus não apenas da história bíblica, mas de toda a história, particularmente a história da igreja. Na história da igreja, vemos que Deus inicia continuamente o relacionamento com o Seu povo. E o povo, assim como na história bíblica, continua o padrão de responder a Deus e eventualmente afastar-se d'Ele.

Neste sentido, o padrão da história da igreja não é vastamente diferente do padrão do povo de Israel. No entanto, ao ler o Antigo Testamento, não começamos com isto ou com o movimento de avivamento em Israel. Em vez disso, vemos o todo e interpretamos a parte à luz do todo.

O mesmo princípio precisa de ser aplicado à história da igreja e à sua adoração. Não é apropriado saltar as páginas das Escrituras para a reforma ou para os avivamentos espirituais do século XIX, apesar de cada avivamento ser um novo começo. Em vez disso, precisamos de visionar toda a história com todos os seus períodos altos e baixos, reconhecendo que toda essa história é a história de Deus e a nossa própria.

Ao aceitar a nossa ligação com toda a história e com todas as comunidades adoradoras de Deus, a nossa própria experiência de fé e a nossa própria experiência de adoração não podem deixar de ser enriquecidas. Porque nessa história encontramos ricos tesouros de recursos dados à igreja, não apenas num tempo e espaço em particular, mas para que nós os adaptemos e usemos no nosso próprio contexto cultural. Por outro lado, descobrimos os erros dos nossos pais históricos, aprendemos com eles e descobrimos quando é que a nossa própria adoração parece estar a tomar um caminho não frutífero.

É neste espírito que abordamos uma breve história da adoração cristã desde o terceiro século até ao presente.

CAPÍTULO 9

Adoração Antiga e Medieval

A adoração na igreja do terceiro século é melhor compreendida em relação ao contexto de uma cultura hostil. Os cristãos continuavam a adoração em casas e, como os adoradores do segundo século, continuavam a prática, tanto de ouvir a Palavra como de celebrar à mesa. A adoração permanecia relativamente simples num contexto íntimo.[1]

A conversão de Constantino, na primeira parte do quarto século, resultou numa significativa mudança da visão do mundo no império romano. Um mundo político previamente em inimizade com a igreja estava agora a captar o favor da igreja e no final do quarto século, decretou a igreja como sendo a única religião legítima do mundo romano. Esta mudança da visão do mundo pôs a igreja num ambiente amistoso onde, com construções para adoração, a adoração da igreja mudou da intimidade para o teatro.

Por causa da queda subsequente de Roma e a continuação do império de Constantinopla, duas histórias principais emergem: no oriente (bizantina) e no ocidente (romano). Este capítulo examina a adoração da igreja nesses diferentes contextos políticos e geográficos.

A ADORAÇÃO DO TERCEIRO SÉCULO

As fontes de adoração do terceiro século eram poucas em número, sendo *The Apostolic Tradition of Hippolytus of Rome* [A Tradição Apostólica de Hipólito de Roma] (220 d.C.) e *Didascalia* dos apóstolos (do noroeste da Síria na primeira metade do terceiro século) as mais importantes. Também é dada informação nos escritos de Clemente de Alexandria (220 d.C.) e Orígenes (251 d.C.). Essas fontes providenciam um pano de informação dos três maiores centros do cristianismo.[2] Um culto de adoração que data o fim do terceiro século poderia parecer-se com as seguintes liturgias.[3]

A LITURGIA DA PALAVRA

Lição: Lei, Profetas, Epístolas, Actos, Evangelhos, Cartas dos bispos

Salmos cantados por cantores entre as lições

Aleluias

Sermão ou Sermões

Litania do deão para os catequistas ou penitentes

Despedida de todos excepto os fiéis

A LITURGIA DO CENÁCULO

Litania do deão para os fiéis, com dípticos (lista de nomes) dos vivos e mortos

Beijo da paz

Ofertório: Recolha de esmolas

Apresentação dos elementos

Preparação dos elementos e mistura da água com o vinho

Sursum corda [Elevem os vossos corações]

Oração de Consagração:

Prefácio: Acção de graças e adoração pela criação, santidade a Deus, etc.

Santus [Santo, santo, santo]

Acção de graças pela redenção [uma oração]

Palavras de Instituição

Anemnesis [recordação]

Epiclesis [invocação do Espírito Santo]

Grande intercessão pelos vivos e mortos

Oração do Pai Nosso

Fracção [partir do pão]

Elevação — "Coisas santas para O Santo" — e entrega

Comunhão de ambos os elementos, cada participante respondendo "Ámen" durante a recepção

Salmos 43 e 34 eram cantados por cantores.

Acção de graças após a comunhão

Litania do deão e breve intercessão pelo celebrante

ADORAÇÃO ANTIGA E MEDIEVAL

Reserva apenas do pão pelos doentes e ausentes

Despedida

Uma comparação do culto de adoração acima com o providenciado por Justino 100 anos antes, mostra a mudança essencial na estrutura da Palavra e sacramento, na natureza da adoração centrada em Cristo ou no sentido de representação. No entanto, algumas adições cerimoniais também foram feitas. Olhemos para elas.

Saudação

Ministro: O Senhor esteja contigo.

ou, Que a paz seja contigo.

ou, Que a graça do Senhor Jesus Cristo, o amor de Deus e a comunhão do Espírito Santo sejam com todos vós.

Povo: E com o seu espírito.

A saudação tem as suas origens no antigo Israel como um cumprimento trocado entre o povo. Por exemplo, quando Boaz chegou de Belém, cumprimentou os ceifeiros com "O Senhor esteja contigo," e eles responderam, "O Senhor te abençoe" (Rute 2:4). Este mesmo tipo de cumprimento assinalou o começo da adoração cristã e precedeu as orações da igreja. O seu uso nas liturgias do terceiro século testifica da sua aceitação comum na igreja no final do segundo século, apesar de a origem actual do seu uso ser desconhecida.

Sursum Corda

Ministro: Elevem os vossos corações.

Povo: Elevamo-los ao Senhor.

Ministro: Demos graças ao Senhor.

Povo: É satisfatório e certo fazê-lo.

Hipólito é o primeiro a dar-nos evidência do uso do *Sursum corda*, apesar de a sua origem exacta ser desconhecida. No entanto, foi desenvolvido como um prefácio à Santa Ceia para acentuar o espírito de acção de graças. É encontrado em todo o lado, em todas as liturgias depois de Cipriano.

Sanctus

Santo, Santo, Santo, Deus omnipotente

Céus e terra estão cheios da Tua glória,

Glória seja dada a Ti, oh Senhor.

A origem bíblica para o uso do *Sanctus* na adoração é encontrada nas visões celestiais de Isaías (6:3) e de João (Apocalipse 4:8). A primeira alusão ao seu uso na adoração cristã é feita por Clemente (96 d.C.) na sua carta aos coríntios. Apesar de não ser possível traçar o seu desenvolvimento, estava em vasto uso pelo terceiro século. Era usado durante a Santa Ceia e marca o início da oração especial de acção de graças (oração eucarística).

Fontes antigas também mencionam o uso do *Kyrie eleison* (Senhor, tem misericórdia) assim como "graças sejam dadas a Deus" após as leituras das Escrituras e o "Ámen" após as orações. A oração do Pai Nosso era frequentemente usada após a oração de consagração (do pão e do vinho).[4]

As orações eram provavelmente ditas enquanto o povo permanecia com os seus braços levantados ou cruzados ao peito como na antiga adoração judaica. As Escrituras eram lidas de um púlpito. Era costume permanecer em pé durante a leitura dos Evangelhos para acentuar o facto desses livros serem o mais precioso do Novo Testamento por falarem directamente do Salvador. Gradualmente os sinais de respeito acompanhavam a leitura do Evangelho e o trazer dos elementos do pão e do vinho. Esses dois actos estavam entre as acções mais significativas da comunidade adoradora porque eram os pontos principais da proclamação.

O principal oficiante da adoração era ou o bispo ou o ministro (ou ministros), dependendo do tamanho da congregação. Os diáconos também estavam bastante envolvidos na adoração. Eles dirigiam o povo, liam as Escrituras, lideravam em oração, guardavam as portas, mantinham a ordem, apresentavam os elementos e ajudavam a distribuí-los. O povo também se envolvia. Assistiam nas leituras e tinham a sua função no drama, com respostas, orações e ofertas.[5]

É geralmente reconhecido que, enquanto certas partes do culto eram fixas (por exemplo, o uso das Escrituras, orações, saudação, *Sursum corda* e *Sanctus*), havia, no entanto, bastante liberdade. As orações não eram fixas e a liturgia não era de tal forma estruturada que a adoração livre não pudesse ser incluída dentro da ordem geralmente aceite. A declaração que Justino tinha escrito: "O presidente semelhantemente ora e dá acções de graça no melhor das suas capacidades," parece também ter sido verdadeira no terceiro século.

No entanto, a atenção cada vez mais restrita dada ao conteúdo da oração eucarística no terceiro século é evidenciada pelo *The Apostolic Tradition of Hippolytus* [A Tradição Apostólica de Hipólito].

A ADORAÇÃO DOS SÉCULOS QUARTO E QUINTO

Nos séculos quarto e quinto, o estado da igreja mudou dramaticamente depois da conversão de Constantino. Neste contexto favorável, a igreja cresceu rapidamente, formulando a sua teologia em vários credos e desenvolvendo uma forma mais fixa na sua adoração. Esta era é conhecida como o período do cristianismo clássico, a idade de ouro dos Patriarcas e o tempo mais criativo e formativo na história da igreja. Apesar de garantidamente

ADORAÇÃO ANTIGA E MEDIEVAL

haver criticismo da adoração nesta era, este período ainda permanece como o mais importante historicamente para os profundos trabalhos fora dos rituais que caracterizavam o culto cristão ao longo dos séculos. Assim, uma compreensão deste período é altamente importante se queremos saber como adorar hoje.[6]

Um factor importante foi a emergência de centros eclesiásticos nas cidades influentes do império romano. Esses centros gradualmente desenvolveram um estilo particular que era reflectido na teologia e adoração. Cada área assumia um selo especial. Na estrutura básica, todas as liturgias são as mesmas, retendo as duas forças da Palavra e do sacramento. A diferença surge na cerimónia e no estilo que reflectem a cultura local.

A LITURGIA ORIENTAL

A adoração no quarto século começou a reflectir a cultural local. Isto é particularmente verdade na adoração cristã oriental. A visão oriental do mundo era informada pelo amor helenístico pela estética. As grandes contribuições para esta cultura eram a poesia, literatura e a filosofia. Todos estes interesses auxiliavam o desenvolvimento de uma mente poética e de um sentido de imagens e expressão artística. Que a adoração era moldada pela imaginação helenística é evidente no uso extensivo dos sinais e símbolos cerimoniais na adoração oriental. A adoração bizantina era altamente cerimonial, gloriosamente bela e profundamente mística.[7]

A cerimónia na liturgia de São João Crisóstomo é mais claramente vista na Pequena Entrada e na Grande Entrada. A Pequena Entrada centra-se à volta da leitura do Evangelho e pretende acentuar o significado da Palavra de Deus. Numa rica cerimónia que pretende invocar a admiração e reverência à Palavra de Deus, o livro é carregado por um diácono acompanhado por uma procissão de ministros e de acólitos, que levam cruzes, velas e incenso. Eles procedem ao longo da porta norte da tela de ícones, uma tela nos quais os ícones são arrumados, dividindo a área do altar do santuário. Eles vão até ao centro da igreja onde o livro do Evangelho é cerimonialmente abençoado e beijado. Depois, voltam através da porta real para a mesa santa onde a lição do Evangelho é cantada ou lida.

A Grande Entrada centra-se à volta do pão e do vinho e pretende acentuar a morte e ressurreição de Jesus Cristo. É ainda mais rica na cerimónia do que a Pequena Entrada para enfatizar a sua importância na obra da redenção. Esta procissão inclui todos os ministros, com os acólitos a carregar as luzes, a balançar o incenso e outros a carregar sinais da Paixão como a cruz, o dardo, o açoite e os espinhos. Eles passam ao longo da porta norte da parede dos ícones, voltando novamente ao longo da porta real. O celebrante toma o copo e o diácono leva o prato na sua cabeça para que todos possam ver os símbolos do pão e do vinho. As portas são fechadas enquanto os ministros recebem os elementos e depois são abertas para o povo vir e participar.[8]

Estas ricas cerimónias são realizadas em contextos de gloriosa beleza. A igreja oriental tem sido fortemente influenciada pelas imagens da adoração celestial descritas pelo apóstolo João em Apocalipse 4-5. As linhas de abertura da visão de João providenciam um vislumbre desta beleza: "E logo fui arrebatado em espírito, e eis que um trono estava posto no céu, e um assentado sobre o trono. E o que estava assentado era, na aparência, semelhante à pedra jaspe e sardónica; e o arco celeste estava ao redor do trono, e parecia semelhante à esmeralda" (Apocalipse 4:2-3). Esta visão combinada com a natural propensão helenística para com a beleza, tem dado forma às ricas cores das paredes pintadas de fresco, a beleza simples dos ícones e as vestimentas coloridas do clero. A preocupação da adoração oriental era trazer o céu até à terra e transportar a terra ao céu. Nasce da convicção de que nós, terráqueos, nos juntamos à assembleia celestial. Nenhuma beleza pode ser maior que a beleza de Deus no Seu trono cercado pela Sua criação enquanto as Suas criaturas O adoram.

Uma história no *Russian Primary Chronicle* [Crónica Principal Russa] relata como Vladimir, o príncipe de Kiev, escolheu adoptar a forma ortodoxa do cristianismo. Ele enviou emissários à procura da verdadeira religião. Visitaram os búlgaros muçulmanos do Volga, os cristãos alemães e romanos e finalmente viajaram para Constantinopla, onde encontraram a verdadeira religião como resultado de participarem na liturgia da igreja da Santa Sabedoria (NB: Hagia Sofia). No seu relatório a Vladimir, os emissários escreveram: "Não sabemos se estávamos no céu ou na terra porque não há tal esplendor ou beleza na terra. Não o podemos descrever-te; apenas sabemos isto, que Deus habita entre os homens e que o seu culto ultrapassa a adoração de todos os outros lugares. Pois não podemos esquecer essa beleza."[9]

A rica cerimónia combinada com esta beleza gloriosa pretendia transmitir o sentido de místico. Visto a adoração terrena se juntar à celestial, Deus está presente. Por esta razão, é dado um maior cuidado a comunicar a presença mística de Deus na cerimónia e beleza da liturgia. Este sentido de místico é comunicado especialmente no desenvolvimento do cenário do santuário. Atrás do cenário, o grande mistério da morte e ressurreição de Cristo é representado no drama da eucaristia.[10]

A LITURGIA OCIDENTAL

A informação acerca do desenvolvimento da liturgia ocidental é escassa e tardia comparada com as fontes disponíveis do oriente. As primeiras fontes são encontradas em Justino Mártir e Hipólito, mas entre 220 e 500, não temos fontes adequadas de informação relativamente à liturgia ocidental.[11]

ADORAÇÃO ANTIGA E MEDIEVAL

Depois do ano 500, dois rituais (o galicano e o romano) parecem existir lado a lado no ocidente. O ritual romano era usado principalmente em Roma, enquanto o rito galicano era usado ao longo da Europa e variava consideravelmente de acordo com os costumes locais. Há evidência de que ambos os rituais se influenciaram mutuamente até ao nono século quando os ritos galicanos foram suprimidos por Pepin e Charlemagne. Depois disso, o ritual romano era a abordagem padrão da adoração no ocidente. Desde o décimo século até ao décimo sexto, o ritual romano passou por numerosas mudanças menores na cerimónia e ênfase até 1570, quando se tornou fixo na sua forma.

O ritual galicano, com origem na adoração primitiva da igreja primitiva, reflecte costumes que são mais coloridos, sensoriais, simbólicos e dramáticos do que a liturgia romana. É também mais longo e flexível do que o ritual romano.[12]

As origens do ritual romano são igualmente obscuras. As primeiras liturgias, em grego, foram gradualmente traduzidas para o latim no quarto século. O único documento de importância deste período é o *de Sacramentis*, que providencia discernimento sobre os normais desenvolvimentos da adoração. Mais úteis são o *Gelasian Sacramentary* do Papa Gelasio (492-496) e o *Gregorian Sacramentary*, nomeado por causa de Gregório o Grande, papa entre 590 e 604. Os textos entre os nono e décimo quinto séculos, contidos no *Ordines Romani*, são mais úteis por darem descrições detalhadas da missa.

Como a igreja oriental, a ocidental também reflectia a cultura local. A mentalidade romana era consideravelmente diferente da grega oriental. Os romanos eram caracterizados por um espírito de pragmatismo. Isto é evidente nos seus edifícios e no desenvolvimento das leis romanas. Este espírito é reflectivo na adoração romana primitiva. Não é ostentosa ou altamente cerimonial, mas sóbria e simples.

A tendência para a simplicidade é óbvia tanto na ordem como nos símbolos da adoração. Uma breve comparação do ritual romano com o bizantino indica claramente a natureza organizada da adoração romana. Ela movia-se simplesmente sem muita cerimónia de parte a parte. Não se tinha desenvolvido muito além do simples movimento da liturgia do terceiro século. O carácter de simplicidade era igualmente verdadeiro na cerimónia romana. As cerimónias incluíam a elevação do anfitrião, o soar dos sinais e o uso das luzes. No ritual romano, perfumar com incenso e as genuflexões não viriam até muito mais tarde. Havia grande beleza, um sentido da presença de Deus e um sentido de maravilha e reverência provocado pela simples majestade do ritual romano.[13]

BAPTISMO NA IGREJA ANTIGA

Uma das áreas mais frutíferas do estudo da adoração nos recentes anos é o estudo dos rituais de iniciação da igreja primitiva. Esses rituais, que surgiram no terceiro e quarto séculos em particular, levavam a pessoa que vinha do baptismo ao longo de sete passos, quatro dos quais eram períodos de desenvolvimento e três rituais de passagem carregados com rico simbolismo. O processo inteiro, que durava três anos em alguns lugares, pressupunha o tema de Cristo como vitorioso sob os poderes do mal, o candidato ao baptismo como recipiente do poder de Cristo sob o pecado através da identificação com a Sua morte e ressurreição, a igreja como comunidade maternal e que nutre e a adoração pública (o candidato ia ao serviço da Palavra para instrução, mas não lhe era permitido celebrar a eucaristia até depois do baptismo) como o contexto para instrução e formação de carácter. Os sete passos são, por esta ordem:

1) Inquérito: Uma apresentação da fé daquele que busca com uma resposta afirmativa.

2) Ritual de Boas-Vindas: Boas-vindas à igreja como um novo catequista. Os rituais incluíam o ritual da renúncia da falsa adoração e assinalar com a cruz como um símbolo de pertença a Cristo.

3) O catequista: Um período de dois ou três anos de instrução e formação pessoal de carácter.

4) Ritual de Eleição: O catequista afirma um relacionamento pessoal com Cristo ao escrever o seu nome no livro da vida. Este ritual também é conhecido como a matrícula dos nomes.

5) Período de Purificação e Iluminação: No espírito de Efésios 6:12, a pessoa que está prestes a ser baptizada, recebe um exorcismo diário pela pureza pessoal de vida e fé.

6) O Ritual de Iniciação: O baptismo é normalmente realizado numa manhã de domingo de Páscoa depois de toda a vigília pascal. O ritual do baptismo é acompanhado por numerosos sinais e símbolos, tais como a remoção da roupa habitual e o vestir de um novo vestido branco, a renúncia do mal, a lavagem em óleo como sinal da recepção do Espírito Santo, a passagem da paz e a primeira eucaristia.

7) Mistagogo: Durante este período de tempo, o novo cristão baptizado aprende mais acerca dos mistérios da fé (eucaristia) e é ensinado a ser consciente das necessidades do outro.

Durante a era medieval, este processo altamente simbólico e profundamente em movimento caiu em desuso, primariamente devido ao surgimento e propagação do baptismo infantil, juntamente com a mudança do viver numa cultura hostil para uma cultura pós-Constantina, favorável à igreja cristã.

Há outros desenvolvimentos durante este período que serão examinados na parte 4. Eles incluíam a emergência dos edifícios da igreja, o desenvolvimento do calendário da igreja e o desenvolvimento da música cristã

ADORAÇÃO MEDIEVAL

O período medieval testemunhou uma mudança no sentido da adoração. Podemos traçar o início desta mudança no quarto e quinto séculos do período medieval, o tempo em que duas distintas linhas de desenvolvimento se tornaram discerníveis. A igreja estabelecida enfatizou crescentemente a adoração como um mistério, enquanto o movimento monástico abordou o carácter devocional da adoração.

ADORAÇÃO COMO MISTÉRIO

A ideia de adoração como mistério tem as suas origens no uso errado das formas cerimoniais. As formas por si só não estão erradas. Elas são os meios através dos quais a adoração é conduzida, os sinais e símbolos da realidade que carregam. No entanto, quando as formas cerimoniais se tornam um fim a alcançar em vez de meios para alcançar um fim, assumem um carácter cúltico e tendem a substituir a mensagem que carregam.[14]

A mudança que ocorreu na adoração medieval não era na forma da adoração, mas na compreensão, no significado e na experiência das formas. A forma cerimonial (daqui por diante referido como culto) tornou-se

> mais e mais uma acção sagrada em si mesma, um mistério realizado para a santificação dos que a participavam. Isto é mais notável na evolução da organização externa do culto: na separação crescente do clero (quem "realiza o mistério") do povo; na ênfase pelos meios da cerimónia no carácter misterioso, terrível e sagrado do celebrante; na abordagem que é lançada daqui em diante na pureza ritual, o estado de intocabilidade, o "sagrado" versus o "profano".[15]

Há várias razões pelas quais esta mudança de compreensão ocorreu. Primeiro, durante a era Constantina, a igreja converteu muitas festividades e costumes pagãos e aplicou-lhes um significado cristão. Esta estratégia missiológica tem as suas vantagens definitivas em cristianizar o império, mas também sofreu a desvantagem da influência pouco saudável de cultos misteriosos (apesar de académicos agora crerem que a influência era muito menor do que aquela previamente assumida). Os cultos misteriosos assumiram a acção cúltica como um fim em si mesma. Esta noção influenciou a igreja, tornando a acção da adoração um mistério.[16]

A ideia de que a adoração da igreja era um mistério foi aumentada por vários outros desenvolvimentos. A mudança no idioma, por exemplo, era um factor. Apesar de a igreja se ter espalhado por áreas remotas, para longe de Roma, ela reteve o latim como a linguagem da missa. Isto envolveu a missa e o clero com uma aura de mistério visto que a maior parte das pessoas não compreendia o que estava a acontecer. Além disso, a igreja distanciou-se do povo ainda mais ao ver-se cada vez mais como uma instituição hierárquica em vez de um corpo. A igreja dispensava salvação. A liturgia, especialmente a eucaristia, tornou-se o meio de receber essa salvação. Esta visão da igreja foi melhorada pelos desenvolvimentos na teologia eucarística. No nono século, Paschasius Radbertus propôs uma visão da presença de Jesus na missa pela virtude de uma mudança miraculosa que ocorreu no pão e no vinho. A visão veio basear a doutrina da transubstanciação, que se tornou dogma do Concílio Luterano em 1217.[17]

Um resultado principal da visão mística da adoração é que a missa se tornou uma epifania de Deus. Um excesso de ênfase na acção de Deus na missa tendeu a ofuscar a acção corporativa do povo na adoração. A missa assumiu o carácter de um drama sagrado que era realizado pelo clero enquanto o povo assistia. Além disso, a missa em si mesma assumiu um carácter alegórico. Este sagrado drama da vida, morte e ressurreição de Jesus era perceptível ao olho. Cada parte da liturgia, as vestimentas, os utensílios litúrgicos e os movimentos do clero eram investidos com significado da vida de Cristo. Um exemplo típico desta abordagem é encontrado nos escritos do nono século de Amalor.

> O *introit* alude ao coro dos Profetas (que anunciam o advento de Cristo como os cantores anunciam o advento do bispo); ... o *Kyrie eleison* alude aos Profetas na altura da vinda de Cristo, Zacarias e o seu filho João estão entre eles; a Glória in *excelsis Deo* aponta para a multidão de anjos que proclamavam aos pastores as alegres novas do nascimento do Senhor (e, de facto, neste caso, o primeiro falou e os outros juntaram-se, assim como na missa o bispo entoa e toda a igreja se junta); o primeiro ofertório refere-se ao que o nosso Senhor fez no seu décimo segundo ano; ... a Epístola refere-se à pregação de João; o *responsorium* da prontidão dos apóstolos quando o nosso Senhor os chamou e eles O seguiram; o Aleluia à sua alegria de coração quando ouviram as suas promessas e viram os milagres que Ele causou; ... o Evangelho da Sua pregação... O resto do que acontece na missa refere-se ao tempo desde domingo, quando os discípulos se aproximaram d'Ele (juntamente com a multidão — fazendo as suas ofertas), a Sua ascensão ou até ao Pentecostes. A oração que o sacerdote diz do *secreta* aos *Nobis quoque peccatoribus* significa a oração de Jesus no Monte das Oliveiras. O que ocorre mais tarde significa o tempo durante o qual Cristo esteve na se-

ADORAÇÃO ANTIGA E MEDIEVAL

pultura. Quando o pão é imerso no vinho, isto significa a volta da alma de Cristo ao Seu corpo. A próxima acção significa os cumprimentos oferecidos por Cristo aos Seus discípulos. E o partir das ofertas significa o partir do pão realizado pelo Senhor perante os dois em Emaús.[18]

Outro exemplo da visão misteriosa da adoração é a noção que a missa é um sacrifício oferecido a Deus para benefícios dos vivos e dos mortos. Isto resultou numa reverência extrema pelo manuseio da hóstia (nenhum leigo podia tocar nela) e em reivindicações estranhas sobre a eficácia da missa. Por exemplo, foi argumentado que a comida sabe melhor depois de ouvir uma missa, que ninguém irá ter uma morte súbita durante a missa e de que as almas no purgatório não irão sofrer enquanto a missa estiver a ser dita por eles. Esta perspectiva levou a uma multiplicidade de missas e à prática de "dizer missas" para o benefício de alguém (vivo ou morto) no pagamento de uma oferta. Mais altares foram necessários para este propósito (um requisito que afectou a arquitectura no período medieval) e a missa tornou-se mais firmemente arraigada como algo que pertencia ao clero. Em muitas instâncias, o mistério tem-se tornado numa superstição e o significado real da adoração foi perdido, tanto pelo clero como pelo povo.[19]

ADORAÇÃO COMO DEVOÇÃO

A segunda vertente de desenvolvimento no período medieval ocorreu dentro do movimento monástico. Originalmente, os monásticos começaram como um protesto contra o mundanismo crescente da igreja, mas gradualmente tornaram-se um movimento formativo e influente dentro da igreja, apesar de manterem uma posição profética.

Primeiramente, a adoração das ordens monásticas não era diferente da adoração da igreja. Eles celebravam a eucaristia no sábado e domingo mesmo que tivessem que fazer grandes caminhadas para o fazer. No entanto, os monásticos desenvolveram a sua própria abordagem à oração. A oração tinha sido sempre importante na tradição cristã, mas a nova atitude via a oração como o único conteúdo da fé. A diferença não era que os monges não trabalhavam (apesar de alguns despenderem de todo o seu tempo em oração), mas que tudo na vida devia ser subordinado à oração. A adoração tornou-se a obra principal dos monges.[20]

Esta atitude de monasticismo entrou em grande contraste com o crescente institucionalismo e mundanismo da igreja medieval. A ênfase na igreja estabelecida mudou do reino escatológico de Deus para o reino de Deus na terra. Assim, a igreja tornou-se a protectora e santificadora do mundo. O monasticismo, à medida que continuou a enfatizar o reino vindouro, reagiu contra a secularização da igreja e contribuiu para enfatizar o carácter não mundano da fé cristã.

A preocupação escatológica continuada do monasticismo era reflectida numa abordagem de adoração que se tornou cada vez mais pietista e devocional. Por exemplo, a eucaristia tornou-se um instrumento da piedade. A participação na eucaristia era um meio de se tornar mais santo, um meio de santificação e crescimento em Cristo. A ênfase da igreja primitiva na eucaristia como a actualização da igreja e uma antecipação na futura festa do reino não era negada. A nova visão considerava a comunhão como um acto de benefício espiritual, um meio de receber nutrição espiritual.

Um caso similar pode ser feito pelo surgimento das regras de oração, os manuais devocionais desenvolvidos para as várias alturas da oração diárias. Esses tempos de oração permaneceram consistentes com os termos definidos na igreja e as devoções retinham o mesmo conteúdo dos salmos, oração, escrituras e cantos. Além disso, desenvolveu-se uma regra privada de oração entre os monges, com uma forte ênfase na oração pessoal e nos Salmos. Originalmente, as orações da igreja eram oferecidas por causa do seu conteúdo e era pretendido que os tempos definidos demonstrassem que os tempos desde a manhã até à noite pertenciam a Deus. Aquelas orações eram uma proclamação do significado do tempo e da vida e, apesar de devocional, o seu objectivo principal não era o desenvolvimento da piedade pessoal. No entanto, no período medieval, a preocupação pietista pessoal da vida monástica de oração influenciou a oração da igreja para com o significado devocional pessoal. Como resultado, a oração tornou-se um meio para aumentar a piedade.

CONCLUSÃO

Neste capítulo temos visto um esboço do desenvolvimento da adoração desde o terceiro século até ao amanhecer da Reforma. Apesar de o espaço não ter permitido uma discussão detalhada deste desenvolvimento, as linhas pelas quais a adoração passou eram claras.

De forma breve, a norma da adoração cristã é tanto a Palavra e o sacramento que proclamam a morte e ressurreição de Jesus Cristo para a salvação do mundo. À volta dessas duas forças estão agregadas as orações da igreja e as palavras de aclamação e louvor. Nessas acções, a igreja, como povo de Deus, é actualizada e o reino é antecipado.

No entanto, gradualmente, começando com a era Constantina, a adoração mudou pela adição crescente da cerimónia e a súbita influência das religiões misteriosas. Estas novas ênfases tornaram-se mais extremas no período medieval. Apesar da estrutura básica e conteúdo da adoração permanecerem contínuas com o passado, o significado da adoração, tanto para o clero como para os leigos, sofreu algumas diferenças grandes. A adoração tornou-se um "mistério" no qual Deus era tornado presente (uma epifania). Isto foi alcançado através da visão alegórica da missa e da doutrina da presença corpórea de Jesus no pão e no vinho. Desta forma, a missa assumiu o carácter de um sacrifício e era celebrada pelo benefício, tanto dos vivos como dos mortos (criando uma multiplicidade de massas e outros abusos).

Assim, o princípio a ter em mente ao construir uma filosofia de adoração para hoje é que não podemos permitir que a adoração seja acomodada às normas culturais correntes a uma tal extensão que a adoração perde o seu significado.

CAPÍTULO 10

A Adoração da Reforma e da Igreja Livre

O décimo sexto século foi um tempo de grande agitação no mundo e na igreja. A velha síntese medieval da igreja e do estado alcançadas no décimo terceiro século tinha-se partido e desmoronado no início do século XVI. O surgimento de nações de estado, a mudança para uma economia monetária, o surgimento da aprendizagem ligada ao Renascimento e a emergência de um humanismo mundano resultou numa nova forma de ver o mundo.

Neste contexto, ocorreu uma grande agitação religiosa, conhecida como a Reforma. Líderes como Martinho Lutero e João Calvino queriam despir a igreja de tradições desnecessárias e voltar à pureza da igreja primitiva, tanto em doutrina como na adoração.

No período depois da Reforma (1700-1900), o mundo ocidental continuou a sofrer grandes mudanças. A mudança mais significativa foi o surgimento do Iluminismo, a Idade da Razão. O desejo de provar o cristianismo, de juntar evidências da sua verdade (conservadores) e o desejo de reinterpretar o cristianismo de forma não sobrenatural (liberais) moveu a conversa e o diálogo cristão em novas direcções radicais.

Além disso, a ascensão do individualismo, tolerância, pluralismo e a experiência americana alterou a face da igreja para o surgimento de um novo movimento conhecido como a tradição da igreja livre.[1] No meio de todas estas alterações, a adoração passou por várias mudanças em si mesma e emergiu numa forma bastante diferente da passada. Neste capítulo iremos analisar essas mudanças.

A ADORAÇÃO PROTESTANTE CLÁSSICA

Apesar de a Reforma ser principalmente uma reforma de teologia, era inevitável que também resultasse numa reforma da adoração. Como a adoração foi concebida no início da Reforma é apropriadamente resumido nas seguintes palavras de William D. Maxwell:

Temos visto que, no início do décimo sexto século, a celebração da Santa Ceia na igreja ocidental tinha-se tornado um espectáculo dramático, culminando, não na comunhão, mas no milagre da transubstanciação e marcada pela adoração, misturada com superstição, na elevação. Dito audivelmente numa língua não conhecida e cercada com ornamentos cerimoniais e, se fosse uma missa cantada, com acompanhamento musical elaborado, o ritual apresentava apenas uma escassa oportunidade para a participação popular. O povo não era encorajado a participar mais do que uma vez por ano. O sermão tinha caído em grave declínio, a maioria dos sacerdotes eram demasiado iletrados para pregar; e o lugar das lições bíblicas tinha sido usurpado em muitos dias por passagens das vidas e contos da vida dos santos. As Escrituras não eram totalmente acessíveis no vernáculo e missas pagas e indulgências eram uma fonte de exploração simoníaca. A Reforma era uma necessidade urgente.[2]

Apesar das semelhanças entre os grupos reformadores, a reforma da adoração não foi uniforme. Alguns grupos mantiveram a continuidade com o passado, enquanto outros se separaram completamente da tradição para forjar novos estilos de adoração. De forma a compreender essas tendências, iremos agora olhar para as preocupações comuns da adoração da Reforma e as diferenças entre as reformas que contabilizaram os vários estilos de adoração nas igrejas reformadas.

PREOCUPAÇÕES COMUNS DOS REFORMADORES

Primeiro, os protestantes rejeitaram a missa por causa da sua visão medieval como uma repetição do sacrifício de Cristo. Lutero, em "The Babylonian Captivity of the Church" [O Cativeiro Babilónico da Igreja] chamou à missa um "abuso" que trouxe:

> um interminável grupo de outros abusos na sua carruagem, de maneira que a fé deste sacramento se tornou totalmente extinta e o santo sacramento tem-se tornado numa verdadeira feira, taberna e local de mercadorias. Consequentemente, os participantes, irmandades, intercessões, méritos, aniversários, dias memoriais e itens de mercadorias são trazidos e vendidos, trocados na igreja e desde esses sacerdotes e monges deriva todo o seu viver.[3]

As críticas mais directas de Lutero foram direccionadas às orações romanas no cânon eucarístico. A missa, acusou Lutero, tinha perdido o seu foco original como *acções de graças* e tinha-se tornado uma propiciação para agradar a Deus. Para Lutero, esta noção era incompatível com as Escrituras. Estava contra o Evangelho e por isso tinha de ser retirada da adoração. Além disso, a teologia do sacrifício na missa criou outros problemas. As pessoas esperavam todo o tipo de benefícios e vantagens por ouvirem a missa, incluindo curas, a libertação de almas do purgatório e outros resultados mágicos. A missa até tinha perdido a ideia da comunhão porque as pessoas não tinham de estar presentes — ela podia ser dita por eles. Consequentemente, o sacerdote *dizer* a missa tomou o lugar da adoração pelas pessoas e tornou-se um meio legalista de comprar a salvação. Para os reformadores, estas práticas medievais finais atingiram a essência da mensagem cristã e perverteram a natureza essencial da fé cristã como uma religião de *graça*. A queda da missa como um sacrifício era necessária. Em tudo isto, os protestantes concordaram.

Os reformadores rejeitaram a doutrina da transubstanciação. Na base desta doutrina estava a noção romana da *opus operantum*, a crença de que o mero desempenho da missa efectuava automaticamente a presença de Cristo. Nesta visão, o desempenho do ritual passava uma bênção sem a fé do recipiente, até mesmo sem os elementos da missa serem distribuídos à congregação. A transubstanciação explicava os meios pelos quais Cristo Se tornava presente no sacrifício. A *substância* do pão e do vinho mudava para o corpo e sangue de Cristo e era oferecido ao Pai como um sacrifício para a salvação. A ligação entre a missa como um sacrifício e a transubstanciação levou naturalmente os reformadores, que rejeitaram um, a rejeitarem todo o resto também.

Além disso, os reformadores insistiram na restauração da Palavra ao seu antigo e apropriado lugar na adoração. O desequilíbrio entre a Palavra e o sacramento que levou ao afastamento da pregação e do ensino foi assumido como uma abordagem unilateral da adoração. Na primavera de 1523, Lutero editou um panfleto intitulado *Concerning the Ordering of Divine Worship in the Congregation* [Quanto à Ordem da Adoração Divina na Congregação] onde concluiu com estas palavras:

> Este é o resumo do assunto: que tudo deve ser feito para que a Palavra prevaleça...Podemos dispensar tudo excepto a Palavra. Não podemos beneficiar de nada como beneficiamos da Palavra. Pois toda a Escritura mostra que a Palavra deve ter livre curso entre os cristãos. E em Lucas 10, o próprio Cristo diz: "Uma só coisa é necessária" — que Maria se sente aos pés de Cristo e diariamente oiça a Sua Palavra...[4]

Ulrich Zwingli, um reformador suíço, foi ainda mais longe que Lutero ao insistir que devia ser dada ao povo a oportunidade de ouvir apenas a Palavra de Deus. Ele aboliu os órgãos assim como as outras músicas, vestimentas, imagens e tudo o mais que pudesse prejudicar a centralidade da Palavra.

Finalmente, os reformadores também concordaram que a adoração devia ter lugar na linguagem corrente e que a estrutura dupla da Palavra e do sacramento deviam ser mantidas. Zwingli foi o único reformador que discordou com o desejo de voltar à estrutura antiga da Palavra e sacramento. A sua ênfase estava apenas na Palavra. A posição de Zwingli permaneceu a mais influente nos círculos do calvinismo e, para a angústia de João Calvino, a comunhão trimestral, em vez da semanal, tornou-se padrão nas igrejas mais influenciadas pelo calvinismo. Esta influência estendeu-se desde os puritanos ingleses até aos baptistas presbiterianos, congregacionalistas e independentes e espalhou-se através deles para grande parte do cristianismo protestante americano.

DIFERENÇAS ENTRE OS REFORMADORES

Apesar da unidade nos assuntos acima, existiam diferenças entre os reformadores relativamente à adoração. O desacordo fundamental era sobre a continuidade com a herança católica romana. As tradições luteranas e anglicanas retiveram muito da adoração antiga; as tradições de Zwingli e anabaptista cortaram radicalmente com o passado; a igreja reformada manteve uma posição intermédia.[5] Por exemplo, a Confissão Luterana de Augsburg declara:

> As nossas igrejas são falsamente acusadas de abolir a missa. Na verdade, a missa é mantida entre nós e é celebrada com a máxima reverência. *Quase todas as cerimónias comuns também são mantidas...* A missa entre nós é apoiada pelo exemplo da igreja como visto desde as Escrituras e os patriarcas.[6] (ênfase adicionada)

Os anglicanos também mantiveram muito do passado. Depois da separação com Roma, a missa manteve-se essencialmente a mesma ao longo do reinado de Henrique VIII. Só no reinado de Eduardo VI é que as fortes noções protestantes se afirmaram na missa. Elas estavam contidas na *Order of the Communion* [Ordem da Comunhão] de Cranmer e incluíam coisas tais como a remoção da palavra *missa*, a abolição das vestimentas e a substituição de altares por mesas de comunhão. Outras mudanças foram feitas na ordem da adoração, incluindo a remoção do *introit*, a *Glória seja dada a Ti, oh Senhor* na leitura do Evangelho e as orações pelos mortos. No entanto, estas mudanças foram pouco vividas por causa da ascensão ao trono da católica romana Maria. O seu curto reinado foi seguido pelo longo reinado de Isabel I, durante o qual o *Livro de Oração Comum* (como revisto em 1559) foi estabelecido por lei. No *Livro de Oração Comum* e no folheto intitulado *Of Ceremonies* [Das Cerimónias], a igreja anglicana reafirmou a continuidade com o ritual antigo com algumas mudanças.[7]

Uma abordagem mais drástica foi tomada por Zwingli e os anabaptistas. Zwingli repudiou todas as cerimónias como pagãs e começou a libertar a igreja das tradições e das muitas rubricas de adoração, independentemen-

A ADORAÇÃO DA REFORMA E DA IGREJA LIVRE

te do seu possível valor para a igreja. Ele estava convencido que a fé vinha apenas através do Espírito Santo, à parte de canais físicos ou meios externos.

Os anabaptistas não rejeitaram apenas as cerimónias na adoração, mas também a necessidade da adoração pública formal. Era sua convicção que a igreja verdadeira era um povo obediente e sofredor cuja caminhada diária com Deus era de maior importância. Esta caminhada atingia o seu auge no reunir dos cristãos para oração, leitura da Bíblia, admoestação e Santa Ceia na atmosfera informal do lar. Por isso, eles recusavam participar na adoração da igreja estatal e encontravam-se em segredo em várias alturas de uma maneira não planeada e improvisada. A altura e o lugar dos outros encontros agendados eram comunicados por boca por aqueles que pertenciam à comunidade unida.[8]

A comunidade reformada forjou uma abordagem mais mediana da adoração. A fonte principal de João Calvino era a obra de Martin Bucer of Strasbourg, que combinou uma ênfase de Zwingli com o luteranismo e desenvolveu a *The Strasbourg Liturgy* [A Liturgia de Strasbourg].[9] Antes de Bucer, a adoração em Strasbourg mantinha os aspectos cerimoniais tais como as vestimentas, a elevação, a lavagem das mãos do celebrante e a genuflexão, mas omitiu todas as indicações de uma doutrina de sacrifício. Bucer reduziu a adoração às suas formas mais simples. A maioria dos versículos e respostas desapareceram com a perda resultante do carácter antífono da adoração. Prosas como a *Gloria in excelsis Deo* e o *Kyrie* foram substituídos por salmos métricos e hinos. Até o *Sursum corda* e os prefácios tais como o *Sanctus* e o *Benedictus* desapareceram, sendo substituídos por uma oração geral de acção de graças pela obra de Cristo. As lições também desapareceram, permitindo que o ministro "escolhesse o seu texto," e os sermões passaram a ter uma hora de duração. Em geral, pode ser dito que a substância histórica da adoração foi substituída por formas menos estéticas e graciosas. Uma abordagem mais racional da adoração tomou raízes e surgiria entre os protestantes.[10]

Calvino foi a Strasbourg e ministrou a um pequeno grupo de exilados franceses entre 1538 e 1541. Foi aqui que as suas visões sobre adoração, influenciadas por Bucer e pela *Strasbourg Liturgy* [Liturgia de Strasbourg], começaram a tomar forma. O seu padrão era a adoração corporativa da igreja primitiva, que ele pensava ser a adoração que melhor representava os rituais de Strasbourg. A sua obra sobre adoração, *The Form of Prayers and Manner of Ministering the Sacraments According to the Use of the Ancient Church* [O Formato das Orações e a Maneira de Administrar os Sacramentos de acordo com o Uso da Igreja Antiga], mostra onde a sua simpatia recai. Ele fez algumas mudanças na *Strasbourg Liturgy* nas variantes, confissão, Santa Ceia, leitura do Decálogo e o cantar dos salmos. Mas nada disto mudou a abordagem de Zwingli sobre a adoração nas igrejas reformadas.[11]

Um outro assunto deve ser notado acerca de Calvino. Era seu objectivo, ao manter a sua apreciação da adoração da igreja primitiva, manter a antiga estrutura da adoração proclamando a morte, ressurreição e volta de Cristo, *tanto na Palavra como no sacramento*. O facto da maioria das igrejas reformadas de hoje seguirem a prática de Zwingli da comunhão trimestral não é culpa de Calvino. Os magistrados que foram influenciados por Zwingli neste respeito não permitiram que Calvino celebrasse a Santa Ceia semanalmente como ele o desejava. Esta atitude é vista numa carta que Calvino escreveu aos magistrados de Berna em 1555.

> Há outro assunto, apesar de não ser um novo [ao qual eu gostaria de chamar a vossa atenção], nomeadamente, que celebramos a Santa Ceia quatro vezes por ano, e vocês três vezes. Agradaria a Deus, cavalheiros, ao estabelecer tanto vós como nós um uso mais frequente. Pois é evidente em Lucas, no livro de Actos, que a comunhão era muito mais frequentemente celebrada na igreja primitiva; e que continuou durante um longo tempo na igreja antiga, até esta abominação da missa ser definida por Satanás, que o causou para que o povo recebesse a comunhão apenas uma ou duas vezes por ano. Por isso, precisamos de reconhecer que é um defeito em nós que não sigamos o exemplo dos apóstolos.[12]

O padrão da adoração luterana e reformada, ou o que às vezes é chamado de adoração da "igreja estatal", não mudou significativamente no século XX.[13] Onde a mudança no estilo da adoração é particularmente vista é no desenvolvimento da adoração da igreja livre ou adoração antecipada pelos anabaptistas do décimo sexto século que se recusaram a permitir que a igreja se relacionasse com o estado.

A ADORAÇÃO DA IGREJA LIVRE

A característica mais distinta do movimento da igreja livre estava na sua compreensão de como a salvação era recebida. Nos séculos passados, a salvação tinha sempre estado ligada ao baptismo. Mas agora a mudança enfatizava a apropriação pessoal através da compreensão ou experiência. O baptismo era menos uma acção de Deus e mais um sinal de fé e aceitação do crente. A mudança para com a experiência desvalorizou não apenas o baptismo, mas outros sinais-actos como a eucaristia e o calendário litúrgico. A fé em Jesus Cristo e a adoração a Deus deviam acontecer na mente ou no coração. Consequentemente, sinais, símbolos, posturas corporais e gestos e as formas e cerimónias que acompanhavam os rituais de adoração tradicionais, eram temidos como ídolos e imagens que afastavam o coração de Deus. A adoração devia ser espiritual e apenas espiritual. Exemplos dessas novas convicções podem ser vistas no movimento anti-litúrgico, o surgimento da adoração pe-

A ADORAÇÃO DA REFORMA E DA IGREJA LIVRE 109

dagógica nos séculos XVII e XVIII e o surgimento da abordagem evangélica da adoração no século XIX.[14]

O MOVIMENTO ANTI-LITÚRGICO

O movimento anti-litúrgico originou-se com os puritanos em Inglaterra.[15] A ênfase mudou do uso do livro de orações para a adoração "espiritual." Três exemplos dos primeiros baptistas, congregacionalistas e os quacres serão suficientes para ilustrar esta questão.

John Smyth, um baptista antigo, escreveu:

> Defendemos que a adoração do Novo Testamento propriamente assim chamada, originalmente procede espiritualmente do coração; e que a leitura de um livro (apesar de ser uma acção eclesiástica lícita) não é parte da adoração espiritual, mas em vez disso, é a invenção do homem do pecado, sendo substituída pela parte da adoração espiritual.
>
> Defendemos que profecia é uma parte da adoração espiritual: sendo assim, na altura de profetizar não é lícito ter o livro [isto é, a Bíblia] como um auxílio para o olho.
>
> Defendemos que cantar um salmo é uma parte da adoração espiritual: sendo assim, não é lícito ter um livro perante os olhos na altura de cantar o salmo.[16]

Os congregacionalistas rejeitaram o uso das orações escritas, insistindo que a oração devia vir do coração, dirigida pelo Espírito de Deus. Apoiando esta visão, eles definiram seis argumentos.

1) As orações escritas privam a pessoa dos seus pensamentos e palavras.

2) Formas definidas não vão de encontro às várias necessidades numa congregação particular.

3) Formas definidas são idólatras por igualarem a liturgia à Bíblia.

4) Formas definidas levam à excessiva familiaridade e à falta de interesse.

5) Impor formas definidas é uma forma de perseguição. [O desejo era de cada congregação ser livre para ordenar a sua própria adoração.]

6) Orações definidas opõem-se à abordagem apropriada para com o Pai.[17]

A adoração quacre é caracterizada pelo seu abandono do ministério ordenado e sacramento em favor de uma "espera [pessoal] pelo Espírito" por cada membro da congregação. A preocupação central da adoração quacre é a intenção simples do povo de Deus de se abrir à presença de Cristo no encontro ("onde dois ou três estiverem em meu nome, aí estarei com eles") e de esperar que Ele fale através do Espírito. Esta visão rejeita qualquer dependência de ajudas externas ou rituais tais como os sacramentos (em grupos extremos, a revelação do Espírito era mais importante do que a Bíblia). Argumenta que todas as cerimónias e formas foram abolidas pelo novo pacto e que os ofícios de Cristo como profeta, sacerdote e rei são exercidos na comunidade adoradora à medida que silenciosamente esperam n'Ele. A adoração é supremamente interna. O baptismo das águas é uma recepção espiritual interna de Jesus que não tem necessidade de um ritual externo.[18]

A ADORAÇÃO PEDAGÓGICA

Uma segunda tendência na adoração da igreja livre abordou a necessidade de compreender a Palavra de Deus. A fonte principal desta adoração pedagógica vem da influência puritana, que afectou a adoração entre os presbiterianos, os congregacionalistas e os independentes. A maioria do tempo dos cultos de três a quatro horas era usado na instrução bíblica. Abaixo está uma descrição do tipo de adoração pedagógica que dominou os séculos XVIII e XIX.

O clero começava o culto com orações de *acção de graças* e mais tarde liderava orações de *intercessão* incorporando preocupações referidas ou escritas pelos leigos. Todos continuavam em *pé para cantar*, liderados pelos leigos. Frequentemente desde a mesa, o clero lia as Escrituras intercalando-as com exegese para que a Palavra pudesse ser ouvida e não fosse uma leitura "muda". Depois, eles iam para o *púlpito* para dar os seus sermões considerando a Bíblia em qualquer uma das mais diversas questões relacionadas com o reino de Deus na Terra. Imediatamente depois do sermão, à medida que a adoração continuava, eles desciam do púlpito e sentavam-se numa mesa para responder às questões da congregação e para ouvir os testemunhos dos leigos, que eram livres para concordar ou discordar com o que o clero tinha dito. E da mesa, o clero dava graças e dava o pão e o vinho, senão a cada domingo, pelo menos uma vez por mês, para os líderes leigos que distribuíam a comunhão ao povo. Depois de mais cânticos, o povo levava as suas ofertas à mesa.[19]

Essas congregações desenvolveram uma abordagem de comentário à leitura das Escrituras que se opunha ao que eles chamavam de "leitura muda." O leitor, normalmente o ministro ou alguém treinado nas Escrituras, fazia sempre comentários sobre o significado e interpretação do texto à medida que ele era lido. Depois da "leitura de comentários", o povo da congregação era encorajado a fazer declarações proféticas ou a fazer questões. A leitura era seguida pelo sermão, que durava duas ou três horas com uma pausa no meio para permitir que as pessoas se esticassem.[20]

Os presbiterianos deram uma grande ênfase ao uso das Escrituras na adoração. A maior queixa dos puritanos contra o *Livro de Oração Comum* anglicano era que limitava o uso das Escrituras. Mais tarde, o *Westminster*

Directory estipulou a leitura de dois capítulos completos (tanto do Antigo como do Novo Testamento), juntamente com os salmos como leituras responsivas. Os presbiterianos também praticavam a "palestra," o hábito de fazer comentários às Escrituras à medida que eram lidas e enfatizavam a pregação expositiva. O ministro era encorajado a buscar a iluminação do Espírito de Deus através da oração e de um coração humilde. O seu sermão devia consistir de três partes: o conteúdo doutrinário do texto, um desenvolvimento do argumento e razões para a doutrina no texto e a aplicação do texto para o ouvinte. Por esta razão, os ministros deviam ser altamente preparados no uso das linguagens originais e na teologia. No entanto, eles eram avisados contra o uso de linguagens originais no púlpito. Apesar de o *Directory* recomendar a comunhão "frequente," os presbiterianos adoptaram a prática da comunhão trimestral. Assim, as Escrituras e a sua exposição tornaram-se o factor dominante e mais central na adoração presbiteriana. Finalmente, o presbiterianismo rejeitou o uso de toda a "cerimónia" na adoração, a menos que fosse prescrita no Novo Testamento.[21] Por esta razão, a adoração manteve-se simples e atractiva só para a mente, não para a vista, cheiro, sabor e audição (a não ser da Palavra de Deus).

A ADORAÇÃO EVANGELÍSTICA

Uma terceira tendência na adoração da igreja livre enfatizou a experiência pessoal. Isto pode ser ilustrado pelo pietismo e pelos movimentos moraviano e de avivamento.

O pietismo foi um movimento contra a ortodoxia morta. Começou no luteranismo no século XVII e espalhou-se a partes tanto no cristianismo protestante como no católico romano. A sua maior preocupação era efectuar uma reforma pessoal na fé contra uma mera aderência formal doutrinal ou externa para com a fé cristã. Consequentemente, os pietistas rebelaram-se contra a adoração protestante estabelecida como demasiado dependente da forma externa. O externalismo, como era crido, preveniu o envolvimento pessoal motivado por uma abertura ao Espírito.[22]

Jean de Labadie of Middleburg era um dos que enfatizava a adoração informal em vez da adoração ordenada. A adoração ordenada era para o cristão nominal, mas a adoração livre era para a pessoa verdadeiramente convertida. Os cristãos convertidos frequentemente encontravam-se nos lares, onde oravam a partir do coração e onde a exposição livre das Escrituras por todos era predominante. A chave para a adoração pietista é encontrada na abordagem da *conversão*. Na conversão, a adoração já não se centrava na acção objectiva e corporativa da igreja, mas na experiência pessoal do adorador na adoração e era seguida por uma rigorosa caminhada ética. De facto, aqueles que eram verdadeiramente convertidos precisavam de menos estrutura e eram menos dependentes de outros para a adoração. Desta forma, a adoração corporativa da congregação e da ordem sistemática da acção da congregação foram gradualmente substituídas pela abordagem na experiência individual na adoração e numa caminhada pessoal com o Senhor.

Uma das contribuições mais proeminentes dos morávios para a adoração pessoal experiencial estava no repertório de hinos. O cantar de hinos entre os morávios data dos seus inícios nos dias da pré-reforma. A característica especial dos hinos morávios é a preocupação em criar uma experiência subjectiva do sofrimento do Salvador. Esses hinos são "emotivos, imaginativos, sensoriais, com um mínimo de estrutura intelectual."[23] A preocupação do adorador era sentir o sofrimento do Salvador e causar, assim, um retorno para Ele em amor e adoração. Um hino favorito escrito por Zinzendorf é "*Jesus Thy Blood and Righteousness*" [Jesus, Vosso Sangue e Rectidão]. Na altura, a preocupação com o "suor sangrento, a impressão das unhas, a fenda lateral grandemente aberta pelos fiéis" eram substituídos por um simbolismo menos exótico.

A figura mais famosa do movimento de avivamento do século XVIII foi João Wesley. A sua abordagem da adoração representou uma mistura das formas protestantes clássicas com o elemento pessoal do pietismo. Ele foi fortemente influenciado pelos morávios e através deles aprendeu a abordar a importância da conversão e da experiência pessoal.[24]

Como os morávios, os promotores do avivamento fizeram contribuições significativas para o repertório de hinos. Os seus hinos abordavam a conversão e a experiência pessoal do Salvador. O uso de hinos na adoração protestante foi saudado com grande cepticismo. A herança clássica protestante e puritana prescrevia apenas os Salmos e as Escrituras. A noção de que a igreja podia escrever os seus próprios hinos de louvor era uma inovadora sugestão vista com suspeita. No entanto, foi através de Wesley que os hinos se tornaram uma marca da adoração protestante. Muitos dos hinos escritos mais cedo no século pelo congregacionalista Isaac Watts abordavam o elemento devocional pessoal: "When I Survey the Wondrous Cross" ["Quando Contemplo"], "Alas! And Did My Savior Bleed?" ["Por Meus Delitos"], "*Come, Holy Spirit, Heavenly Dove*" [Vem, Espírito Santo, Pomba Celestial]. Muitos dos hinos de Carlos Wesley, considerados a maior conquista literária do movimento do avivamento, também continham uma forte ênfase na experiência pessoal: "*Jesus Lover of My Soul*" ["Refúgio"], "*Soldiers of Christ, Arise*" ["A Cristo Coroai"].

Uma segunda influência do movimento do avivamento foi a mudança da adoração diária do edifício da igreja para as casas. Pelo facto dos leigos convertidos terem dons para orar e ensinar as Escrituras diariamente, as orações matinais e nocturnas mudaram da igreja para a casa onde o pai se tornava o ministro da sua família. Nesta mudança, o envolvimento pessoal e o exercício dos dons do ministério eram desenvolvidos em casa e então eram disponibilizados na adoração livre da reunião da igreja.

Uma terceira marca do movimento do avivamento foi a introdução da pregação de campo. Na pregação de campo, os cultos eram realizados em lugares públicos, fora do espaço da igreja. Esses cultos desenvolveram um estilo único de oração, cântico e pregação. A preocupação principal era o evangelismo — comunicação do Evangelho de Cristo aos não convertidos. Consequentemente, os cultos eram designados como um apelo aos não convertidos. Esses cultos foram o precursor dos avivamentos em massa.

A adoração avivada no século XIX, particularmente sob a influência de Charles Finney, varreu de facto a adoração pedagógica dos séculos XVII e XVIII. Introduziu um estilo de adoração evangelística em muitas igrejas, uma abordagem à adoração ainda encontrada hoje em muitas igrejas rurais. O seguinte comentário descreve a vasta mudança que teve lugar na adoração da igreja livre no século dezanove:

> Foi [o modelo pedagógico de adoração] apenas totalmente removido em algumas igrejas pelo Segundo Avivamento no início do século XIX quando "novos meios" foram adoptados para evangelizar o vasto número de pessoas não crentes. Adoptados para circunstâncias avivadas, os "novos meios" colocaram o pregador num estado como o foco central num culto de adoração concebido para converter as pessoas numa congregação...

As maiores alterações do movimento do avivamento na ordem e conduta da adoração foram tornadas visíveis nas mudanças arquitectónicas internas que esvaziaram os interiores de casas de adoração no final do ano 1820 até à Guerra Civil. A mesa da comunhão e os lugares foram removidos para os ministros e líderes leigos se sentarem junto das pessoas. E os bancos familiares do século XVIII foram substituídos por bancos corridos para que as pessoas olhassem para a mais nova plataforma erigida onde o pregador presidia ao longo da adoração. Frequentemente, o coro e o órgão (se houvesse algum) eram movidos das galerias de trás para a mesma plataforma com o pregador a presidir uma série de orações, hinos e pregação para converter indivíduos...

As mudanças foram ainda mais profundas do que pareciam das alterações na ordem, conduta e arquitectura da adoração. A comunhão e a participação substantiva dos leigos na oração e pregação declinaram claramente. Mas apesar do sermão permanecer no culto de adoração, o seu âmbito foi restrito. Com o sermão a focar-se na conversão dos indivíduos, uma variedade de preocupações sociais e políticas recebeu menos atenção do púlpito e nas exortações e orações do povo.[25]

CONCLUSÃO

Esta breve análise da adoração protestante sugere várias coisas. Primeiro, mostra que os reformadores desejavam uma restauração dos princípios bíblicos da adoração que tinham sido enunciados pelos patriarcas da igreja primitiva e das liturgias clássicas. Segundo, a história da adoração protestante moderna aponta para a importância das necessidades subjectivas do adorador. Não se podia negar que os cristãos modernos queriam compreender o que estavam a fazer quando adoravam e, através da adoração, desejavam uma experiência autêntica com Deus. Assim, a necessidade urgente de encontrar uma adoração viável para os cristãos contemporâneos deve considerar tanto o conteúdo objectivo da adoração como a necessidade pessoal de compreender e experimentar Deus. A renovação de adoração duradoura só ocorrerá através da ênfase na substância da adoração e da experiência do adorador. Um sem o outro não acontecerá.

CAPÍTULO 11

A Renovação da Adoração no Século XX

O século XX tem sido um dos séculos mais turbulentos na história moderna. No seu começo, vários líderes cristãos pensaram que seria o "século cristão." Mas, como se veio a ver, o século XX tem testemunhado de um aumento de guerras, violência, fome e miséria.

Na última parte do século, o mundo ocidental tem passado por uma mudança de paradigma de enorme importância. A visão newtoniana do mundo, que via o mundo de uma forma racionalista, mecânica e quase estática, tem sido desafiada pela introdução de um mundo dinâmico e em expansão. Esta mudança da visão do mundo tem mudado a fechada visão do mundo do racionalismo e permitido a redescoberta do mistério, do sobrenatural e da espiritualidade. Esta nova atmosfera tem produzido o movimento de Nova Era, que tem revivido os costumes antigos da astrologia e de uma falsa religião baseada no monismo filosófico. Apesar de o movimento da Nova Era ser um desafio directo à fé cristã, a atmosfera da espiritualidade sobrenatural e pessoal tem resultado na redescoberta das disciplinas cristãs da espiritualidade do cristianismo antigo e medieval.

Ao mesmo tempo que essas mudanças da visão do mundo têm tomado lugar, a adoração tem sofrido uma revolução sem precedentes. As mudanças da adoração do século XX começaram com o surgimento do movimento de santidade pentecostal que, na sua redescoberta pelo sobrenatural, é considerada por muitos como a primeira abordagem à adoração após o Iluminismo. A seguir, a Igreja Católica Romana, que tinha estado rigidamente fechada desde o Concílio de Trent no século XVI, sofreu uma agitação de enormes proporções com a publicação do "Constitution on the Sacred Liturgy" [Constituição sobre a Liturgia Sagrada] em 1963. O impacto da renovação da adoração afectou prontamente a igreja protestante. Os principais protestantes afastaram-se da renovação católica da adoração e têm expresso uma esperança por uma adoração unificada entre todos os cristãos. Este sonho é expresso na histórica publicação *Baptism, Eucharist and Ministry* [Baptismo, eucaristia e Ministério], publicada em 1982. Uma nova forma de adoração foi inaugurada pelo movimento carismático, que emergiu nos anos 60 e tem feito, com a sua abertura ao Espírito, um impacto inegável na adoração à volta do mundo. Além disso, o surgimento do movimento Jesus no início dos anos 70 tem resultado no desenvolvimento de uma nova tradição de adoração centrada à volta dos coros (movimento de louvor e adoração). Em anos recentes, os discernimentos e práticas de todos esses movimentos parecem ter emergido juntos no que alguns chamaram de movimento de convergência da adoração. Este capítulo examina essas tendências em grande detalhe.

ADORAÇÃO DE SANTIDADE PENTECOSTAL

O pentecostalismo moderno começou com o avivamento da Rua Azuza de 1906 em Los Angeles. Ali, o Espírito Santo desceu sobre um grupo de adoradores e deu-lhes o dom de falar em línguas.

O pentecostalismo moderno não pode ser compreendido à parte das suas raízes no movimento de santidade do século XXI. O movimento de santidade traça as suas origens até João Wesley e à sua convicção de que a uma experiência de conversão devia seguir-se uma segunda obra da graça de Deus. Alguns metodistas americanos, na base dessa premissa, insistiram que uma segunda obra instantânea da graça santificadora devia ser uma parte da experiência de qualquer cristão.

As pessoas que buscavam esta experiência de santidade prática juntavam-se em encontros de campo para ouvir o ensino, cantar e através da oração agonizante, alcançar a segunda obra da graça. Eventualmente, o movimento de santidade produziu novas denominações tais como a Igreja do Nazareno, os Metodistas Livres, a Igreja Wesleyana e a Aliança Cristã e Missionária.

Todos esses grupos eram conhecidos no século XIX como movimentos que desejavam uma experiência religiosa intensa na adoração. Os encontros de campo em particular, eram caracterizados pela liberdade espontânea na adoração, acompanhada pela aclamação quando "alcançavam" e experimentavam a graça santificante. Não era incomum as pessoas chorarem e lamentarem, gemerem em voz alta e entrarem num estado convulsivo enquanto buscavam a Deus. O *Beulah Christian* (Maio de 1987) relata a seguinte descrição de um culto de encontro de campo, uma descrição que nos ajuda a ver como a adoração neste contexto tocava as emoções num nível profundo:

A RENOVAÇÃO DA ADORAÇÃO NO SÉCULO XX

Na noite, Bro. R. S. Robson de Boston cantou: *"When I see the blood I will pass over you"* ["Meu Redentor"]. Depois da oração, e enquanto a congregação estava a cantar *"Rivers of Love"* [Rios de Amor], uma onda de glória veio sobre as pessoas e gritos de santo triunfo foram ouvidos de muitos que estavam em contacto com Deus. O Rev. C. H. Bevier pregou um sermão cheio de santa inspiração da visão de Ezequiel no rio. No convite no fim, muitas pessoas estavam no altar, o que deu evidência da real vitória em Deus.[1]

Quando o pentecostalismo emergiu na parte inicial do século XX, surgiu fortemente das convicções e experiência do movimento de santidade. Os pentecostais retiravam as letras e formas dos seus cânticos de músicas que tinham emergido no movimento de santidade. E reinterpretaram algumas das palavras e frases para acentuar a experiência pentecostal do baptismo no Espírito Santo.

A adoração entre os pentecostais, como a dos seus precedentes de santidade, era caracterizada pela liberdade, espontaneidade, expressão individual e alegria. No seu começo, a adoração não era tão corporativa como era uma reunião corporativa para o propósito do louvor e adoração individual. Isto deu à adoração do pentecostalismo, nas mentes de alguns, uma aparência de desordem e caos.

Uma forte característica da adoração pentecostal inicial era o seu cantar e a sua música. Desde o início, esta adoração tem usado o idioma musical da cultural popular para apresentar o Evangelho. Esses cânticos contam histórias de como o povo chegou à fé e recebeu Jesus: *"I Came to Jesus Weary, Worn and Sad; He Took My Sins Away"* ["Deus nos quis Salvar"]. Os pentecostais também têm escrito muitos coros que são vistos como "dados" pelo Espírito Santo a uma pessoa particular. Alguns desses coros têm encontrado um lugar no repertório das igrejas à volta do país e até do mundo, enquanto outros são bens particulares da igreja local. O pentecostalismo tem também quebrado com a tradição do órgão da música cristã e introduziu uma grande variedade de instrumentos musicais na sua adoração, incluindo guitarra, bateria e o sintetizador. Muitas igrejas pentecostais têm uma orquestra inteira que acompanha os solistas, apoia o cantar congregacional e toca música sagrada.

Outra característica da adoração pentecostal é orar e cantar no Espírito. Este tipo de oração é mais do que a oração dirigida pelo Espírito; é uma linguagem dada pelo Espírito conhecida como línguas. As línguas podem ocorrer de duas formas diferentes. Primeiro, em alguns casos, uma mensagem pode ser dada em línguas. Durante este tempo, cai um silêncio sobre a congregação e todos ouvem a mensagem em línguas. Isto é seguido por uma interpretação através da qual a mensagem, dada por Deus noutra língua, é comunicada na linguagem do povo. Uma segunda forma de línguas é manifestada quando todos oram em voz alta, muitos numa linguagem de oração que só é compreendida por Deus. Nesses tempos de oração dirigidos por um líder ou ocorrendo espontaneamente depois de um cântico, nenhuma interpretação é feita porque as línguas nesta altura não são uma mensagem de Deus, mas uma "linguagem de oração" pessoal. As profecias também são uma característica única da adoração pentecostal. Uma profecia é uma mensagem curta dada por uma pessoa para o propósito de fortalecer, encorajar ou confortar o adorador (ver 1 Coríntios 14:3).[2]

REFORMA LITÚRGICA NA IGREJA CATÓLICA ROMANA

A liturgia da Igreja Católica Romana tinha sido definida no décimo sexto século pelas reformas do Concílio de Trent. Entre esse século e a promulgação da *Constitution on the Sacred Liturgy* [Constituição Sobre a Sagrada Liturgia] pelo Vaticano II em 1963, quase nenhuma mudança foi feita na adoração católica.

No início do século XX, o Papa Pio X tentou fazer mudanças no calendário litúrgico ao purgá-lo de muitos dias de santos para que a primazia da adoração dominical e o ciclo do ano cristão fossem mais proeminentes. Essas mudanças foram, em grande parte, sem êxito. Novamente em 1947, o Papa Pio XII emitiu uma encíclica sobre o culto, *Mediator Dei et Hominium*. Esta obra apresentou uma exposição sobre a liturgia e convidou a uma maior participação leiga. A *Mediator* foi seguida por uma comissão especial definida em 1948 para estudar e implementar a reforma litúrgica. Esta comissão continuou a sua obra até o seu cumprimento na promulgação da *Constituição Sobre a Sagrada Liturgia* em 1963.

A *Constitution on the Sacred Liturgy* [Constituição Sobre a Sagrada Liturgia] vê a adoração como a actividade central da igreja. Através da celebração da liturgia, a obra de redenção de Cristo é tornada real. O que isto significa é que a adoração é primariamente uma acção de cima e secundariamente, uma resposta de baixo. Quando a igreja adora, Deus torna-Se presente ao dar à igreja a salvação que vem de Jesus Cristo. À medida que a igreja responde em fé, a igreja é tornada no santo templo do Senhor.

A adoração católica é defendida através de princípios teológicos definidos na secção da *Constitution* intitulada de "A Natureza da Liturgia e a sua importância na vida da igreja." Abaixo está um resumo desses princípios:

1) Deus enviou o Seu filho Jesus Cristo para trazer salvação ao mundo. Por isso, "o cumprimento perfeito da nossa reconciliação chegou e foi-nos dado o cumprimento da adoração divina."

2) No dia do Pentecostes, a igreja foi chamada à existência. A igreja continua a celebrar a morte e ressurreição de Cristo e o Seu triunfo sobre

o mal na sua adoração. O povo é baptizado na morte e ressurreição. A Palavra proclama a morte e ressurreição e a eucaristia celebra a morte e a ressurreição.

3) O Cristo ressurrecto continua a estar presente na Sua igreja para que todas as acções litúrgicas da igreja sejam acções de Cristo. É Cristo quem baptiza, prega e celebra a eucaristia.

4) Na liturgia terrena, tomamos parte na liturgia celestial. Juntamo-nos aos anjos, arcanjos e aos anfitriões celestiais em louvor a Deus.

5) Antes das pessoas serem capazes de adorar, elas devem ser chamadas à fé e à conversão. Por isso, a liturgia proclama as boas novas da salvação àqueles que não crêem e chama os crentes ao arrependimento e obediência contínuos.

6) A liturgia é o ponto alto ao qual a actividade da igreja é dirigida. Ao mesmo tempo, é a fonte de onde todo o poder da igreja flui.

7) De forma a que a liturgia possa possuir a sua total efectividade, é necessário que os fiéis venham a ela com disposições adequadas, que as suas mentes estejam sintonizadas com as suas vozes e que elas cooperem com a graça divina, para que não a recebam em vão.[3]

Essas orientações básicas da adoração sublinham a natureza do Evangelho da reforma da adoração na igreja católica. O que a adoração proclama, representa e celebra é a vida, morte e ressurreição de Jesus Cristo e a Sua vitória sobre o pecado, morte e poderes do mal.

Essas reformas têm resultado em grandes mudanças na Igreja Católica tais como novos textos de adoração, a restauração da pregação, novas músicas e cânticos, adoração no idioma do povo, adoração que leva o povo a uma maior participação no cantar, orar, o dizer das respostas e uma maior integração da liturgia com a cultura contemporânea. Como resultado, a adoração católica tem perdido a sua uniformidade rígida e, apesar da ordem da adoração ser fixa, a liturgia tem sido aberta a um maior nível de flexibilidade e espontaneidade. Isto é particularmente verdade naquelas igrejas católicas que têm incorporado o estilo musical da cultura contemporânea e trabalhado para com uma liturgia mais informal.

RENOVAÇÃO DA ADORAÇÃO ENTRE AS PRINCIPAIS IGREJAS PROTESTANTES

A revolução introduzida pela igreja católica foi desde cedo sentida nos círculos protestantes. A maior parte das principais igrejas protestantes tem tomado pouca atenção à sua adoração desde o tempo da Reforma. Algumas mudanças têm sido feitas, claro, à medida que a igreja tem passado pela história e os novos movimentos protestantes têm desenvolvido diferentes estilos de adoração (por exemplo, a igreja livre e os movimentos de santidade pentecostal). Mas na sua maioria, as igrejas que traçam as suas raízes na Reforma nunca atravessaram por uma profunda revolução na sua adoração.

À medida que a reforma católica na adoração foi estudada por protestantes, foram fundadas novas comissões denominacionais para estudar a adoração. Eventualmente, a Igreja Episcopal produziu um novo *Livro de Oração Comum* em 1979, a Igreja Luterana produziu um novo livro combinado de hinos e um livro de cultos (o *Lutheran Book of Worship* [Livro Luterano sobre Adoração]), os presbiterianos produziram uma nova série completa de recursos de adoração que culminou no *The Book of Services* [Livros dos Cultos] em 1993, e os Metodistas Unidos produziram numerosos recursos e publicaram um novo livro combinado de hinos e livro de adoração chamado *The United Methodist Worship Book* [O Livro de Adoração dos Metodistas Unidos]. Quase cada denominação principal no mundo tem produzido novos materiais de adoração, incluindo um novo hinário, desde 1980.

A essência da renovação da adoração nas igrejas principais é melhor capturada no "*A Protestant Worship Manifesto*" (Um Manifesto da Adoração Protestante] de James F. White. Ele invoca a igreja principal para cumprir as doze reformas. Aqui está um resumo dessas reformas que têm sido alcançadas em vários níveis entre as principais denominações e congregações locais.

1) *A adoração deve ser moldada à luz da compreensão da mesma como a contribuição única da igreja na luta pela justiça.* A reiteração semanal da morte e ressurreição de Cristo deveria moldar as atitudes e valores das pessoas de tal forma que o seu comportamento resulta numa obediência a Deus expressa em actos de justiça.

2) *A natureza pascal da adoração cristã deve ressoar em todos os cultos.* A adoração é enraizada na obra de Deus por nós em Jesus Cristo. Em toda a adoração, devemos experimentar, de forma fresca, os eventos de salvação nas nossas próprias vidas.

3) *A centralidade da Bíblia na adoração protestante deve ser recuperada.* As Escrituras funcionam na adoração de muitas igrejas protestantes apenas como um meio de reforçar o que o pregador quer dizer. Isto torna opcional o uso da Bíblia, em vez de uma fonte da adoração cristã.

4) *A importância do tempo como uma estrutura principal na adoração cristã deve ser redescoberta.* Pelo facto da igreja e a sua adoração estarem enraizadas nos eventos salvíficos de Cristo, a igreja precisa de redescobrir os eventos da salvação e marcar o tempo com a celebração desses eventos — Advento, Natal, Epifania, Quaresma, Semana Santa, Páscoa e Pentecostes.

A RENOVAÇÃO DA ADORAÇÃO NO SÉCULO XX

5) *Todas as reformas na adoração devem ser moldadas ecumenicamente.* Muito do que está a acontecer na renovação da adoração é o resultado de muitas igrejas tomarem emprestado o que é feito noutras igrejas. Cada igreja desde a ortodoxa à quacre traz algo ao debate da adoração. A nossa adoração deve ser enriquecida à medida que nos ouvimos uns aos outros e que fazemos uso dos recursos uns dos outros.

6) *Mudanças drásticas são necessárias no processo da iniciação cristã.* A iniciação na igreja deve ser vista como um processo de evangelização. Há a necessidade de repensar como é que a adoração evangeliza e nutre as pessoas na fé.

7) *No início da lista das reformas está a necessidade de recuperar a eucaristia como o culto principal dominical.* A oração de acção de graças deve ser redescoberta como a proclamação do Evangelho e o povo deve estar fisicamente envolvido em ir à frente, permanecer em pé ou ajoelhar-se para receber o pão e o vinho em oposição a estarem sentados nos bancos.

8) *A recuperação do sentido da acção de Deus nos nossos "sacramentos comunitários" é essencial.* A igreja precisa de instituir cultos adicionais tais como cultos de reconciliação e cultos de cura nos quais a presença salvadora e curadora de Deus é experimentada.

9) *A música deve ser fundamentalmente vista, no seu contexto pastoral, como capacitadora da total participação congregacional.* A música deve servir o texto de adoração em vez de funcionar como uma interrupção ou um interlúdio. A recuperação do cantar dos salmos na adoração é um sinal encorajador.

10) *O espaço e mobília para a adoração precisa de mudança substancial na maioria das igrejas.* Se a qualidade da celebração da adoração deve ser melhorada, deve ser dada atenção ao espaço no qual a celebração toma lugar. Temos que reconhecer os sentidos visuais, auditivos e cinéticos do povo.

11) *Nenhuma reforma de adoração irá progredir bastante até que seja investido maior esforço em ensinar seminaristas e docentes a pensar sobre as funções da adoração cristã.* A compreensão da adoração e treino na liderança da adoração deve encontrar o seu lugar apropriado no currículo do seminário.

12) *A renovação litúrgica não é apenas uma mudança de adoração, mas parte de um remodelar do cristianismo americano, de alto a baixo.* A

renovação da adoração relaciona-se e afecta todas as partes da vida cristã.[4]

A RENOVAÇÃO CARISMÁTICA DA ADORAÇÃO

Ao longo da história tem havido grupos de pessoas que clamam ter sido especialmente tocados pelo Espírito Santo e capacitados para ministrar no Seu nome.

Inicialmente, a resposta da igreja estabelecida para com o movimento carismático deste século foi um pouco negativa. No entanto, com a passagem do tempo, o movimento carismático tem sido reconhecido pela igreja católica e pela maioria das igrejas protestantes como um verdadeiro movimento do Espírito Santo. Consequentemente, aspectos da adoração e ministério carismático têm penetrado em quase todos os círculos da igreja.

Durante os anos 60 e 70, o movimento carismático foi primariamente um movimento de oração, tendo uma das suas características centrais uma adoração dirigida pelo Espírito. Apesar de o movimento carismático se ter espalhado na igreja católica e em muitas igrejas convencionais, ele espalhou-se gradualmente além dos limites de igrejas estabelecidas à medida que igrejas carismáticas independentes começavam ao redor de todo o mundo. Algumas dessas igrejas têm-se juntado a novas comunhões de denominações carismáticas, mas milhares dessas igrejas permanecem independentes de qualquer ligação denominacional.

O líder carismático Gerritt Gustafson identifica quatro princípios da adoração carismática. "(1) A adoração carismática é baseada na activação do sacerdócio de todos os crentes. (2) A adoração carismática envolve a pessoa como um todo — espírito, alma e corpo. (3) Os carismáticos experimentam a presença real de Cristo na adoração. (4) Na adoração, os carismáticos experimentam o poder de Deus."[5]

Na prática actual da adoração, D. L. Alford aponta que a liturgia carismática é associada à "liberdade em adoração, música alegre, tanto vocal como física, expressões de louvor, acompanhamento instrumental do canto e aceitação de uma grande variedade de estilos musicais." Não é incomum, afirma ele, "encontrar adoradores a cantar, gritar, bater palmas, saltar e até dançar perante o Senhor, ao oferecer-Lhe sincero louvor e acção de graças." Além disso, Alford resume as características da adoração carismática em seis declarações.

1) Ênfase sobre o cantar de salmos e cantar as Escrituras.

2) Confiança na música e/ou no louvor e na adoração na igreja, em conferências e festivais, em pequenos grupos e em privado.

3) Uso de instrumentos musicais.

4) Ênfase no cantar congregacional com líderes de louvor.

5) Uso de dança e festa, tanto espontâneo como coreografado.

6) Uso do drama e pantomima.

7) Ênfase sobre a função profética, ou unção, dos músicos.[6]

Richard Riss escreve: "outras características da adoração carismática incluem o levantar das mãos, o dar os braços, a liberdade de todos os participantes contribuírem, especialmente ao usar os dons proféticos e em actos de cura e no uso de música, arte e outros sinais sacramentais."[7]

Essas características da adoração, enquanto primariamente do movimento carismático, estão a encontrar um lugar entre a adoração de um número crescente de católicos e protestantes à medida que o movimento se continua a espalhar. Esta ampla receptividade sugere que as necessidades do lado subjectivo da pessoa humana estão a ser alcançadas significativamente pela abordagem carismática da adoração.

O MOVIMENTO DE LOUVOR E ADORAÇÃO

Um novo estilo de adoração tem-se espalhado por toda a América do Norte e noutras partes do mundo nas últimas décadas. Apesar desta abordagem da adoração ter uma variedade de nomes, a designação que parece ganhar mais aceitação é o movimento de louvor e adoração.

O movimento de louvor e adoração emergiu de várias tendências nos anos 60 e no início dos anos 70. Essas tendências incluem a percepção que algumas pessoas tinham de que a adoração tradicional estava morta. Juntamente com essa convicção veio uma preocupação pelo imediatismo do Espírito, um desejo de intimidade e uma persuasão que a música e informalidade devem ligar-se com o povo de uma cultura pós-cristã.

Uma das expressões iniciais dessas tendências foi o surgimento da música de testemunho liderada por Bill Gaither no início dos anos 50. Cânticos como "*He Touched Me*" ["Tocou-me"], "*There's Something About That Name*" [Há Algo Acerca Desse Nome], "*Let's Just Praise the Lord*" [Vamos Só Adorar o Senhor] e "*Because He Lives*" ["Porque Ele vive"] tocaram muitas vidas e introduziram as pessoas a um novo género de música. No princípio, estes cânticos eram músicas especiais, mas cedo se tornaram congregacionais: as pessoas cantavam todas ou pelo menos juntavam-se no refrão. Uma segunda expressão dessas tendências veio no fim dos anos 50, na costa oeste (e por todo o mundo) no "movimento Jesus." Uma ênfase principal deste movimento era o cantar coros de louvor, alguns dos quais eram escritos e cantados enquanto a congregação estava na adoração.

Desde esses primeiros dias nos anos 60 e no início dos anos 70, esta forma de música e estilo de adoração foram desenvolvidos numa nova abordagem mundial da adoração. Apesar das origens exactas da tradição de louvor e adoração serem ambíguas, o movimento em si mesmo não é difícil de descrever. Ele busca recapturar o elemento perdido do louvor encontrado tanto na adoração do Antigo como do Novo Testamento. Na tradição do Talmud diz-se: "o homem deve sempre pronunciar louvores e então orar." Primeiro e acima de tudo louvar a Deus e *depois* ir para os outros elementos da adoração, dizem os proponentes de louvor e adoração.

Uma característica primária do movimento de louvor e adoração é a sua tendência para distinguir o louvor da adoração. Judson Cornwall, um líder do louvor e adoração no movimento e autor de numerosos livros, aborda a distinção entre louvor e adoração no seu livro *Let Us Worship* [Vamos Adorar]. Cornwall cita Salmos 95 como um bom exemplo desta distinção. Nos versículos de abertura, o salmista convida ao louvor.

> Vinde, cantemos ao SENHOR; jubilemos à rocha da nossa salvação.
>
> Apresentemo-nos ante a sua face com louvores, e celebremo-lo com salmos. (versículos 1-2).

Só depois, depois do louvor ter sido oferecido, é que o salmista convida à adoração.

> Ó, vinde, adoremos e prostremo-nos; ajoelhemos diante do Senhor que nos criou. (versículo 6).

Então, Cornwall conclui que "a ordem é primeiro louvor, depois adoração."[8]

"O louvor", Cornwall escreve, "prepara-nos para a adoração"; é o "prelúdio da adoração."[9] O louvor não é uma tentativa de obter algo de Deus; é um ministério que oferecemos a Deus. Oferecemos louvor pelo que Deus tem feito — pelas Suas maravilhosas obras na história e a Sua presença providencial e contínua nas nossas vidas.

Enquanto louvamos a Deus pelo que Ele tem feito, adoramos a Deus pelo que Ele é. Uma acção exalta os actos de Deus, a outra exalta a pessoa e o carácter de Deus. Cornwall clarifica esta distinção entre louvor e adoração.

> O louvor começa ao *aplaudir* o poder de Deus, mas frequentemente leva-nos suficientemente perto de Deus que a adoração pode responder à Sua presença. Enquanto a energia do louvor é para com o que Deus faz, a energia da adoração é para com o que Deus é. O primeiro é sobre a acção de Deus, enquanto o segundo é ocupado pela personagem de Deus. A confiança da adoração é, então, maior do que a confiança do louvor.[10]

A SEQUÊNCIA DO TEMPLO

A ordem do culto, a oscilação do louvor para a adoração, é padronizado pelo movimento no tabernáculo e no templo do Antigo Testamento, da ala externa para a ala interna e depois para o santo dos santos. Todos esses passos são alcançados através da música. O líder de música (ou líder de adoração, como ele ou ela for mais frequentemente chamado), tem uma função significativa em levar a congregação pelos vários passos que levam à adoração.

O líder começa com o coro de uma experiência pessoal ou testemunho, tal como "This Is the Day the Lord Has Made" ["Este é o Dia"] ou "We Bring Sacrifices of Praise Into the House of the Lord" ["Entrarei na presença do Senhor"]. Esses cânticos centram-se no louvor, são optimizadas no ritmo e relacionam-se à experiência pessoal do crente. São cânticos que frequentemente mencionam o "eu", "mim" ou "nós". Na tipologia do tabernáculo, durante o primeiro passo, o povo ainda está fora do muro que está à volta do tabernáculo. Eles não podem adorar até que tenham chegado às portas do tabernáculo.

Este movimento pelo cântico, prepara-nos para o que toma lugar no segundo passo: o modo e o conteúdo da música muda para expressar a acção de entrar pelos portões e entrar no tabernáculo. Aqui, o líder de adoração dirige o povo em cânticos que expressam a transição do louvor para a adoração. São cânticos de acção de graças, tais como o cântico das Escrituras de Salmos 100. "Entrarei na presença do Senhor com gratidão e em Seus átrios com hinos de louvor" ou "Ó, vinde, adoremos e prostremo-nos; ajoelhemos diante do Senhor que nos criou".

De acordo com Cornwall:

> É uma questão de trazê-los de uma consciência do que tem sido feito neles e por eles (testemunho) para Aquele que o tem feito neles e por eles (acção de graças). O processo através da porta oriental até ao exterior deve ser uma marcha alegre, porque as graças nunca devem ser expressas triste ou negativamente. Enquanto as pessoas estão a cantar coros de acções de graças, elas estarão a pensar nelas mesmas e sobre o seu Deus, mas ao colocar a ênfase em dar graças, a maioria dos padrões de pensamento devem ser no seu Deus. Cantar nesta altura será frequentemente o nível inicial de louvor, mas não irá produzir adoração, porque os cantores ainda não estão perto o suficiente da presença de Deus para expressarem uma resposta de adoração.[11]

O terceiro passo, para o santo dos santos, traz os crentes para fora de si mesmos e para uma completa consciência de adoração só a Deus. O adorador já não está a pensar no que Deus tem feito, mas está a pensar em quem Deus é, em pessoa e carácter. Uma quieta devoção paira sob a congregação à medida que cantam cânticos como *"Father, I Adore You"* ["Pai, Eu Te Adoro"], *"I love You, Lord"* ["Eu Te amo, Senhor] e *"You Are Worthy"* ["Tu és Digno"]. Nesses momentos de adoração, as palmas serão substituídas por respostas devocionais de rostos voltados para cima, mãos levantadas, lágrimas e até uma mudança subtil no timbre das vozes. Porque quando há uma "consciência que chegamos à presença de Deus, saímos da luz com sobriedade."[12]

A terceira fase da sequência é frequentemente descrita como uma experiência da "presença manifesta de Deus." Esta experiência não difere grandemente da experiência litúrgica da presença de Cristo na mesa do Senhor. Nesta atmosfera, o *charismata* (os dons espirituais) são libertados e assim como homens e mulheres, ao longo da história da igreja, têm experimentado cura física e espiritual enquanto partilham da mesa de Cristo, muitos hoje provam as manifestações especiais do Espírito Santo na renovação da adoração enquanto Ele habita nos louvores do Seu povo (Salmos 22:3).

VARIAÇÕES

Apesar de a ordem de adoração do tabernáculo-templo ser bastante proeminente nas igrejas de louvor e adoração, não é a única ordem ou sequência de cânticos. Por exemplo, a *Igreja Vineyard Church* em Anaheim, Califórnia, é uma igreja que se encaixa na categoria mais alargada da tradição de louvor e adoração. A adoração ali tem uma variação ligeiramente diferente da progressão que traz um adorador à presença de Deus.

A adoração da *Igreja Vineyard* começa com uma *fase de convite*, que é como uma chamada à adoração. Os cânticos de convite tais como "*I Just Came to Praise the Lord*" [Eu só Vim para Louvar o Senhor] podem ser cantados com palmas, balanço do corpo e olhando para os outros adoradores, sorrindo e reconhecendo a sua presença.

No próximo movimento, a fase de envolvimento, o povo é trazido para mais perto de Deus e os seus cânticos são dirigidos a Ele, não uns aos outros. Um bom exemplo pode ser "*Humble Yourself in the Sight of the Lord*" [Humilhe-se na Presença do Senhor].

O líder de louvor leva então o povo para a *fase de adoração*. Neste estado de adoração, a ampla gama de afinação e melodia que caracterizou as fases anteriores é mudada para uma gama mais pequena de música e tom mais suave de cânticos, tais como "*Jesus, Jesus, There's Something About That Name*" [Jesus, Jesus, Há Algo Acerca Desse Nome] ou "*Father, I Adore You*" ["Pai, Eu Te Adoro"].

De seguida, a congregação é levada para a *fase de intimidade*, que é a parte mais quieta e pessoal da adoração. Cânticos como "*O Lord, You're Beautiful*" [Oh Senhor, Tu és Formoso] e "*Great Are You, Lord*" [Grande És Tu, Senhor] são declarações pessoais de um relacionamento íntimo dirigido do crente ao Senhor. À medida que estes cânticos são cantados, o povo poderá aumentar a intensidade da sua participação e perder-se em êxtase no momento. Durante esta fase do culto de adoração que eu participei na *Igreja Vineyard*, as pessoas permaneciam com as cabeças e mãos voltadas para cima e os olhos fechados à medida que cantavam esses cânticos de, como John Wimber os chama, "intimidade com Deus." Algumas pessoas, especialmente nas filas da frente, estavam ajoelhadas ou até se prostravam no chão durante este "tempo de quietude." A fase final da progressão de adoração da *Vineyard* é um cântico de encerramento, um cântico que ajuda o povo a sair da experiência de ser transfigurado em Deus para se preparar para o próximo segmento do culto, o tempo de ensino.[13]

LOUVOR, ADORAÇÃO, ENSINO, ORAÇÃO E MINISTÉRIO

É comum na tradição de louvor e adoração distinguir os vários actos de um culto típico. A distinção mais significativa é entre o louvor e a adoração, como descrita acima. Outros actos no culto incluem o tempo para ensino, para oração intercessora e tempo para ministração.

Porque a maior parte das igrejas de louvor e adoração são informais, os vários actos do culto são feitos de uma forma informal. Por exemplo, apesar do ensino ser bastante directo, ele poderá acabar com um tempo para *feedback* ou debate (dependendo do tamanho da congregação). A oração intercessora poderá também ser informal. A ideia da oração tradicional pode ser substituída por um círculo de oração. Depois da oração, muitas igrejas entram num tempo de ministração. As pessoas são enviadas para vários quartos onde as pessoas dotadas para o ministério de necessidades particulares impõem as mãos nelas e oram. O que é experimentado neste contexto pode ser muito significativo, ministrando de uma forma poderosa ao povo de Deus.

RESPOSTA AO LOUVOR E ADORAÇÃO

Falando no geral, as igrejas tradicionais têm respondido à propagação do louvor e adoração de três formas.

Primeiro, temos aquelas igrejas que não têm respondido de todo — talvez porque não estão conscientes da tradição de louvor e adoração. Essas congregações poderão ter ouvido um ou dois cânticos do movimento e estar vagamente conscientes da existência de tal estilo de adoração nas igrejas não tradicionais, mas, na sua maioria, são ignorantes sobre o movimento.

Segundo, estão aquelas congregações que estão mais conscientes das tradições de louvor e adoração, mas são indiferentes a elas ou desprezam-nas activamente, argumentando que elas são "demasiado superficiais" ou "demasiado carismáticas".

O terceiro grupo de igrejas tradicionais não está apenas consciente do louvor e adoração e da sua relevância para uma cultura pós-Iluminismo, mas também busca integrar esta nova abordagem de adoração na igreja local.[14]

A CONVERGÊNCIA DAS TRADIÇÕES DE ADORAÇÃO

Nos anos 80 e 90, surgiu um movimento que converge as formas litúrgicas e contemporâneas e as experiências de adoração. Os antecedentes deste movimento são claramente encontrados na renovação litúrgica do século XX, tanto nos movimentos carismáticos como no de louvor e adoração.

No entanto, o movimento de convergência também vem dos movimentos evangélicos e reformados, claramente tornando-o ecléctico. Abaixo está um resumo da ênfase das três vertentes que alimentam o movimento de convergência.

LITÚRGICA/ SACRAMENTAL	EVANGÉLICA/ REFORMADA	CARISMÁTICA
Teologia	Fundamento Bíblico	Ministério e Governo quíntuplo
Ortodoxia	Conversão Pessoal	Poder do Espírito
Universalidade	Evangelismo e missão	Dons Espirituais
Ligação histórica	Adoração centrada no púlpito	Adoração carismática
Acção social	Santidade pessoal	Reino
Compreensão encarnacional da igreja (baseada na teologia, história e sacramento)	Compreensão bíblica e reformadora da igreja (pragmática e racional)	Compreensão espiritual, orgânica e funcional da igreja (dinâmica e informal)[15]

Randy Sly e Wayne Boosahda têm resumido as preocupações comuns do movimento de convergência como se segue:

> Aqueles que estão a ser levados para esta convergência de correntes podem ser caracterizados por vários elementos comuns. Apesar de não serem exaustivos ou não terem uma ordem de importância, eles formam a base para o foco e direcção do movimento de convergência. (1) Um compromisso restaurado dos sacramentos, especialmente a Santa Ceia. (2) Uma motivação crescente para conhecer mais da igreja primitiva. (3) Um amor por toda a igreja e um desejo de ver a igreja como um todo. (4) A mistura na prática de todas as três correntes é evidente; ainda assim, a igreja aborda a convergência apenas a partir de um ponto de

vista. (5) Um interesse na estrutura integrativa com espontaneidade na adoração. (6) Um maior envolvimento de sinal e símbolo na adoração. (7) Um compromisso contínuo para com a salvação pessoal, o ensino bíblico e a obra e o ministério do Espírito Santo.[16]

CONCLUSÃO

Tendo abordado os movimentos de renovação do século XX e notando que a maior tendência é para com uma convergência de adoração, somos deixados a questionar-nos acerca do futuro da adoração cristã.

Uma coisa parece certa, não é provável que vejamos uniformidade de adoração na igreja, nem mesmo uniformidade de adoração entre as denominações específicas.

A adoração convergente em si mesma não propõe uniformidade. Ela sugere que denominações e igrejas locais aprendam e levem aspectos "emprestados" das igrejas de outras tradições. Podemos estar bastante certos que esta apreciação da adoração dos outros irá continuar no futuro à medida que a igreja continua a ser abençoada com uma variedade de estilos de adoração.

PARTE 4
A Prática da Adoração

A prática da adoração na igreja contemporânea deve ser baseada na base sólida de estudos bíblicos, históricos e teológicos. O conhecimento do material das secções precedentes é, então, indispensável para a tarefa de renovar a adoração na igreja local.

Mas a questão permanece: Como é que o material bíblico, teológico e histórico se relaciona com a igreja contemporânea? Como é que a igreja que se atreve a estar enraizada no passado, forma uma adoração que é relevante para o presente?

A Parte 4 aborda todas estas questões importantes. Primeiro, fala do ambiente de adoração, depois sobre o conteúdo, estrutura e estilo de adoração. Em seguida, os quatro actos da adoração dominical são abordados: o acto de reunião, o ouvir a Palavra de Deus, a mesa do Senhor e a Despedida. Depois, examinamos assuntos importantes tais como a função da música, a função das artes, os cultos do ano cristão, as acções sagradas da adoração (baptismo e Santa Ceia) e a relação da adoração com os outros ministérios da igreja. Em todos estes capítulos, abordamos todos os aspectos da adoração da igreja do ponto de vista da igreja contemporânea adoradora. Ao estudar estes capítulos e estes materiais, os líderes de adoração na igreja local irão encontrar sugestões e direcção para desenvolver uma adoração que está enraizada em fontes bíblicas e ficarão conscientes dos desenvolvimentos históricos. Finalmente, esta secção termina com um desafio para os renovadores evangélicos de levar a igreja a uma adoração que é caracterizada pela profundidade e relevância.

CAPÍTULO 12

O Contexto Ambiental da Adoração

Ao longo da história da igreja cristã, os crentes têm adorado numa grande variedade de lugares. Campos, catacumbas, margens de rios, casas, prisões, barcos e aviões têm providenciado o ambiente de adoração. Mesmo assim, tem sido normal para os cristãos terem um *lugar* de adoração.[1] Consequentemente, igrejas, catedrais e auditórios têm-se tornado casas específicas de adoração. Pelo facto do edifício de adoração (como tudo o mais) não ser neutro, o espaço de adoração comunica algo acerca das convicções do povo que ali adora. Assim, a igreja há muito reconhece que o que fazemos na adoração é expresso na forma como usamos o espaço.[2]

É apropriado que esta secção sobre a prática da adoração deva começar com uma discussão sobre o ambiente da adoração. Encontros (e a adoração é um encontro) sempre ocorrem dentro de um contexto. Tratamos de negócios ou representamos cerimónias públicas dentro de um espaço específico. Nessas situações, normalmente abordamos o arranjo do espaço com um olhar na sua função. Vai de encontro às necessidades do grupo? Permite o máximo sentido de comunicação? Encaixa-se no modo ou tom do encontro? Estas perguntas precisam de ser feitas à medida que abordamos o contexto da adoração.

Este capítulo considera a base teológica para o uso do espaço na adoração, pesquisa as formas como o espaço tem sido usado para a adoração cristã no passado e explora o uso contemporâneo do espaço na adoração.

A BASE TEOLÓGICA PARA O USO DO ESPAÇO

A COMPREENSÃO REDENTORA DE ESPAÇO

Já vimos que a adoração celebra a vitória de Cristo sobre o mal. Por isso, a adoração cristã expressa esperança na libertação final da criação do mal e a restauração de todas as coisas nos novos céus e na nova terra (Romanos 8:18-25; Apocalipse 20-22). Pelo facto da redenção se estender a toda a ordem criada, o espaço de encontro é um veículo através do qual a visão cristã da redenção pode ser expressa. Mais especificamente, na adoração, o espaço torna-se o palco no qual a redenção do mundo é representada. Esta verdade é expressa nos sinais da redenção tais como a mesa, o púlpito, a fonte baptismal, assim como o arranjo do espaço para o povo, o coro, o celebrante e outros que representam o Evangelho.

APOIO BÍBLICO PARA A COMPREENSÃO ESPIRITUAL DO ESPAÇO

No Velho Testamento há abundantes referências a um lugar ou objecto particular considerado como espaço sagrado (Betel, Monte Sinai, a sarça ardente, a arca da aliança, o Santo dos Santos). Este significado espiritual de espaço é enfatizado particularmente pelas instruções elaboradas dadas para a construção do tabernáculo (e mais tarde, o templo) e pelos actos de consagração.

Nas instruções para a construção do tabernáculo, assim como as direcções dadas para a adoração (ver Êxodo 25-40), são destacados três pontos acerca do espaço. Primeiro, os materiais elaborados demonstram que as coisas materiais pertencem ao Senhor e devem ser usadas para comunicar verdade acerca de Deus. Segundo, a ênfase repetida de que Deus irá habitar ali (25:8, 29:45) prova à noção de que a presença de Deus no mundo pode ser comunicada simbolicamente. Terceiro, o reconhecimento de que "a glória do Senhor encheu o tabernáculo" (40:34-35) admite a presença de Deus num espaço particular.

O acto de consagração também enfatiza a importância ligada ao lugar.[3] A dedicação do templo feita por Salomão (1 Reis 8) providencia o modelo para a consagração do espaço nas Escrituras. Este acto não deve ser compreendido como um exercício associado com a magia, mas como um acto que define um lugar particular para a comunidade se encontrar publicamente com Deus. A igreja cristã tem continuado a usar a prática da consagração e reconhecido que o lugar onde as pessoas se reúnem para adorar é especial.[4]

A MORDOMIA DO ESPAÇO NA ADORAÇÃO

É óbvio que sempre que um grupo de pessoas se reúne para adoração, seja na floresta ou num edifício, eles estão a usar o espaço. Precisamos de determinar se o espaço no qual adoramos nos ajuda ou nos atrapalha. Podemos determinar isto quando reconhecemos a relação vital entre o interno e o externo. A característica importante da adoração cristã é que a experiência interna da salvação em Jesus Cristo, combinada com as expressões externas imediatas desta experiência, tem selado o uso do espaço na adoração cristã com um carácter particular. Os arranjos espaciais diferem como um resultado de variar as ênfases na comunhão à mesa, pregação, baptismo, as ordens do ministério e dons e o sentido do corpo do ministério.

Além disso, a reflexão profunda pela igreja sobre o significado da experiência cristã tem encontrado expressão artística na arquitectura. Infelizmente, isto significa que a igreja também tem expressado um erro teológico no seu uso do espaço, assim como indiferença teológica.[5]

O USO DO ESPAÇO NA HISTÓRIA DA ADORAÇÃO CRISTÃ

O princípio de que o espaço é um veículo através do qual o sentido da adoração é expresso pode ser demonstrado com exemplos de adoração e espaço na história.

A SINAGOGA

Apesar de a sinagoga preceder o cristianismo, ela teve um impacto significativo na formação da adoração cristã. A ideia de que a criação material comunicava verdade eterna foi levada desde o templo até à sinagoga. A Figura 1 providencia um modelo de uma antiga sinagoga na qual o arranjo teológico do espaço é evidente.[6] A orientação do edifício para com Jerusalém simbolizava a esperança de Israel de que em Jerusalém, todas as promessas de Deus para Israel deviam ser cumpridas.

O carácter teológico do espaço nesta sinagoga pode ser notado na localização da congregação e da mobília. A congregação juntava-se à volta desses símbolos materiais que significavam os meios através dos quais Deus Se tinha tornado conhecido na história. Por exemplo, o significado de "assento de Moisés" no meio da sinagoga é capturado pelo litúrgico Louis Bouyer nas seguintes palavras: "A assembleia do povo de Deus podia acontecer dessa forma apenas porque sempre tinha havido entre eles alguém tido como depositário autêntico da tradição viva da Palavra de Deus, primeiramente dada a Moisés e sendo capaz de comunicá-la sempre de forma nova, apesar de ser sempre substancialmente a mesma."[7]

Deste ponto de vista privilegiado, tanto os escribas como a congregação eram capazes de *ver* os símbolos que comunicavam o significado da sua reunião. O símbolo central era a arca, o objecto mais santo do antigo Israel e o único objecto permitido no Santo dos Santos. O povo via a arca como um trono onde Deus (um espírito invisível) estava presente. Dentro da arca, que

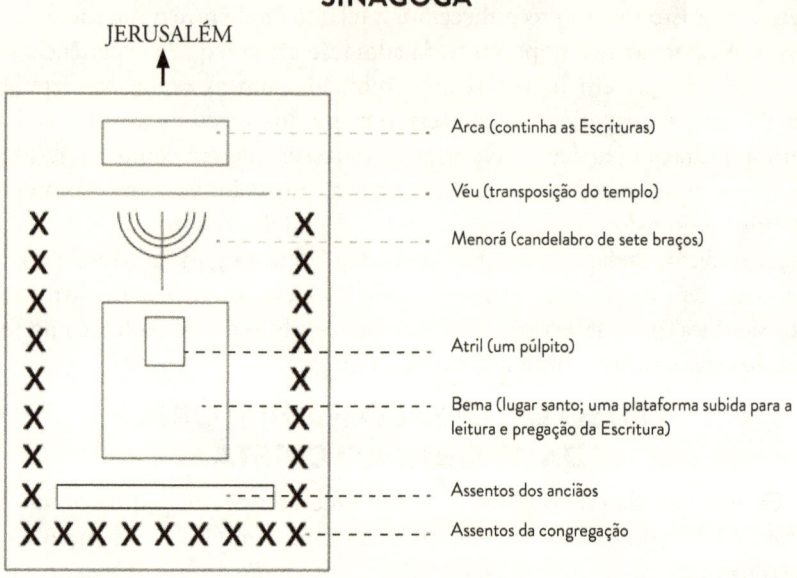

FIGURA 1

era similar a um caixão de madeira, estavam os pergaminhos, o testemunho da comunicação de Deus com Israel. A arca e os pergaminhos eram protegidos pelo véu e à frente estava aceso o castiçal de sete ramificações. Todos estes objectos materiais apontavam, além deles mesmos, para a presença de Deus na história de Israel e a Sua presença contínua com o Seu povo.

Outra característica da sinagoga era o *bema*, a plataforma elevada onde estava o púlpito. Era dali que as Escrituras eram proclamadas e onde as orações eram oferecidas. O *bema* simbolizava o lugar da Palavra de Deus no meio do povo e o povo juntava-se à volta da Palavra para ouvir Deus falar e para falar com Deus.

Este simples arranjo dos principais símbolos da fé de Israel permitiu que a adoração de Israel representasse a acção de Deus na história e a Sua promessa para o futuro, não apenas nas palavras que eram ditas, mas nos sinais e símbolos que acompanhavam essas palavras.

UMA IGREJA ANTIGA SÍRIA

Um segundo exemplo pode ser tirado de uma igreja síria (ver Figura 2). Este edifício parece ser uma versão cristianizada de uma sinagoga judaica.[8] Aqui, assim como na sinagoga, a congregação reunia-se à volta dos símbolos da adoração. A presença dos símbolos (arca, véu e castiçal), que eram especificamente judaicos, expressava a continuidade entre os povos de Deus. O bis-

O CONTEXTO AMBIENTAL DA ADORAÇÃO

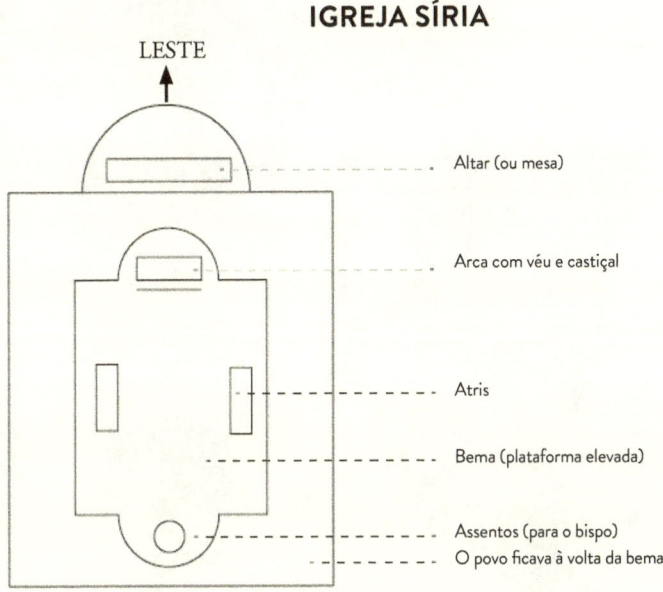

FIGURA 2

po e os presbíteros estavam no assento de Moisés e continuavam a comunicar a presença de uma tradição viva no ministério ordenado de expor a Palavra.

Havia, no entanto, duas mudanças significativas e notáveis. Primeiro, o abside, o foco central da congregação, continha uma mesa. Aqui, o bispo ia celebrar a eucaristia (o símbolo supremo da presença de Deus no mundo), que constituía o auge da adoração cristã. Segundo, a igreja já não olhava para Jerusalém, mas apontava para o leste. Isso simbolizava a volta de Cristo no leste para juntar os Seus eleitos dos quatro cantos do mundo. Aqui, mais uma vez, a experiência da comunidade cristã dá forma ao uso do espaço. A acção de Deus na história, tal como foi revelada nas Escrituras e encarnada em Jesus Cristo, era expressa através do uso do espaço, do arranjo do povo e dos símbolos da presença de Deus.

UMA BASÍLICA ROMANA

Um terceiro exemplo pode ser retirado da era constantina (ver Figura 3). Durante este tempo, foram dadas muitas basílicas romanas à igreja que foram convertidas em lugares de adoração. A alteração do espaço para acomodar as multidões e para facilitar o crescente sentido da hierarquia resultou em algumas mudanças significativas, não só no uso do espaço, mas também no conceito de adoração.[9]

A mudança mais impressionante no uso do espaço é o mover do assento do bispo da congregação para um ponto além do altar. O assento do bispo

BASÍLICA ROMANA

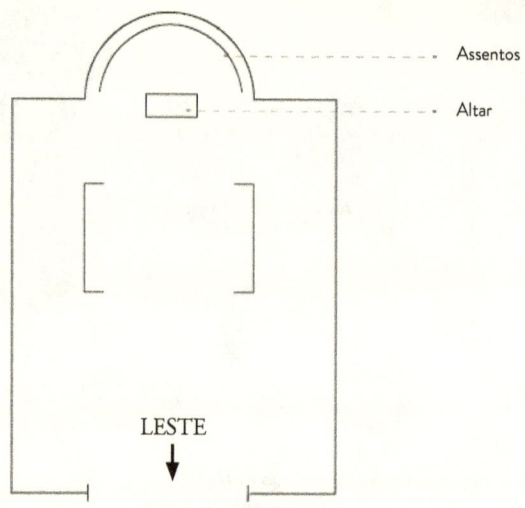

FIGURA 3

tornou-se gradualmente um trono, um assento de honra e poder, à medida que a igreja se tornou mais institucional, hierárquica e poderosa.

Neste movimento, são vistos os estágios iniciais de triunfalismo. A igreja é agora uma instituição de poder. O bispo assume gradualmente mais poder à medida que o povo o eleva a um estatuto além de um servo na igreja. Gradualmente o bispo tornou-se uma autoridade fora do corpo colectivo do povo, perdeu a sua ligação com o povo e tornou-se um senhor sobre eles. Este movimento levou algum tempo a completar-se, mas lentamente remodelou a adoração cristã. O que antes era a obra colectiva do povo, torna-se gradualmente o privilégio do clero e o uso do espaço simbolizava essa mudança.

Uma segunda mudança espacial é encontrada na modificação do *bema*. A arca foi omitida, a plataforma elevada foi removida e as extremidades foram abertas para que a procissão pudesse passar por elas até chegar ao altar. Em adição, a *bema* tornou-se o lugar onde ficavam os ministros inferiores, juntamente com os leitores e cantores. Os púlpitos foram adicionados em ambos os lados e o castiçal de sete ramificações foi substituído por uma simples grande vela.

Esta mudança espacial sinalizou uma mudança na adoração. O bispo e o clero estavam separados da congregação e os ministros, cantores e leitores tornaram-se uma congregação dentro da congregação. A adoração estava gradualmente a ser removida do povo e a tornar-se uma função do clero. Eventualmente, a função dos adoradores era de assistir ao drama da adoração conduzido perante eles como uma epifania do Evangelho. Este foi um passo dramático para longe da abordagem mais antiga e bíblica da adoração como a obra da congregação. A abordagem bíblica tinha requerido que todos participassem no drama de representar o Evangelho.

Uma alteração final que selou o movimento para com a clericalização da adoração foi a mudança da estrutura do abside que continha o altar. No ocidente, é separado por linhas de colunas e colocado longe do povo. No oriente, o altar tornou-se escondido por uma tela de ícones.[10] Apesar de o propósito ser acentuar o mistério do Evangelho, o efeito foi remover a acção do povo, clericalizar a eucaristia e criar uma igreja dentro da igreja. A eucaristia tornou-se remota e terrível, algo a ser temido e mantido à distância, a não ser tomada pelo povo, excepto uma ou duas vezes por ano.[11]

IGREJAS MEDIEVAIS MAIS RECENTES

O movimento para a clericalização da adoração no período medieval tornou-se sólido no final do período medieval, à medida que a teologia da adoração continuava a mudar. De particular interesse é a tendência romana de preencher a igreja com altares (ver Figura 4).[12]

A existência dos altares laterais resultou de uma crescente convicção que a missa era um sacrifício oferecido para o benefício dos mortos *e dos vivos*. O historiador litúrgico William D. Maxwell coloca-o desta forma:

> Visto que cada missa era realizada para ter valor como um acto de mérito, era agora seriamente calculado quantas missas seriam requeridas para trazer uma alma do purgatório até ao paraíso e até que ponto uma

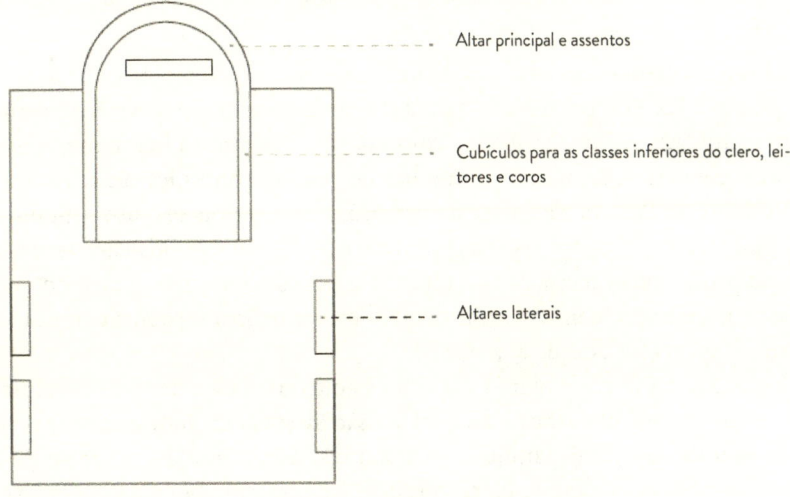

FIGURA 4

missa poderia aliviar as dores de uma alma condenada ao julgamento eterno. Havia missas para o sucesso em situações temporais: para alguém que estava numa jornada, para recuperar de uma doença, para capturar ladrões e recuperar bens roubados, para o tempo de chuva e bom tempo, para a libertação dos cativos; e aqui novamente, o número requerido para alcançar o objectivo era solenemente determinado. Missas eram ditas até para trazer a morte das pessoas; essas foram condenadas e proibidas no Sínodo de Toledo em 694. As missas privadas tornaram-se, como diz Heiler, um cancro que alimenta a alma da Igreja.[13]

Mais uma vez, a relação entre a teologia e o espaço na adoração era evidente. No século dezasseis, o tempo para reforma tinha chegado.

A IGREJA PROTESTANTE

Os Protestantes continuaram a adorar nas catedrais e igrejas que tinham pertencido à igreja romana. Por isso, o seu primeiro impulso para a mudança do uso do espaço na adoração foi limitado à alteração do edifício no qual adoravam. Aqui está um exemplo das acções tomadas pelo reformador suíço Ulrich Zwingli:

> No Verão de 1524, começou a "limpeza" das igrejas. Zwingli e os seus colegas, acompanhados por todo o tipo de artesãos, entraram nas igrejas e começaram a trabalhar. Eles dispuseram as relíquias, levantaram os seus escadotes contra as paredes e pintaram de branco as pinturas e decorações, mandando embora estátuas e ornamentos, o equipamento de ouro e prata, as vestimentas caras e os livros esplendidamente encadernados. Fecharam os órgãos de forma a que nenhum tipo de música pudesse soar novamente nas igrejas: *o povo devia dar ouvidos apenas à Palavra de Deus.*[14] [ênfase adicionada]

O uso do espaço em edifícios protestantes era marcado pela centralidade do púlpito. Ele era, ou elevado acima do povo onde pudesse ser facilmente visto (num lado do santuário), ou colocado centralmente à frente numa plataforma elevada. A localização simbólica do púlpito comunicava a renovação protestante da Palavra e a ênfase na pregação. Isto tornou-se o uso simbólico mais poderoso do espaço na igreja protestante.[15] Uma segunda característica do uso protestante do espaço foi colocar a mesa da comunhão abaixo do púlpito ou num lugar menos central. Simbolicamente, isto tornou a comunhão menos importante do que a pregação.[16]

Essas alterações eram tanto uma expressão da mudança de visão da adoração como um veículo através do qual a visão alterada da adoração se tornou mais solidificada. Hoje, muitos protestantes americanos ofendem-se pela mesa centralizada e elevada da comunhão. Infelizmente, a ênfase na Palavra tem levado os protestantes para uma adoração unilateral e centrada no clero. O erro do período medieval foi que a congregação *assistia* à adoração. Na igreja protestante, o erro é que a congregação tende a *ouvir* a adoração. Há uma necessidade urgente para voltar à adoração que é obra da congregação e para o uso do espaço que permite e encoraja o povo a *adorar*.[17]

O CONTEXTO DA ADORAÇÃO NAS IGREJAS CONTEMPORÂNEAS

Novas mudanças estão a tomar lugar na adoração de hoje, que pedem uma reconfiguração do espaço de adoração. A base de todas estas mudanças está na recuperação da compreensão bíblica da adoração como a celebração congregacional das maravilhosas obras de Deus da salvação. A adoração já não é algo a ser assistido ou ouvido, mas algo a ser feito pelo povo.

A primeira dessas mudanças é da adoração dominada pelo pregador para uma adoração centrada no povo. A adoração protestante, em particular, tem sido uma adoração dominada pelo pregador. Consequentemente, o povo tem sido colocado em filas direccionadas para a plataforma, que por sua vez se encontra direccionada para a audiência. Neste espaço, o pregador é frequentemente visto como o "director de programa" ou o "professor," enquanto o povo está lá meramente para "instrução" ou para o "programa," qualquer que seja o caso.

De seguida, a volta da adoração para o povo (liturgia significa literalmente "a obra do povo") muda a adoração, o que, por seu lado, cria a necessidade de reestruturar o espaço da adoração. Por exemplo, a adoração está a experimentar uma mudança na música do som dominado pelo órgão para o som de uma variedade de instrumentos musicais incluindo cordas, baixos, sintetizadores, pianos, guitarras e bateria. Onde a arquitectura da igreja uma vez assumiu a necessidade do espaço do órgão e do seu tubo na frente, lado ou atrás, as considerações espaciais precisam agora de ter em conta o espaço para a banda e, em alguns casos, o espaço para toda a orquestra.

A função em mudança do coro requer uma reconsideração do espaço de adoração. O coro, antes tendo a função de executante, agora mudou para a função de cantor e líder musical para toda a congregação (o novo coro). Enquanto muitas igrejas retiraram o coro, a maioria das igrejas de renovação da adoração continuam o coro na nova função de cantor. Consequentemente, é necessário que haja um espaço adequado para o coro, procissões e assentos. No novo espaço de adoração, sentar é mais frequente ao lado do que à frente da congregação porque ao lado facilita o envolvimento com a congregação, enquanto que à frente implica actuação.

A mudança na função do coro na adoração é frequentemente acompanhada pela restauração das artes, particularmente a procissão em dança ou dança que assiste o texto dos cânticos ao longo da interpretação do movimento. O espaço é necessário para as procissões e para a interpretação do movimento, não apenas no corredor, mas também na chancelaria. Os pensativos planeadores espaciais estão a ampliar os corredores e a permitir um espaço de capela maior para permitir um maior movimento para a interpretação artística de músicas, leituras das Escrituras, oração, sermões e outros actos de adoração.

Outra mudança que toma lugar na adoração é a crescente celebração dos sacramentos na adoração dominical. O movimento em várias igrejas para a eucaristia semanal, para a celebração do baptismo na adoração matinal e para a unção de óleo para cura, necessita de uma nova consideração do arranjo espacial. É necessário que haja um espaço apropriado para que essas acções possam ser feitas de forma significativa.

Finalmente, muitas igrejas têm introduzido um tempo de ministério na adoração que necessita de novas considerações espaciais. As igrejas que convidam pessoas a chegar para orar, para impor as mãos e para outros tipos de ministério, precisam de espaço adequado para essas funções no ministério de adoração.

O tipo de espaço que parece ser o mais adequado para essas funções e para a nova abordagem participativa da adoração é um espaço centralizado em vez de um espaço longitudinal. O espaço centralizado traz as pessoas à acção da

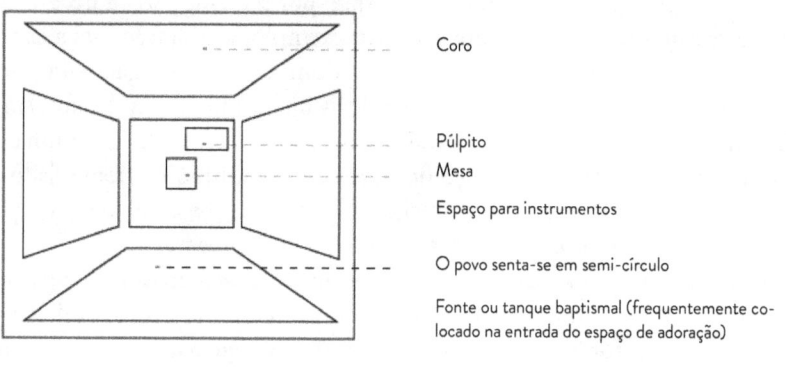

FIGURA 5

adoração e permite que a adoração seja consideravelmente mais participativa do que no espaço longitudinal.[18]

CONCLUSÃO

Nesta secção, começámos com o contexto da adoração para enfatizar como o espaço molda a nossa experiência de adoração.

O espaço, tal como tem sido argumentado, precisa de ser redentor. Precisa de reflectir a obra da salvação que celebramos. Assim sendo, o espaço adequado para as pessoas se reunirem, ouvirem a Palavra, celebrarem a eucaristia e para a música e artes que acompanham esses actos é uma prioridade. A mudança principal que teve lugar no espaço de adoração é a mudança do espaço longitudinal para um espaço mais centralizado, um espaço no qual os adoradores se tornam participantes.

CAPÍTULO 13

Conteúdo, Estrutura e Estilo

Um estudo na história da adoração cristã ou um estudo comparativo da igreja contemporânea irá levar o estudante a uma variedade desconcertante de estilos de adoração. Diante destas muitas abordagens sobre a adoração, é racional questionar qual delas é correcta. Esta ou aquela igreja poderá pensar: "nós fazemo-lo correctamente aqui," e juntamente com essa convicção há normalmente uma afirmação não falada de que os outros "fazem-no mal ali." Neste breve capítulo, iremos olhar para o assunto mais profundo e mais fundamental de conteúdo, estrutura e estilo.

CONTEÚDO

O factor primário na adoração preocupa-se, não com a estrutura, nem com o estilo, mas com o conteúdo. O julgamento acerca de um estilo particular de adoração deve preocupar-se maioritariamente com o conteúdo da adoração. A adoração litúrgica, a carismática e qualquer outro estilo de adoração deve ser julgado pelo seu conteúdo.

Não há necessidade neste capítulo de discutir o conteúdo da adoração, visto que lidámos com esse assunto em capítulos anteriores. É suficiente resumir esses capítulos ao afirmar novamente que a base da adoração é a história bíblica de Deus a iniciar um relacionamento com a humanidade caída. Na adoração, lembramos as histórias de Abraão, o nosso "Pai na fé", os patriarcas, a libertação de Israel do Egipto, o pacto no Monte Sinai, o estabelecimento de Israel sob a monarquia e a chamada dos profetas para voltarem à aliança. A adoração cristã suplementa essas histórias com os relatos do nascimento, vida, morte, ressurreição e ascensão de Jesus, a fundação da igreja e a volta de Jesus Cristo para destruir o mal e estabelecer novos céus e nova terra. Esta história, juntamente com a interpretação dada a ela na Escritura, é a própria essência da adoração. Retire-a e não haverá adoração. Lembre-se de proclamá-la, representá-la, celebrá-la e a adoração acontece.

É óbvio que essas histórias estão na essência de qualquer comunidade de verdadeira adoração. Pode-se vê-las na liturgia escrita de cada igreja litúrgica ou ouvi-las no cantar, leitura das Escrituras, pregação e oração de cada igreja livre. Para que a adoração seja bíblica e cristã, a história da redenção e salvação de Deus precisam de ser o seu conteúdo. Caso contrário, deixa de ser adoração cristã. Pois é o conteúdo da adoração — o Evangelho — que torna a adoração única e distintamente cristã.

ESTRUTURA

Um segundo e menos importante factor na adoração é a estrutura. Como é que uma congregação deveria *estruturar* o conteúdo da sua adoração? Como é que a história da obra salvadora de Deus deveria ser ordenada para que seja claramente ouvida e experimentada?

Uma forma de lidar com o problema da estrutura é aproveitar a tradição da igreja primitiva. Apesar de não sabermos tanto como gostaríamos acerca da adoração da igreja primitiva, sabemos que a abordagem mais vasta e geralmente aceite da adoração incluía quatro actos. Os dois actos mais centrais da adoração dominical eram o serviço da Palavra e o serviço da eucaristia — o ensino apostólico e o partir do pão. Através da Palavra e da eucaristia, a igreja primitiva proclamava, representava e celebrava a história do Evangelho. A adoração cristã primitiva também incluía o cantar, baptismo, credos, bênçãos, doxologias, línguas, profecias e ministério (ver capítulos 4 e 5). Todos esses actos de adoração estão relacionados com a proclamação da história do Evangelho.

Mas como deveriam ser ordenados? Como é que os vários actos da adoração se encaixam num todo coerente? Não há ensino bíblico directo sobre esta questão. Podemos apenas deduzir e consultar os modelos da igreja primitiva.

O que descobrimos é que os quatro actos básicos da adoração dominical incluíam o ajuntar do povo, as leituras da Escritura, pregar, partir o pão e derramar vinho, juntamente com orações de acções de graça e o envio do povo. Esses quatro actos são cumpridos através de uma sequência de cânticos, Escrituras e orações que proclamam, representam e celebram o Evangelho. Pode-se estudar a história da adoração desde a igreja primitiva até ao presente e descobrir, sem excepção, que a adoração dominical tem sido sempre caracterizada por esses quatro actos. A intensidade, duração ou frequência dos cultos podem variar. Por exemplo, a igreja primitiva era caracterizada pelos actos subdesenvolvidos de juntar e enviar o povo, a igreja medieval quase perdeu o serviço da Palavra e para a maioria dos protestantes, o serviço da eucaristia tornou-se ocasional em vez de normativo. Apesar dessas variações, esses quatro actos têm permanecido constantes ao longo da história.

Precisamos de questionar se a tradição da igreja é de valor para a adoração hoje. Que significado deveríamos dar a esses quatro actos? A nossa adoração deveria cuidadosamente planear formas de juntar o povo, formas de comunicar as Escrituras, formas de celebrar a morte e ressurreição e formas de enviar o povo? Encontramos nesses quatro actos a sabedoria das eras e uma direcção prática para a ordem da nossa adoração? Esses quatro actos providenciam uma forma útil para estruturar uma adoração que é enraizada nas Escrituras, consciente do desenvolvimento histórico e relevante para as necessidades da cultura contemporânea?

Os líderes de adoração de várias tradições cristãs estão convencidos que a estrutura quádrupla de juntar, ouvir a Palavra de Deus, responder na eucaristia e ser enviado para o mundo é uma estrutura de adoração que é útil para cada comunidade de adoração, desde a litúrgica até à carismática. Já está presente em quase toda a comunidade adoradora, mas simplesmente mantém-se a necessidade de identificação, clarificação e modificação.

ESTILO

O estilo é a atmosfera na qual os quatro actos acontecem. Em algumas igrejas o estilo de adoração pode ser formal e clássico no seu sentido artístico. Noutras igrejas, o estilo de adoração pode ser informal e tecer um gosto artístico contemporâneo que pode incluir *gospel*, *country* ou música popular ou algum idioma cultural relevante. Algumas igrejas criam um estilo de adoração que é forte no teatro, encorajando a participação através da visão, audição, sabor e cheiro. Cada congregação deve criar o seu próprio estilo de adoração, um estilo que não é apenas confortável para os adoradores, mas que também expressa o carácter e personalidade da comunidade adoradora.

CONCLUSÃO

Assim que as igrejas estiverem dispostas a reconhecer as diferentes linguagens de adoração que relacionam a adoração com o conteúdo, estrutura e estilo, uma comunidade adoradora estará numa boa posição para pensar mais claramente acerca da sua própria adoração. Primeiro, uma igreja pode querer abordar a questão de importância primária: será que a nossa adoração proclama, representa e celebra o Evangelho? Segundo, uma congregação pode querer tornar-se mais consciente da sua própria estrutura: será que juntamos o povo, proclamamos a Palavra, celebramos a morte e ressurreição de Cristo e enviamos o povo para que ele experimente a representação do Evangelho através da ordem da adoração? E finalmente, que estilo dá a esta congregação a maior liberdade e experiência de Deus na adoração? Será que o nosso estilo desencadeia ou dificulta o louvor a Deus?

Nos próximos quatro capítulos iremos olhar para estes quatro actos de juntar, ouvir Deus falar, celebrar à mesa e ser enviado. Uma maior preocupação será focar nos estilos tradicional, contemporâneo e convergente desses quatro actos da comunidade de adoração.

CAPÍTULO 14

Juntar o Povo

O primeiro acto de adoração é juntar o povo. Este não é um mero acto humano ao qual falta significado teológico. Em vez disso, é um acto de iniciativa divina através do qual Deus *chama* o povo a reunir-se e no qual a comunidade adoradora é actualizada.

Este acto de reunião está enraizado na noção hebraica da convocação divina. Deus é o "grande recolhedor" (Jeremias 23:3; 29:14) e o povo é a Sua assembleia. Na literatura profética, Deus era visualizado como o pastor que levava o povo reunido para bom pasto (Ezequiel 11:17; 34:13; Miqueias 2:12; 4:6). No período do Novo Testamento, Jesus tornou-se o verdadeiro pastor, chamando todos a um bom pasto. Consequentemente, Jesus tornou-se o novo foco de reunião ao substituir o templo e as práticas cúlticas (Mateus 23:37-39).

Na literatura apostólica e na igreja primitiva, a assembleia foi interpretada como o corpo de Cristo ao reunir-se (1 Coríntios 12), tornando-se actualizado no acto de reunião. Esta compreensão eclesiástica da reunião do povo instigou a igreja primitiva (principalmente nos séculos quarto e quinto) a visionar mais deliberadamente acerca do significado da reunião e a planear a assembleia do povo para ouvir a Palavra e a celebrar a eucaristia mais profundamente. Hoje, os que planeiam a adoração são capazes de beneficiar do pensamento da igreja primitiva enquanto planeiam os actos de adoração.

Eles devem ter em mente que a reunião do povo representa a chamada de Deus e a resposta do povo. Esta estrutura subjacente da proclamação e resposta já começa à medida que o povo se levanta das suas camas, se veste e vai até à assembleia da adoração. Aqui, à medida que entram na assembleia, cantando e respondendo a Deus, a Igreja, que é o corpo de Cristo, surge verdadeiramente.

A reunião não é um fim em si mesma, mas prepara o povo para ouvir a Palavra. A reunião possui uma qualidade narrativa. É uma jornada de fé, um mistério de se reunirem, acompanhado através de actos que reúnem. Assim, actos de ensino e acção de graças, que são essenciais para a adoração, não são feitos na reunião.

Abaixo estão três exemplos de actos de adoração na reunião do povo. Esses exemplos podem ser usados como orientações para os planeadores e líderes de adoração. São apresentados três estilos: tradicional, contemporâneo e convergente.

ACTOS TRADICIONAIS DE REUNIÃO

O reconhecimento que a reunião toma lugar porque Deus chama e envolve a resposta das pessoas é expresso na adoração do *Livro de Oração Comum*. Abaixo estão esses actos de adoração, seguidos de um pequeno comentário.

UMA ORDEM LITÚRGICA DE REUNIÃO

Um hino ou salmo pode ser cantado.

O povo em pé, o celebrante pode dizer:

Bendito seja Deus: Pai, Filho e Espírito Santo.

Povo: E bendito seja o Seu reino, hoje e para sempre. Ámen.

Em lugar do dito acima, desde o dia de Páscoa até ao dia de Pentecostes:

Celebrante: Aleluia. Cristo está vivo.

Povo: A Sua misericórdia dura para sempre.

O celebrante diz: Deus Todo-Poderoso, para Ti todos os corações estão abertos, todos os desejos são conhecidos e de Ti nenhum segredo é escondido: Limpa os pensamentos dos nossos corações pela inspiração do Teu Santo Espírito, para que possamos amar-Te perfeitamente e dignamente magnificar o Teu Santo nome; através de Cristo nosso Senhor. Ámen.

Quando nomeado, o seguinte hino ou outro cântico de louvor é cantado ou dito, e todos estão de pé:

Glória a Deus nas alturas,

  e paz para o Seu povo na terra.

Senhor Deus, rei celestial,

Deus todo-poderoso e Pai,

  adoramos-Te e damos-Te graças,

  louvamos-Te para a Tua glória.

Senhor Jesus Cristo, único Filho do Pai,
Senhor Deus, cordeiro de Deus,
Tu retiraste o pecado do mundo,
   tem misericórdia de nós;
Tu estás assentado à mão direita do Pai,
   recebe a nossa oração.
Pois apenas Tu és Santo,
apenas Tu és Senhor,
apenas Tu és o mais alto,
   Jesus Cristo.
   com o Espírito Santo,
   na glória de Deus o Pai. Ámen.

Noutras ocasiões, é usado o seguinte:

Senhor, tem misericórdia.	*Kyrie eleison.*
Cristo, tem misericórdia.	ou *Christe eleison.*
Senhor, tem misericórdia.	*Kyrie eleison.*

ou:

Santo Deus,
Santo e Maravilhoso,
Santo Imortal,
Tem misericórdia sobre nós.

A Colecta do Dia

O celebrante diz ao povo:

   O Senhor esteja contigo.

Povo: E também contigo.

Celebrante: Oremos.

O celebrante diz a colecta ao povo.

Povo: Ámen.[1]

Nas igrejas tradicionais, o povo entra e prepara-se para a adoração num tempo de silêncio. O silêncio tem a ver com o temor. A nossa experiência de silêncio no início da adoração é semelhante a ficarmos sem palavras quando sentimos a vastidão do oceano à noite ou a maravilhosa expansão do Grand Canyon. O profeta Habacuque, capturou este sentimento numinoso quando declarou: "Mas o Senhor está no seu santo templo; cale-se diante dele toda a terra" (2:20). Sentimentos de transcendência invocam silêncio e colocam a pessoa em contacto com o carácter transcendental da realidade.

Assim, o silêncio envolve meditação, preparação e abertura. Rudolf Otto, na sua obra clássica, *The Idea of the Holy* [A Ideia do Santo], reconhece o valor dado ao silêncio pelos quacres. É, escreveu ele, "não tanto uma mudez na presença da divindade, como é uma espera da Sua volta, em expectativa do Espírito e a Sua mensagem." Neste sentido, o silêncio é uma "observância religiosa solene de um carácter numinoso e sacramental... uma comunhão... um esforço interior não apenas de 'reconhecer a presença de Deus,' mas de alcançar um nível de unidade com Ele."[2] Por isso, recuperar o silêncio na adoração deve ser uma questão da preocupação genuína do pastor e do povo. Pois na adoração, a pessoa está perante Deus — Criador, Redentor e Juiz de todos.

Então, a adoração geralmente continua com um cântico ou hino e uma procissão. Uma procissão é parte da vida. Normalmente simboliza ir ao encontro de alguma coisa. Por exemplo, a adoração no Antigo Testamento era caracterizada pelas elaboradas procissões com canto, instrumentos muito sonoros e dança. Apesar de não haver evidência de procissões na igreja primitiva, sabemos que a igreja depois do quarto século fez muitas procissões. A procissão tornou-se crescentemente elaborada durante o período medieval, mas foi abandonada pelos reformadores por causa dos últimos abusos medievais. Há, claro, dois perigos aqui: Por um lado, podemos enfatizar demasiado a procissão até perder o seu significado; por outro lado, se rejeitarmos totalmente a procissão, iremos falhar em compreender o significado de entrar (ou proceder) na presença do próprio Deus.[3]

De seguida, segue uma saudação ou afirmação de abertura da adoração ou no caso de algumas igrejas, o que é denominado de chamada à adoração. Esses actos de adoração marcam o final da procissão (a igreja chegou ao seu destino) e o início do acto formal do encontro entre Deus e o Seu povo. É apropriado, então, que o povo que chegou para adorar a Deus seja saudado no nome do Deus trino.

A saudação que serve como uma chamada para adorar tem as suas raízes na sinagoga. Abraham Millgram destaca que "o culto diário matinal começava com a chamada do leitor para adorar. 'Louvado seja o Senhor, que deve ser louvado' ao qual a congregação respondia: 'Louvado seja o Senhor que deve ser louvado para sempre.'"[4]

A igreja primitiva usava a saudação "O Senhor esteja contigo" ou "Paz seja contigo." Essas saudações de Rute 2:4 e João 20:19 vieram ao uso cristão desde o início e são encontradas na literatura do segundo século. Elas são usadas não apenas no início da adoração, mas também como saudações antes da oração e antes da eucaristia. O carácter bíblico, antiguidade, universalidade e dignidade desta saudação sugere a sua importância na adoração. Algumas congregações têm substituído a antiga saudação com um mais comum "olá" ou "bom dia." Apesar de esta mudança ser tecnicamente própria, falta-lhe a dignidade que envolve um espírito de adoração.

O valor de uma saudação foi reconhecido pelos reformadores. Por exemplo, Calvino sugeriu que a adoração começasse com as palavras "a nossa ajuda está no nome do Senhor, que fez os céus e a terra. Ámen."[5] O *Westminster Directory*, apesar de ter evitado prescrever orações escritas, reconheceu o significado de uma oração de prefácio nestas palavras: "a congregação estando reunida; o ministro, depois de solenemente os chamar para a adoração do grande nome de Deus, deve começar com oração."[6] Mais tarde, João Wesley preparou uma lista de textos (semelhantes ao anglicano *Livro de Oração Comum*) da qual os ministros deviam escolher afirmações de abertura para a adoração.[7]

Não há, claro, nenhuma saudação absoluta e prescrita que deve ser seguida. Poderá ser uma pequena afirmação das Escrituras ou uma forma mais longa que contenha respostas ou até uma saudação escrita pela congregação e pode mudar de semana para semana.

Os vários actos de saudação são frequentemente seguidos por uma oração ou invocação. No contexto episcopal, a oração reconhece como, na presença de Deus, nada pode ser escondido e, por isso, convida Deus a limpar o coração e a prepará-lo para a verdadeira adoração.

A palavra invocar significa convocar ou fazer um pedido. Na adoração cristã, os membros da congregação estão perante Deus e, através da representação daquele que preside, pedem que Deus Se torne presente com eles. Teologicamente, a invocação clama a promessa de Jesus de que "onde estiverem dois ou três reunidos em meu nome, então estarei com eles" (Mateus 18:20). A invocação é, então, um reconhecimento que os cristãos adoram o Pai através de Jesus Cristo pelo poder do Espírito Santo. Eles não representam a adoração no seu próprio poder. A capacidade de entrar nos céus e juntar-se à multidão celestial em invocação requer atenção profunda e cuidadosa, pois é uma passagem para a presença do próprio Deus.

Uma vez que a congregação está perante Deus (ao invocar a Sua presença), é adequado que se reconheça Deus por quem Ele é. A passagem das

Escrituras que tem dado forma à explosão histórica do louvor pelo carácter de Deus no serviço da Palavra é Lucas 2:14: "Glória a Deus nas alturas, Paz na terra, boa vontade para com os homens".

O hino desenvolvido desta passagem tem tido vários títulos, mas é universalmente conhecido como *Gloria in excelsis Deo*.[8] Foi originado nos primeiros três séculos e era frequentemente usado na adoração até ao século VII, quando se tornou uma porção fixa da adoração da igreja. O hino tem sido encontrado num total de 341 manuscritos medievais. Entre esses manuscritos há 56 melodias diferentes pelas quais ele é cantado. É um hino maravilhoso, não só pelo seu estilo, mas especialmente pela sua teologia, que exalta e magnifica a posição de Jesus na divindade. O verso é reflectivo de um estilo poético helenista na sua repetição das cláusulas. O *Gloria* foi derrubado em algumas igrejas reformadas e substituído (na sua maioria) por um hino. Mas, na renovação da adoração de hoje, dentro das denominações principais, o *Gloria* tem experimentado uma recuperação marcável e é agora encontrado em quase todos os novos hinários.

Quando Isaías estava perante Deus e O viu na majestade de santidade, a sua resposta foi de arrependimento — um reconhecimento da sua condição pecadora perante Deus. "Ai de mim!", clamou ele, "Pois estou perdido; porque sou um homem de lábios impuros, e habito no meio de um povo de impuros lábios; os meus olhos viram o Rei, o Senhor dos Exércitos" (Isaías 6:5). Este tema de arrependimento também foi anunciado pelo cobrador de impostos que bateu no seu peito e disse: "O publicano, porém, estando em pé, de longe, nem ainda queria levantar os olhos ao céu, mas batia no peito, dizendo: Ó Deus, tem misericórdia de mim, pecador" (Lucas 18:13).

Nas liturgias do quarto e quinto século, é encontrada uma resposta chamada *Kyrie eleison* (Senhor, tem misericórdia). Pelo oitavo século, o refrão *Christe eleison* (Cristo, tem misericórdia) foi adicionado e o refrão foi colocado adiante numa sequência tripla começando com o *Kyrie eleison* cantado três vezes, seguido do *Christe eleison* cantado três vezes e concluído com o *Kyrie eleison* três vezes novamente. Esta repetição, que reconhece a condição pecaminosa do adorador, também atesta o mistério da Trindade. Tem uma qualidade bela, especialmente quando cantada em grego, o idioma da adoração cristã primitiva.[9]

O *Kyrie eleison* foi substituído pelos reformados em favor de um hino ou um salmo que daria o mesmo sentido de arrependimento. Apesar de o uso do *Kyrie* ser uma questão de gosto, parece que o reconhecimento da nossa condição pecaminosa na presença de Deus é uma questão de teologia. Como isso é expresso pode variar entre os grupos cristãos, apesar de o *Kyrie* ter a antiguidade do seu lado, bem como as raízes e adequação bíblicas. Como o *Gloria*, o *Kyrie* tem experimentado uma recuperação marcável na adoração do século XXI, particularmente na adoração das igrejas principais.

O reunir do povo acaba com uma colecta, uma oração do dia, que colecciona as orações do povo e as oferece a Deus. As colectas tradicionais também servem como meios para direccionar a congregação para o tema do dia, que será expresso nas leituras das Escrituras e no sermão.

ORDEM CONTEMPORÂNEA DA REUNIÃO

Em anos recentes, muitas igrejas contemporâneas, a maioria das quais têm nascido do surgimento da tradição de louvor e adoração ou sido influenciadas pela tradição carismática, têm introduzido uma abordagem completamente nova para a reunião do povo para adoração. A força deste novo movimento está na sua ênfase no cantar durante os primeiros vinte a trinta minutos de adoração. A fraqueza deste movimento é que define o tempo de adoração em termos da sua música e canto e falha em reconhecer adequadamente a Palavra, a eucaristia e o envio como actos de adoração. Por exemplo, enquanto os primeiros trinta minutos são referidos como tempo de adoração e o serviço da Palavra é chamado de tempo de ensino, há uma grande questão de incerteza em relação ao lugar da eucaristia. O envio é reduzido a uma oração de encerramento. No entanto, à medida que é espalhado mais conhecimento acerca da adoração, cada vez mais as igrejas de louvor e adoração estão a começar a tomar maior atenção à totalidade da adoração.

Essas igrejas são caracterizadas não apenas pela música contemporânea, mas pelos instrumentos contemporâneos como um "conjunto completo de bateria, sintetizadores, pianos eléctricos, guitarra eléctrica, baixo, uma série de microfones para vozes e alguns outros instrumentos de percussão."[10]

Frequentemente, o líder de adoração veste-se com uma camisola casual e jeans e lidera a adoração com uma guitarra. Os cânticos que são cantados pela congregação são projectados na parede ou num ecrã. A música é quase sempre contemporânea e os cânticos são coros que têm ganho uma vasta aceitação ou que foram escritos pelos membros da igreja local. O cantar, entrelaçado com comentários bíblicos e orações, levam normalmente a congregação através de uma jornada a diferentes fases da adoração.

As duas abordagens maioritariamente usadas na adoração dentro dos movimentos contemporâneos são o "padrão de adoração de cinco fases" e o "padrão de adoração de quatro fases". Os cânticos do padrão de cinco fases desenvolvidos pela Igreja Vineyard leva a congregação através do seguinte padrão:

Fase de Convite: Cânticos que servem como uma chamada de adoração. Esses cânticos são usualmente exuberantes e são acompanhados por palmas, dança espontânea ou coreografados e uma procissão.

Fase de Compromisso: O povo, tendo-se reunido, canta agora cânticos a Deus, que expressam o propósito de ter chegado perante Deus, como "*Come Let Us Worship, and Bow Down*" [Vamos Adorar e Ajoelhar].

Fase de Exaltação: Agora o povo está preparado para cantar cânticos que exaltam e magnificam o Senhor. Normalmente esses cânticos, tais como "*I Exalt Thee*" ["Eu Te Exalto"], são vigorosos e direccionados a Deus.

Fase de Adoração: Os cânticos de adoração agora tornam-se mais calmos e o ritmo é mais lento à medida que o povo canta cânticos como "Father, I Adore You" ["Pai, eu Te Adoro"].

Fase de Intimidade: Esta fase da adoração é a mais calma e os cânticos são mais directos e relacionais, tais como "I Love You Lord ["Eu t'amo, Senhor"]. Nesta fase, a maioria das pessoas irá cantar com as mãos levantadas. Alguns irão ajoelhar-se ou prostrar-se no chão.

Encerramento: Um cântico tradicional que termina o ambiente íntimo, quieto da adoração, transitando a congregação para o tempo de ensino.[11]

O padrão de quatro fases da adoração não é significativamente diferente do de cinco fases. É um modelo desenvolvido primariamente do padrão do tabernáculo do Antigo Testamento, um padrão que visualiza o adorador a mover-se dos pátios para o Santo dos Santos. Aqui está um quadro que mostra o fluir do padrão de adoração de quatro fases:

Fora do pátio: A imagem é dos adoradores fora do pátio a prepararem-se para entrar pelas portas. Os cânticos de adoração representam a preparação do povo e são frequentemente alegres e podem ser acompanhadas por dança. Um cântico favorito é "Entrarei na Presença do Senhor com gratidão".

Átrio exterior: O conteúdo dos cânticos muda para a experiência de adoração. Esses cânticos expressam como a congregação deve responder: "*Come, Let Us Worship and Bow Down*" [Vamos Adorar e Ajoelhar].

Átrio interior: Os cânticos agora enfatizam a adoração a Deus. Esses cânticos declaram o valor de Deus e magnificam o carácter e pessoa de Deus: "*I Exalt Thee*" ["Eu Te Exalto"].

Santo dos Santos: Aqui a adoração alcança um tempo intenso e íntimo de relacionamento. Cânticos dirigidos ao Senhor, tais como "I Love You Lord ["Eu t'amo, Senhor"]. são cantados silenciosamente.

As congregações que desejem adoptar seja o padrão de cinco ou o de quatro fases para reunir o povo para a adoração, devem reconhecer a dificuldade de liderar a adoração contemporânea. Não se pode simplesmente pegar numa guitarra, montar os instrumentos contemporâneos, escolher os cânticos certos e esperar que corra bem. Liderar a adoração requer certas capacidades, uma boa compreensão de como alcançar as transições de uma fase para a outra, uma capacidade para fazer os comentários correctos para ligar os cânticos, uma forte ligação com a congregação e um coração sintonizado com o Espírito.

A CONVERGÊNCIA DA REUNIÃO TRADICIONAL E DA CONTEMPORÂNEA

Para alguns, a reunião litúrgica é demasiado estruturada e formal; para outros, a reunião contemporânea está demasiado dependente da música, particularmente dos coros contemporâneos. Muitas congregações estão a desenvolver actos de reunir o povo que provêm tanto das fontes tradicionais litúrgicas como dos novos coros contemporâneos. Apesar desta nova convergência entre os estilos de adoração tradicional e contemporânea estar ainda no seu início, parecem estar a emergir várias configurações.

Primeiro, há aquelas igrejas que cantam cânticos de reunião entre dez a vinte minutos antes de se anunciar o início do culto. Esses cânticos seguem a narrativa seja do padrão de cinco fases seja o de quatro ou alguma variação. Então, no tempo anunciado, a adoração começa com um hino de entrada e procissão seguidos pelos elementos de uma abordagem mais tradicional relativa à adoração.

De seguida, algumas igrejas seguem o padrão tradicional de reunião, mas em vez do *Glória*, eles usam actos de louvor trazidos dos coros contemporâneos e cânticos dirigidos para exaltar o carácter de Deus.

Uma terceira configuração traz juntamente os actos de reunião e o serviço da Palavra. Os actos de reunião são diminuídos para um hino de abertura e procissão, uma saudação, e uma oração de abertura, seguida pelas leituras das Escrituras. Então, depois das leituras e antes do sermão, o povo envolve-se num largo tempo de cântico, adorando a Deus através de palavras e músicas de cânticos contemporâneos.

Apesar dessas serem três simples configurações que têm ganho alguma aceitação entre as igrejas, cada congregação deve desenvolver totalmente em oração e pensamento, a sua própria abordagem para os actos que reúnem o povo de adoração. Apesar de a relevância ser uma característica importante da adoração, os seus líderes devem ser muito cuidadosos a manter a dignidade e reverência enquanto chegam à presença d'Aquele que é santo.

CONCLUSÃO

Pelo facto de estarmos a viver um tempo de transição na adoração, é importante tomar uma atenção cuidadosa aos actos de adoração que reúnem o povo.

Houve um tempo em que o padrão de reunião era previsível, mas isso já não é verdade. Consequentemente, à medida que a congregação começa a desenvolver novos padrões, deve ter em mente que a natureza essencial da reunião do povo é uma chamada divina e uma resposta humana.

Então, como é que os actos de reunião do povo e a sua preparação para ouvir a Palavra de Deus, devem ser ordenados? Relembrando que esses actos são caracterizados por uma qualidade narrativa e um movimento do povo para com Deus que está presente, cada congregação deve estudar os modelos tradicionais, contemporâneos e convergentes. Depois de escolher um desses modelos, uma congregação pode experimentá-lo, levar o povo a fazer uma peregrinação intencional para com a manifesta presença de Deus, preparando os seus corações para O ouvir falar.

CAPÍTULO 15

Escutar e Responder à Palavra

Desde a primeira vez que a adoração pública é descrita nas Escrituras e ao longo da história da igreja, a proclamação da Palavra de Deus tem sido um acto central de adoração.

No entanto, a natureza do serviço da Palavra tem-se sempre diferenciado do da reunião. O acto de reunião é, como vimos no capítulo anterior, caracterizado por uma qualidade narrativa. O povo viajava para o lugar onde iria ficar por algum tempo a ouvir e a responder à Palavra de Deus.

Quando a congregação chegava ao lugar da Palavra, os actos de adoração mudavam para um novo tom. As palavras que capturam o tom do serviço da Palavra são "instrução", "ensino", "formação" e palavras como "ouvir", "escutar" e "responder." Essas palavras capturam a natureza do que Deus faz no serviço da Palavra. A acção de Deus no serviço da Palavra difere surpreendentemente da Sua acção na reunião. A reunião é cheia de movimento alegre; o serviço da Palavra requer quietude e um escutar meditativo.

Neste capítulo, iremos olhar para o estado do serviço da Palavra na adoração tradicional e depois iremos providenciar algumas sugestões para a incorporação de aspectos contemporâneos da adoração.

A PROCLAMAÇÃO DA PALAVRA DE DEUS

A leitura pública das Escrituras vem desde o Monte Sinai. Foi a ênfase de Esdras, o escriba, que tornou as Escrituras centrais para a adoração judaica, especialmente na sinagoga. Esdras era um judeu babilónico que levou a segunda onda de imigrantes para a Palestina. Ao descobrir a fraca condição espiritual do povo de Jerusalém, tirou as suas vestimentas, jejuou e orou por renovação. Esdras instituiu reformas extensivas, incluindo a renovação da adoração.

> E Esdras abriu o livro perante à vista de todo o povo; porque estava acima de todo o povo; e, abrindo-o ele, todo o povo se pôs em pé.
>
> E Esdras louvou ao Senhor, o grande Deus; e todo o povo respondeu: Amém, Amém! levantando as suas mãos; e inclinaram suas cabeças, e adoraram ao Senhor, com os rostos em terra.
>
> E Jesuá, Bani, Serebias, Jamim, Acube, Sabetai, Hodias, Maaséias, Quelita, Azarias, Jozabade, Haná, Pelaías, e os levitas ensinavam o povo na lei; e o povo estava no seu lugar.
>
> E leram no livro, na lei de Deus; e declarando, e explicando o sentido, faziam que, lendo, se entendesse.
>
> *Neemias 8:5-8*

É interessante notar tudo o que está a acontecer neste incidente: o leitor está em pé num lugar onde pode ser visto; o povo está em pé enquanto o livro era aberto, a levantar as suas mãos, dizendo "Ámen" e prostrando-se no chão; os levitas lêem, clarificando e explicando o significado; o povo compreendia. Não era uma murmuração passiva das Escrituras nem um mero preliminar do sermão! Esta forte ênfase nas Escrituras era levada directamente do templo para a sinagoga e para a adoração cristã.

Há pouca evidência directa antes de Justino Mártir (150 d.C.) relativamente aos métodos de leitura das Escrituras na adoração cristã. No entanto, a alusão à leitura e o uso das Escrituras na literatura do Novo Testamento (ver Actos 2:42; 13:5; Colossenses 4:16; 2 Timóteo 3:16) e nos pais primitivos (1 Clemente 13:1; 14:2; Epístola de Barnabás 21:1,6) deixa poucas dúvidas de que a descrição da adoração cristã em Justino Mártir se refere a uma tradição bem estabelecida.

> No dia chamado domingo, há um encontro num lugar daqueles que vivem em cidade ou no país, e as memórias dos Apóstolos ou os escritos dos profetas são lidos, à medida que o tempo o permite; depois, quando o leitor acabou, o presidente urge e convida-nos, num discurso, a imitar essas coisas nobres.[1]

No terceiro século, a liturgia da Palavra incluía leituras da Lei, Profetas, Epístolas, Actos e Evangelhos, com Salmos cantados por cantores entre as lições. A leitura era caracterizada por um envolvimento activo da parte do povo. Era dada uma atenção especial à leitura do Evangelho como indicado nos cânones de Addai: "na conclusão de todas as escrituras, permitam que o Evangelho seja lido, como o selo de todas as escrituras; e *deixem que o povo oiça, estando de pé*, porque são as boas novas de salvação para todos os homens"[2] (ênfases adicionadas).

ESCUTAR E RESPONDER À PALAVRA   161

O povo respondia ao cantar os salmos entre as leituras das Escrituras. Há evidência abundante do uso dos salmos nos relatos do terceiro século.[3] Eusébio (260-340), bispo de Cesareia e autor do clássico *Ecclesiastical History* [História Eclesiástica], escreveu: "o mandamento para cantar salmos no nome do Senhor era obedecido por todos em todo o lado: pois o mandamento para cantar está em força em todas as igrejas que existem entre as nações."[4] Atanásio referiu-se aos Salmos como "o livro que inclui toda a vida do homem, todas as condições da mente e todos os movimentos do pensamento."[5] Os reformadores, especialmente João Calvino, defenderam o uso crescente dos salmos na adoração.

O sermão é o ponto final e climático no qual Deus fala ao povo. O real significado da pregação é definido pelo apóstolo Paulo no primeiro capítulo de 1 Coríntios. Ele veio para pregar o Evangelho (1:17), que identifica como a mensagem da cruz (1:18) ou do Cristo crucificado (1:23). Ele assegura os seus leitores que esta mensagem não é dele (1:17). Em vez disso, veio com uma demonstração do poder do Espírito para que a fé descanse no poder de Deus (2:4-5). A teologia da pregação de Paulo vê o *kerygma* como básico para a pregação. Neste sentido, a pregação no contexto da adoração re-apresenta o evento de Cristo, o evento que dá forma e sentido não apenas à adoração, mas também às vidas dos adoradores.

Mas Paulo também fala sobre ensinar na pregação, especialmente nas epístolas pastorais. Este ensino é referido como "sã doutrina" (1 Timóteo 1:10) e "boa doutrina" (1 Timóteo 4:6). Nisto, pode ser visto que o ensino pertence ao *kerygma* e que não deve ser separado dele. A pregação do Evangelho contém sempre ensino e o ensino contém sempre a pregação do Evangelho. Ambos pertencem à mesma Palavra de Deus. Uma é a pregação inicial do Evangelho, enquanto a outra é o ensino mais avançado que se conforma à proclamação do Evangelho.

Ao longo da história, a pregação tem frequentemente sido acomodada pelos padrões prevalecentes da retórica cultural. Em algumas igrejas, muita da simplicidade da pregação inicial tem sido substituída por longas, tediosas e por vezes complicadas, explicações do texto. Outras congregações, particularmente aquelas fortemente influenciadas pelo movimento do avivamento, têm ido para o outro lado com uma representação simples do Evangelho, semana após semana. Esses dois extremos ilustram a tensão entre o *kerygma* e o ensino. Tendo falsamente separado as duas, falhamos em pregar de forma a que ambas estejam presentes em toda a proclamação.[6]

UM SERVIÇO TRADICIONAL DA PALAVRA

Leitura do Antigo Testamento

Salmo responsorial (normalmente cantado)

Leitura da Epístola

Salmo, hino

Leitura do Evangelho

Sermão

Credo Niceno

Orações do povo

Passar a paz

A estrutura básica do serviço da Palavra, como a da reunião, é que Deus inicia e o povo responde. Enquanto que na reunião era Deus a chamar o povo para adoração e ele se reunia obedientemente à luz da Sua chamada, no serviço da Palavra é Deus a proclamar e o povo a responder em fé. Por exemplo, a leitura e a pregação da Palavra é a proclamação, enquanto os salmos, hinos, recitação do credo niceno, orações do povo e a passagem da paz são respostas.

A RESPOSTA DO POVO À PALAVRA DO SENHOR

A resposta do povo à Palavra de Deus é claramente vista nas respostas à Palavra, no credo, nas orações do povo e na passagem da paz.

Primeiro, relativamente à resposta das leituras bíblicas, a igreja tem sempre mostrado respeito às Escrituras com o uso de um prefácio e uma resposta à leitura das mesmas. Esta prática, atestada nas liturgias do quarto século, pretende chamar a atenção à importância da leitura e envolver o ouvinte numa escuta atenta. Não há uma forma fixa absoluta para o prefácio e resposta. Aqui está um exemplo:

Leitor: Uma leitura do livro do profeta Isaías.

Depois da leitura:

Leitor: A Palavra do Senhor.

Povo: Graças sejam dadas a Deus.

Pelo facto do Evangelho ter o privilégio especial de comunicar o legado de Jesus, desenvolveu-se uma fórmula diferente para introduzir o Evangelho. Tornou-se normal beijar o Evangelho e ter uma procissão a acompanhar o leitor ao lugar onde seria lido. Esta procissão geralmente incluía luzes (velas) mantidas pelos acólitos e o incenso era levado por um turibulário. Na aclamação introdutória, o leitor expressava honra especial ao próprio Cristo.

Leitor: O Evangelho do nosso Senhor Jesus Cristo como relatado em...

Povo: Glória a Ti, oh Senhor. (leitura)

Leitor: (levantando o livro do Evangelho acima da sua cabeça, ele pode dizer:) O Evangelho do nosso Senhor.

Povo: Louvor a Ti, oh Cristo.

Não é romano ou pagão expressar amor pelas Escrituras e dar-lhes um lugar de honra na adoração através do uso de sinais físicos. Esses sinais são formas de expressar uma convicção interior de acordo com o valor e significado da Palavra de Deus.

Tradicionalmente, o sermão tem sido seguido pelo credo niceno, o credo melhor conhecido da era patriarcal, no qual a divindade de Cristo e a doutrina da Trindade são afirmadas e proclamadas. Foi introduzido na adoração por Pedro de Antioquia em 473 como uma forma de enfatizar a verdadeira fé. O credo niceno ganhou aceitação universal na igreja ocidental como um recitar dos actos salvíficos de Deus. À medida que o povo diz o credo, afirma a sua fé nas acções de Deus através das quais Deus, para usar uma frase do credo, agiu "por nós e pela nossa salvação."

As orações do povo vêm depois. O verdadeiro significado da oração é encontrado na relação expressa entre os seres humanos e Deus. Na adoração, é assumida uma postura de dependência. Por isso, nas Escrituras, e na história do pensamento cristão, a igreja tem reconhecido cinco tipos de oração: adoração, confissão, petição, louvor e acções de graça. Na *adoração*, adoramos Deus por quem Ele é; na *confissão*, reconhecemos que o perdão vem de Deus; na *petição*, suplicamos ou intercedemos por outros; no *louvor*, damos expressão exterior da adoração através de palavras, música e cerimónia; e nas *acções de graça*, damos uma oferta de graças pela bondade de Deus.[7]

Na adoração, todas estas orações são oferecidas a Deus. A adoração é especificamente oferecida quando Deus é reconhecido por quem Ele é (por exemplo, o *Gloria in excelsis Deo*). A confissão é expressada quando nos reconhecemos por quem somos (por exemplo, o *Kyrie*). O louvor é declarado frequentemente ao longo do culto na oferta de música, o cantar dos salmos, a resposta de Aleluia e outras coisas semelhantes. As acções de graça são especialmente alcançadas na eucaristia, que na igreja primitiva veio a ser conhecida como a Grande Acção de Graças. Isto deixa apenas um aspecto da oração ainda por ser tratado — a petição.

A petição não deveria ser exclusivamente tratada como a oração de um pastor. Também é a oração da igreja. A igreja primitiva era extremamente consciente da responsabilidade de toda a igreja fazer orações de petição.[8] Além disso, a oração de petição foi referida como o direito exclusivo dos crentes. Os não crentes, ou não baptizados, eram "dispensados" antes da oração de petição começar.

O método de oração na igreja primitiva devia também ser uma questão de interesse. A oração de petição era designada para ser um acto corporativo envolvendo toda a igreja. Todas as pessoas—os oficiantes, os diáconos e os leigos—tinham a sua parte. Além disso, as orações (como na sinagoga) não eram expressas ao acaso. Os líderes anunciavam alguns assuntos de oração, o povo orava e depois voltava-se para assuntos adicionais de oração.

Gregory Dix, um dos principais liturgistas do século XX, define um exemplo dessas orações na sua obra clássica, *The Shape of the Liturgy* [A Forma da Liturgia].

> Primeiro, o assunto era anunciado, seja pelo oficiante (no ocidente) ou pelo diácono chefe (no oriente) e era pedido que a congregação orasse. Todos oravam silenciosamente de joelhos durante algum tempo; então, ao sinal dado, levantavam-se e o oficiante resumia as petições de todos numa colecta breve. Ajoelhavam-se para orar como indivíduos, mas a oração corporativa da igreja é um acto sacerdotal a ser feito em postura sacerdotal, de pé. Acima de tudo, não só o celebrante se levantava para a colecta de conclusão.

O seguinte é um esquema das antigas intercessões romanas ainda em uso na sexta-feira santa.

Oficiante: Oremos, meus amados, pela santa igreja de Deus, que o nosso Senhor e Deus se agrade em mantê-la em paz, unidade e segurança em todo o mundo, principados e poderes a ela sujeitos, que nos garanta viver os dias de uma vida pacífica e calma a glorificar Deus, o Pai Todo-Poderoso.

Diácono: Ajoelhemo-nos (todos se ajoelham e oram em silêncio, durante algum tempo).

Sub-diácono: Levantemo-nos.

Oficiante: Eterno Todo-Poderoso Deus. Que tens revelado a Tua glória a todas as nações em Cristo, preserva a obra da Tua misericórdia; para que a Tua igreja, que tem sido espalhada ao longo de todo o mundo, continue com uma fé firme na confissão do Teu Santo Nome: através…

> seguem-se orações pelo bispo, pelo clero e todo o povo santo de Deus; pelo governo e pelo estado; pelas catacumbas; pelas necessidades do mundo e todos em tribulação (uma colecta particularmente boa, que tem inspirado uma das orações anglicanas oficiais para uso na presente guerra [Segunda Guerra Mundial]); pelos hereges e cismáticos; pelos judeus e pelos pagãos. Essas orações provavelmente datam os séculos IV e V na sua forma presente, mas podem bem ser apenas revisões de formas do início do terceiro século.

ESCUTAR E RESPONDER À PALAVRA

Ou podemos tomar um esquema oriental da liturgia alexandrina, provavelmente da mesma data que essas orações romanas.

O diácono proclama primeiro: Levantem-se para orar. (Todos têm estado "em pé a leste" ou sentados no chão para o sermão.)

Então ele começa: Orem pelos vivos; pelos doentes; por todos os que estão longe de casa.

Ajoelhemo-nos. (Todos oram em silêncio.) Levantemo-nos. Ajoelhemo-nos.

Povo: Senhor, tem misericórdia.9

Esta "oração do povo" deriva da profunda compreensão de que a igreja primitiva tinha um sentido orgânico do corpo de Jesus Cristo. Infelizmente, esta abordagem à oração começou a desvanecer no quinto século e tornou-se não existente no período medieval. A oração começou a tornar-se crescentemente clericalizada, não tendo o povo mais participação do que um "ámen" aqui e ali. Nem os reformadores ou puritanos recapturaram este sentido de uma "oração do povo". Em vez disso, mantiveram as orações da igreja no controlo do ministro pelos meios da oração pastoral. Isto tem começado a mudar como resultado de estudos acerca da liturgia e o sentido renovado da adoração como obra de toda a congregação.

Finalmente, o beijo da paz é um gesto que comunica paz com Deus e uns com os outros.[10] No Novo Testamento, há várias referências ao beijo de saudação. Paulo instrui os cristãos romanos a "saudarem-se com ósculo santo" (Romanos 16:16). Pedro parece ligar o beijo com a paz de Deus: "Saudai-vos uns aos outros com ósculo de amor. Paz seja com todos vós que estais em Cristo Jesus" (1 Pedro 5:14).

Como é que esta instrução é cumprida? O método depende, de alguma forma, do costume local. O oficiante poderá dizer: "a paz esteja contigo," e a isto todos responderiam: "e também contigo". Então, viravam-se para as pessoas que estavam ao seu lado, tomavam a sua mão ou abraçavam-nas, dizendo: "a paz do Senhor esteja contigo." Se a igreja é pequena, todos na congregação podem "passar a paz" para todos. Numa igreja grande, o pastor pode descer da plataforma, passando a paz à pessoa no fim da fila que, por sua vez, passa a paz à próxima pessoa.

O uso do beijo na adoração aparece no escrito de Justino Mártir e em outros escritos posteriores. No entanto, caiu em desuso depois do período antigo e não foi revivido até recentemente. Apesar da posição do beijo da paz aparecer em vários lugares na liturgia, os relatos iniciais colocam-no no final da liturgia da Palavra, antes do começo da eucaristia. Então, Justino escreveu na sua *First Apology* [Primeira Apologia]: "ao acabar as orações, saudamo-nos com um beijo. Então, o pão e o copo de água, misturado com vinho são trazidos ao presidente dos irmãos."[11] Em qualquer um dos casos, era visto como servir uma função transitória entre a Palavra e a eucaristia.

INCORPORAR OS ASPECTOS CONTEMPORÂNEOS DA ADORAÇÃO NO SERVIÇO DA PALAVRA

Não é possível esboçar uma ordem contemporânea do serviço da Palavra. A maioria das igrejas contemporâneas lêem uma Escritura e pregam, o que constitui todo o serviço da Palavra. Esta ordem truncada reflecte a actual má compreensão dos actos de adoração que reúnem o povo. Por exemplo, em muitas igrejas contemporâneas, os actos de reunião são considerados como a adoração do povo, enquanto a leitura e pregação da Palavra são considerados como ensino. Desta forma, é feita uma divisão entre a adoração e o ensino assim que o serviço da Palavra não é visto como adoração. De uma perspectiva bíblica e histórica, a leitura das Escrituras e a pregação têm sempre sido consideradas como actos de adoração. Consequentemente, há uma necessidade de restaurar o serviço da Palavra e de reconhecer que este é também um acto de adoração, mas um que é diferente dos actos de reunião do povo. Uma vez reconhecido que o serviço da Palavra é adoração, precisamos de questionar: que tipo de actos de adoração deveríamos fazer no serviço da Palavra?

A característica central do serviço da Palavra é a Escritura. Muitas igrejas que proclamam a sua lealdade às Escrituras não têm mais do que uma leitura bíblica e algumas igrejas em verdade juntam-se para adoração em ocasiões em que nenhuma Escritura é lida. Pelo menos duas passagens bíblicas devem ser lidas e uma delas deve ser a lição do Evangelho. Muitas igrejas estão a fazer da clara comunicação das Escrituras uma prioridade. Por exemplo, algumas igrejas têm estabelecido um núcleo de leitores que oferecem os seus talentos de comunicação a Deus através da leitura clara das Escrituras e através do uso ocasional da apresentação de drama ou contar histórias. Quando os últimos dois são empregues, deve-se ter cuidado para que o contar da história e o drama não se tornem dominadores ou perturbadores no fluir da adoração. O drama e o contar de histórias nunca devem ser uma questão de entretenimento, mas um acto de comunicação para expressar a mensagem de Deus mais efectivamente. Mais e mais igrejas contemporâneas estão a usar a orientação da leitura das Escrituras oferecidas pelo Novo Leccionário Comum, que organiza as leituras do Antigo Testamento, Salmos, Epístolas e os Evangelhos numa forma temática através das estações do ano cristão.[12]

De seguida, o cantar dos salmos é mais apropriado no serviço da Palavra porque eles se relacionam com o tom da atmosfera mais instrutiva. Os cristãos contemporâneos podem querer fazer o que era feito na igreja primitiva e cantar os salmos entre as leituras das Escrituras. Hoje, há numerosas novas configurações dos salmos, variando no estilo da abordagem mais formal de música para a música informal dos herdeiros do movimento Jesus, que adaptaram muitos versículos e frases dos salmos para música popular.

De seguida, os adoradores, dentro do estilo contemporâneo, podem querer desenvolver uma resposta ao sermão tal como um credo niceno cantado ou um hino que expresse o conteúdo da fé. Ou, como os independentes dos séculos XVII e XVIII, os contemporâneos poderão querer ocasionalmente seguir o sermão com debate e *feedbacks*. Até em ambientes formais de adoração, as pessoas podem voltar-se uns para os outros e discutir o sermão ou em pequenos ambientes ficar de pé e dar uma palavra de resposta ou exortação.

Ao mesmo tempo, as orações de intercessão não têm de ser feitas através da oração pastoral, que é uma abordagem à oração desenvolvida em tempos modernos. As orações podem ser oferecidas em círculos íntimos, em litanias lideradas por um leigo com respostas escritas pelo povo, ou em orações de petição nas quais o seu líder pede ao povo para orar por esta ou aquela preocupação e o povo responde em voz alta em oração improvisada.

Finalmente, a passagem da paz. Muitas igrejas têm adoptado o que chamam de ritual da amizade, um ritual de saudar e dar as boas vindas a todos. As igrejas devem considerar substituir o ritual da amizade ou adicionar-lhe o ritual de passar a paz, que está enraizado na adoração bíblica e que tem significado espiritual mais profundo do que a saudação secular introduzida por muitas igrejas.

CONCLUSÃO

Neste capítulo, foi explorado o profundo significado do serviço da Palavra. Pelo facto da adoração não poder acontecer separadamente da Palavra e por causa de algumas comunidades de adoração negligenciarem a leitura da Palavra, as comunidades adoradoras devem dar maior atenção ao serviço da mesma.

CAPÍTULO 16

Lembrar e Dar Graças

Nos últimos dois capítulos temos discutido a estrutura básica tanto do serviço da reunião como do serviço da Palavra como proclamação e resposta. Deus chama o povo para reunir e ele reúne-se; Deus fala ao povo através da Palavra e o povo ouve e responde.

Esta acção mútua, entre Deus e o adorador, é a estrutura básica do serviço da eucaristia. Vir à mesa é uma resposta de acção de graças. O povo, respondendo à Palavra, "dá graças" ou para usar a palavra grega "faz eucaristia."

Mas como é que a igreja dá graças? O propósito deste capítulo é olhar para a ordem da adoração na eucaristia na igreja primitiva. Esta ordem tem moldado a renovação da eucaristia nas igrejas litúrgicas contemporâneas. E tem o poder de informar e dar significado à celebração da mesa do Senhor na tradição contemporânea da igreja livre.

A ORDEM DA EUCARÍSTICA NA IGREJA ANTIGA

A ordem de dar graças na eucaristia começa no Novo Testamento. Os relatos do Novo Testamento sugerem um "esquema de sete acções." Jesus (1) tomou o pão, (2) deu graças (eucaristia) por ele, (3) partiu-o e (4) distribuiu-o com certas palavras. Depois, (5) tomou o copo, (6) deu graças (eucaristia) por ele, (7) e, dizendo certas palavras, deu-o aos seus discípulos.

Nas existentes liturgias primitivas da igreja, esta acção de sete partes tem sido comprimida para uma acção quádrupla. Ao juntar o "tomar," o "dar graças" e o "dar aos seus discípulos," o resultado é uma acção quádrupla de (1) tomar, (2) abençoar, (3) partir e (4) dar graças.[1] Esta é a ordem seguida na experiência da mesa pelos primeiros discípulos com Jesus depois da ressurreição. Aqui, "tomando o pão, o abençoou e partiu-o, e lho deu" (Lucas 24:30). Por causa desta acção, "Abriram-se-lhes então os olhos, e o conheceram, e ele desapareceu-lhes" (Lucas 24:31). Depois, eles apressaram-se a ir a Jerusalém para contar aos outros discípulos que Jesus tinha ressurgidos dentre os mortos e "como deles fora conhecido no partir do pão" (Lucas 24:35).

Esta experiência da "estrada para Emaús" tem moldado a mais antiga ordem eucarística da igreja de Jerusalém (Actos 2:46) e relata a associação da presença especial de Cristo na comunidade adoradora através do partir do pão.

Esta sequência quádrupla providencia a estrutura na qual as orações e acções essenciais da adoração eucarística tomam lugar na igreja primitiva. Uma análise das liturgias eucarísticas da igreja primitiva evidencia uma estrutura básica comum de dez partes. Elas são: (1) diálogo introdutório e oração de acção de graças que inclui (2) o prefácio, (3) o *Sanctus* e as (4) orações de acção de graças pós-*Sanctus*. Isto é seguido por (5) uma invocação preliminar, (6) a narrativa de instituição, (7) o *anamnesis* (recordação), (8) o *epiclesis* (uma invocação do Espírito Santo), (9) as intercessões e (10) a doxologia de encerramento. Deve ser notado que nem todas as dez partes são encontradas em todas as liturgias. A *epiclesis* preliminar e as intercessões são frequentemente omitidas, excepto no oriente. Também há alguma variedade na sequência dessas dez partes.[2]

A estrutura comum de todas as liturgias eucarísticas é encontrada na *The Apostolic Tradition* [A Tradição Apostólica] de Hippolytus. Na próxima análise da ordem da adoração eucarística, o texto será dado na sua totalidade por causa da importância das orações, em termos da sua antiguidade e com referência à influência que este texto teve em dar forma à antiga estrutura da adoração cristã.

Voltamo-nos agora para uma análise da ordem da liturgia eucarística. Apesar da nossa maior preocupação ser com a liturgia primitiva, deve ser notado que a ordem da adoração e o conteúdo das orações e acções nas liturgias reformadas não são significativamente diferentes. Infelizmente, o espaço não permite uma inclusão extensa das liturgias reformadas. No entanto, semelhanças, diferenças e problemas serão suficientemente notados para que o leitor interessado possa fazer comparações.[3]

ELE TOMOU

A primeira parte da adoração eucarística é primariamente uma acção sem palavras. Seguindo o ósculo da paz, o celebrante toma o pão e o vinho que são oferecidos. É uma acção importante porque significa o envolvimento de toda a comunidade adoradora.

Os relatos mais antigos indicam que cada pessoa ou família trazia o pão e o vinho, assim como outros bens (comida para ser distribuída aos necessitados) e os colocava na mesa. Gradualmente, por causa do crescente tamanho da congregação adoradora, um representante trazia o pão e o vinho para toda a congregação.

O significado deste símbolo é que o povo se apresentava através da oferta do pão e do vinho. Assim, toda a comunidade adoradora é envolvida na acção de "trazer", "apresentar" e "oferecer." O cânon do sínodo de Ancyra em

314, reconheceu esta simbólica acção e prescreveu que o comunicante "traz", o diácono "apresenta" e o bispo "oferece." O significado real desta acção é capturado por Gregory Dix nestas palavras:

> Cada comunicante, desde o bispo até ao novo convertido, dá-*se* sob as formas do pão e do vinho a Deus, à medida que Deus Se dá a eles sob as mesmas formas. Nas oblações unidas de todos os membros do corpo de Cristo, a igreja dá-se a si mesma para se tornar o Corpo de Cristo, o sacramento, de forma a que, recebendo novamente o símbolo dela mesma, agora transformada e consagrada, possa ser verdadeiramente aquilo que por natureza é, o Corpo de Cristo, e cada um dos seus membros, membros de Cristo.[4]

Duas outras acções são adoptadas pela igreja antiga para comunicar o significado da oferta. Primeiro, o lavar das mãos (em linha com Salmos 26:6: "Lavo as minhas mãos na inocência; e assim andarei, Senhor, ao redor do teu altar") significando a inocência daqueles que servem no altar. Esta acção foi primeiro relatada por Cyril de Jerusalém no quarto século e devia ser considerada como um costume antigo. Segundo, a imposição de mãos nos elementos pode ter derivado da prática do Antigo Testamento de impor as mãos nos animais sacrificados (Levítico 4:14-15). Poderá ter sido usado para significar a bênção conferida ou para reconhecer que esses elementos representam o povo que os trouxe e que, através do pão e do vinho, é abençoado. A primeira ocorrência do acto é relatado por Hipólito no terceiro século.[5]

Durante a era da reforma, havia vestígios do ofertório, mas na maior parte das vezes aparecia como pano de fundo e foi deixado cair. Na *Strasbourg Liturgy* de Calvino, é feita referência à preparação do pão e do vinho por parte do ministro.[6] Lutero também faz uma referência similar na sua *Formula Missae* e *Deutsche Messe*.[7] Na *Westminster Directory*, todas as referências a um ofertório desaparecem e os ministros são instruídos a ter "a mesa… decentemente coberta antes de começar o serviço da comunhão."[8] Não há nenhuma referência seja do lavar das mãos ou da imposição delas nos elementos.

A rejeição da reforma relativa ao ofertório e à queda da simbólica acção de "tomar", resultou provavelmente da tardia noção medieval da eucaristia como um sacrifício. Infelizmente, a forte reacção da reforma resultou na perda contínua da original noção de ofertar.

ELE ABENÇOOU

A oração de bênção pelo pão e vinho era a prática universalmente aceite da igreja antiga. Justino informa-nos que "o presidente… oferece orações e acções de graças."[9] As liturgias mais recentes da igreja dão-nos discernimento sobre o conteúdo dessas orações que foram oferecidas "de acordo com a sua habilidade". As partes que pertencem à "bênção" incluem o diálogo introdutório, o prefácio, o *Sanctus* e o corpo principal da oração de acção de graças, frequentemente referido como a oração pós-*Sanctus*. Cada um desses aspectos serão tratados brevemente.

Primeiro, o *diálogo introdutório* contém tanto a *saudação* como o *Sursum corda*. A saudação já foi discutida no capítulo anterior, por isso, iremos apenas discutir aqui o *Sursum corda*. Este prefácio (em formas variadas) é encontrado em todas as liturgias, tanto no ocidente como no oriente.[10] Aqui está o *Sursum corda* de Hipólito, com algumas observações interpretativas:

SURSUM CORDA	COMENTÁRIO
Celebrante: Com os vossos corações. *Povo*: Temo-los com o Senhor. *Celebrante*: Demos graças ao Senhor.	O propósito desta resposta era enfatizar que a verdadeira adoração toma lugar nos lugares celestiais em Jesus Cristo (Efésios 2:6-7). A oferta levava as congregações aos céus (Apocalipse 4 e 5). Porque as acções de graças (eucaristia) eram feitas por toda a congregação, a resposta ao "Demos graças" era a permissão e ordem da congregação para trazer a oferta de louvor e acção de graças.[11]

Segundo, depois da adoração ter começado, a assembleia movia-se para o *prefácio* e para a oração maior de acções de graça. O prefácio latino não significa um preliminar, mas uma proclamação. O propósito do prefácio era oferecer uma breve explicação do porquê das acções de graça estarem a ser oferecidas. Em Hipólito, o prefácio era uma declaração muito pequena: "Rendemos graças a Ti, oh Deus, através do Teu amado filho Jesus Cristo, que nos últimos tempos nos enviaste como Salvador e Redentor e anjo da Tua vontade."[12] Apesar de esta afirmação ser concisa, ia directamente ao âmago da questão, indicando que a adoração estava a ser oferecida por causa da redenção.

Normalmente, o prefácio era concluído com o *Sanctus* (de Isaías 63 e Apocalipse 4:8), a terceira parte da acção de graças. Isto é certamente apropriado, de acordo com a imagem de ir para os céus para se juntar à adoração da eternidade, que é caracterizada pelo cantar contínuo do "Santo, santo, santo é o Senhor Todo-Poderoso, que era, é e será." O *Sanctus* não é encontrado em Hipólito, apesar de ser encontrado em todas as liturgias mais tardias, e tão cedo como em 1 Clemente. Aqui, por exemplo, está o prefácio e *Sanctus* tirado da liturgia de João Crisóstomo (380):

PREFÁCIO E *SANCTUS*	COMENTÁRIO
Celebrante: (Prefácio) É adequado e correcto cantar-Te (abençoar-Te e louvar-Te), dar graças, adorar-Te em todos os lugares do Teu domínio. Pois Tu és Deus, inefável, inconcebível, invisível, incompreensível, sempre existente e da mesma forma, Tu e o Teu único Filho e o Teu Espírito Santo. Tu trouxeste-nos do não ser para ser; e quando falhámos, Tu levantaste-nos novamente; e não deixaste de fazer tudo até que nos tivesses trazido para o céu e garantiste-nos o reino que está por vir. Por tudo isto, damos-Te graças e ao Teu único Filho e ao Teu Espírito Santo, por tudo o que conhecemos e não conhecemos, os Teus benefícios vistos e não vistos que vêm até nós. Nós damos-Te graças também por este ministério; concedido para o receber das nossas mãos, apesar de milhares de arcanjos e dez milhões de anjos se prostrarem diante de Ti, querubins e serafins, com seis asas e muitos olhos, voando nos ares, cantando (a alta voz) o triunfante hino (proclamando, chorando e dizendo): *Povo*: (*Sanctus*) Santo, santo, santo, Senhor de Sabaoth, céus e terra estão cheios da Tua glória. Hosana nas maiores alturas. Abençoado é aquele que vem em nome do Senhor. Hosana nas maiores alturas.[13]	As orações orientais eram mais poéticas do que as ocidentais, que eram mais precisas e concisas. Esta breve oração contém a essência da mensagem do Evangelho. Ela descreve a razão principal para dar graças e louvor. Este louvor junta-se à grande companhia da adoração celestial. O *Sanctus* da igreja terrena junta-se à celestial em cantar o louvor eterno.

Imediatamente depois do *Sanctus*, a congregação é direccionada quanto ao conteúdo de oração de acção de graças. Esta oração representa todo o Evangelho porque é o conteúdo do louvor e acção de graças da igreja. Aqui está a oração de Hipólito. Orações mais longas e mais floreadas são encontradas em outros cânones existentes.

ORAÇÃO DE ACÇÃO DE GRAÇAS	COMENTÁRIO
Quem é a Tua Palavra inseparável, através de quem fazes todas as coisas e em quem eras bem agradado. Tu enviaste-O do céu para o ventre da virgem; e, concebendo no ventre, Ele foi feito carne e manifestou-Se como Teu Filho, sendo nascido do Espírito Santo e da virgem. Cumprindo a Tua vontade e ganhando-Te um povo santo, Ele esticou as Suas mãos quando deveria sofrer, para que pudesse libertar do sofrimento aqueles que têm crido em Ti. E quando Ele foi traído para o sofrimento voluntário para que Ele pudesse destruir a morte e quebrar as amarras do mal, e pisar o inferno e brilhar sobre os justos e fixar o limite, e manifestar a ressurreição...14	É particularmente instrutivo notar como esta oração vai desde a criação à ressurreição. Ele começa por declarar a posição do Filho com o Pai. Ele exalta o Filho pela criação, move-se para a incarnação e, então, enfatiza a destruição dos poderes através da morte de Cristo. Depois, faz referência à ressurreição. A maioria das liturgias fazem referência específica à Queda. Aqui, ele refere-se à Queda ao mencionar a "morte" e "as amarras do mal".

Hipólito não tem uma *epiclesis* preliminar na sua liturgia. Aqui está um exemplo da liturgia do quinto século de Marcos: "Enche, oh Deus, este sacrifício também com uma bênção vinda de Ti, através da descida do Teu (Espírito Santo)".[15] Esta oração reconhece o lugar do Espírito Santo em capacitar a adoração da igreja.

Os reformadores retiveram partes da antiga "bênção" ou oração de acção de graças. Lutero reteve a saudação, o *Sursum corda* e o prefácio, mas pôs de lado o *Sanctus* e até o conteúdo da oração de acção de graças, assim como a *epiclesis* preliminar na sua *Formula Missae* de 1552. Calvino, na *Form of Church Prayers* [Formato das Orações da Igreja], escrita para a igreja em Geneva em 1542, pôs de lado toda a secção em favor de uma exortação depois das palavras de instrução.[16]

Calvino rejeitou o elemento de acção de graças em favor de uma análise pessoal de fé. Isto marca uma mudança significativa no sentido da adoração. Na igreja antiga, a ênfase à mesa era a obra objectiva de Jesus Cristo que, pela Sua morte, foi o sacrifício de Deus pela humanidade (a eucaristia sendo a oferta de louvor e acção de graças pela obra de Cristo). Pelo facto desta noção original ter sido corrompida pela igreja medieval e ter-se tornado num re-sacrifício, Calvino, Zwingli e a maioria dos protestantes depois deles acabaram por pôr de lado toda a oração de acção de graças. Eles mudaram a ênfase da eucaristia do louvor e acção de graças pela acção de Deus em Cristo para a fé e auto-análise do homem e busca pelas boas obras.

Nesta nova ênfase, Calvino perdeu e ganhou algo. O que ele perdeu foi o sentido de louvor e acção de graças invocado pela antiga eucaristia. O que ele ganhou foi a ênfase paulina em 1 Coríntios 11:28-29: "Examine-se, pois, o homem a si mesmo, e assim coma deste pão e beba deste cálice. Porque o que come e bebe indignamente, come e bebe para sua própria condenação, não discernindo o corpo do Senhor."

O *Westminster Directory* reteve uma oração de acção de graças e instruiu os ministros a "dar graças a Deus por todos os Seus benefícios e especialmente pelo grande benefício da nossa redenção, o amor de Deus, o Pai, pelos sofrimentos e méritos do nosso Senhor Jesus Cristo, o Filho de Deus, pelos quais somos libertos."[17] É uma prática normal na maioria das igrejas evangélicas, oferecer uma oração improvisada durante a eucaristia que dá graças pelo corpo partido, pelo sangue derramado e pelo dom da salvação que vem através da morte de Jesus. As igrejas renovadas dão uma atenção mais cuidadosa a toda a história da salvação na oração de acção de graças ao mover-se do trino Deus através da criação, até à Queda, e finalmente da encarnação, morte, ressurreição e segunda vinda de Cristo.

Não há nenhuma razão para que a saudação, o *Sursum corda*, o prefácio e o *Sanctus* não devam ser restaurados pela igreja livre. Essas partes da oração de acção de graças estão profundamente enraizadas em verdade bíblica e adicionam uma dignidade à oferta da grande acção de graça da igreja. Não é necessário que se faça uma reprodução servil da oração exacta de Hipólito. O pastor pode usar a abordagem improvisada da oração, com a qual as igrejas livres estão comprometidas, ao mesmo tempo que se inspiram nas tradições antigas.

Desta maneira, tanto a forma como a liberdade, que eram intenção de Hipólito, encontrariam um bom equilíbrio. A sua oração não foi dada para ser memorizada. Pelo contrário, foi dada para servir como modelo. Era esperado que a abordagem improvisada da oração, como no relato de Justino, fosse continuada.

ELE PARTIU

A terceira acção da eucaristia é o partir do pão. O partir original do pão no contexto judaico não tinha outro significado a não ser o da distribuição. No entanto, no decurso da história cristã, a acção de partir o pão alcançou vários significados.

O significado mais antigo tinha a ver com a unidade da igreja. Paulo interpretou-o desta forma aos coríntios, que estavam em conflitos, escrevendo: "Porque nós, sendo muitos, somos um só pão e um só corpo, porque todos participamos do mesmo pão" (1 Coríntios 10:17). Esta mesma noção é vista em Inácio[18] e na *Didaqué*.[19] No terceiro século, a ênfase na unidade parece ter sido substituída pelo símbolo do corpo partido de Cristo e a Sua morte pela igreja. Esta última noção parece ter sido retida pela maioria das igrejas protestantes de hoje.

O partir do pão (fracção) é o ponto mais alto da oração de pertença ao "partir." Outras partes incluem a narrativa, a *anamnesis*, a oração de intercessão e a *epiclesis*.

A narrativa da instituição é simplesmente a repetição das palavras de Jesus. Hipólito coloca isto de forma simples, como o fazem outras liturgias da igreja antiga:

> Ele tomou o pão e deu graças, dizendo: "Comam, este é o meu corpo, que será partido por vós." Da mesma forma, tomou também o copo, dizendo: "Este é o meu sangue, que foi derramado por vós; quando o fizerem, façam-no em minha memória."[20]

O conceito de lembrança geralmente contém declarações de *memorial* e *oferta*. Aqui está um exemplo do *The Apostolic Constitutions* [As Constituições Apostólicas] (375):

AS CONSTITUIÇÕES APOSTÓLICAS	COMENTÁRIO
Então, ao recordar o que Ele suportou por nós, damos-Te graças, Deus Todo-Poderoso, não como devemos, mas como somos capazes, e cumprimos os Seus mandamentos. Pois na noite em que Ele foi traído, Ele tomou o pão nas Suas santas e imaculadas mãos e, olhando para Ti, Seu Pai, Ele partiu-o e deu-o aos Seus discípulos, dizendo: "Este é o mistério da nova aliança; tomem-no, comam; este é o meu corpo que é partido por muitos para perdão dos pecados." Da mesma forma, Ele misturou o copo de vinho e água, santificou-o e deu graças por ele, dizendo: "Bebam disto todos vós; este é o meu sangue que é derramado por muitos para perdão de pecados. Façam-no em minha memória; pois sempre que comerdes deste pão e beberdes deste copo, proclamais a minha morte até que Eu volte." Relembrar a Sua paixão e morte e ressurreição dos mortos, a Sua volta aos céus e a Sua futura segunda vinda, na qual Ele vem para julgar os vivos e os mortos, e para recompensar cada um de acordo com as Suas obras, oferecemos-Te, Rei e Deus...[21]	Na igreja primitiva, a *anamnesis* foi considerada mais como um memorial. Era um acto objectivo no qual o evento comemorado era, de facto, tornado presente. O memorial sempre mencionou a paixão, ressurreição e a ascensão e frequentemente incluída a encarnação, o sepultamento, a mediação do Cristo ascendido e a segunda vinda. A oferta oferecia explicitamente o pão e o vinho em identificação com a oferta de Jesus e como sendo representativo de toda a ordem criada que Ele redimiu. Esta porção de oração completa o drama da obra de Jesus. O foco está nos aspectos escatológicos da fé cristã — a ascensão, a segunda vida e o julgamento.

LEMBRAR E DAR GRAÇAS

É preciso dizer uma palavra acerca da *anamnesis*. Tendemos a traduzir esta palavra como "memória," uma acção mental que traz à mente algo do passado. Isto é questionável. A palavra também poderá querer dizer "recordar" ou "representar" perante Deus um evento, para que os seus efeitos se tornem operantes aqui e agora.[22] Neste sentido, a recordação coloca, perante Deus, o sacrifício de uma vez por todas de Cristo e torna-o operante no presente do crente que, pela fé, recebe Cristo sob os sinais do pão e do vinho. Desta forma, a recordação não é um acto vazio, mas uma proclamação poderosa do sacrifício de Cristo.

Depois vem a *epiclesis* (invocação do Espírito Santo), uma oração pela vinda do Espírito Santo, tanto nos elementos do pão e do vinho como nas pessoas que adoram. Esta oração reconhece o Espírito Santo como o agente que confirma e torna real a adoração, um facto evidente na seguinte oração de Hipólito:

> E pedimos que possas enviar o Teu Espírito Santo pela oferta da Tua santa igreja; que, juntando-os como um, garantas a todos os que participam das coisas santas para a totalidade do Espírito Santo pela confirmação da fé na verdade.[23]

Depois vem a oração da intercessão. Há uma forte divergência de opinião aqui entre o oriente e o ocidente. A liturgia oriental coloca a oração de intercessão nesta altura porque a comunidade adoradora está no próprio trono de Deus. Alexander Schmemann, um teólogo ortodoxo, escreve:

> É a própria alegria do reino que nos faz *recordar* o mundo e orar por ele. É a própria comunhão com o Espírito Santo que nos capacita a amar o mundo com o amor de Cristo. ... A intercessão começa aqui, na glória do banquete messiânico e este é o único verdadeiro começo para a missão da igreja.[24]

O local típico para a intercessão na igreja ocidental é na liturgia da Palavra, depois do sermão. Apesar do ocidente reconhecer a validade teológica do ponto de vista oriental, o ritmo da adoração tem sido uma preocupação maior. A igreja ocidental considera a intercessão nesta altura como uma distracção da ênfase no louvor e acção de graças.

No entanto, o ocidente tem colocado a oração do Pai Nosso na oração de acção de graças, como um reconhecimento do valor da intersecção quando o povo de Deus está perante o trono. Ao limitar a oração ao Pai Nosso, o ocidente retém o foco da eucaristia como um acto de louvor e adoração.[25]

Finalmente, a fracção ocorre.[26] Aqui, o pão pode ser levantado para que todos o vejam, para que a adoração ocorra através dos sentidos da visão e som. Os reformadores mantiveram a maioria das partes do "partir", apesar do seu culto ser organizado de forma bastante diferente.[27]

DEU

O "movimento" final de adoração na eucaristia é o dar do pão e do vinho. Tem sido dada uma atenção especial ao dar e ao receber os elementos na renovação da adoração. No drama original, Jesus entregou o pão e o copo: "E, quando comiam, Jesus tomou o pão, e abençoando-o, o partiu, e o deu aos discípulos, e disse: Tomai, comei, isto é o meu corpo. E, tomando o cálice, e dando graças, deu-lho, dizendo: Bebei dele todos; Porque este é o meu sangue, o sangue do novo testamento, que é derramado por muitos, para remissão dos pecados" (Mateus 26:26-28). As primeiras liturgias relataram esta tradição de Jesus. O oficiante entrega o pão e o copo a cada pessoa e diz as palavras exactas de Jesus ou uma paráfrase das mesmas. Aqui está um exemplo da *The Apostolic Constitutions* [As Constituições Apostólicas]:

Oficiante: O Corpo de Cristo.

Pessoa: Ámen.

Oficiante: O sangue de Cristo, o copo de vida.

Pessoa: Ámen.[28]

A razão para tal cuidadosa atenção ao detalhe é que esta é a essência da comunhão. É um momento sagrado. Paulo recordou, aos coríntios, o significado da comunhão: "Porventura o cálice de bênção, que abençoamos, não é a comunhão do sangue de Cristo? O pão que partimos não é porventura a comunhão do corpo de Cristo?" (1 Coríntios 10:16). Nesta altura da adoração, a oferta e lembrança tornam-se uma comunhão, uma comunicação mística entre Deus e o crente. Este não é um acto habitual para ser contaminado com uma atitude altiva ou irreverente. É o momento quando o transcendente Deus, que enviou o Seu filho ao mundo para que os seres humanos sejam salvos, Se encontra com o Seu povo.

Por esta razão, a igreja antiga tratou este momento com a maior dignidade e reverência. Cyril de Jerusalém, no seu *Catecheses*, instruiu candidatos para o baptismo para tomarem o seguinte cuidado quando estivessem para receber os elementos:

Depois disto, ouvem o cantor a convidar-vos com uma melodia divina à comunhão dos santos mistérios e dizendo: "Provem e vejam que o Senhor é bom."

Não confiem o vosso julgamento no vosso palato corporal, mas na fé indubitável; pois o que vocês provam não é pão nem vinho, mas a semelhança do corpo e sangue de Cristo.

Quando se aproximarem, não venham com as mãos estendidas ou os vossos dedos separados; mas façam da vossa mão esquerda um trono para a direita, visto se tratar de receber um rei. Depois, santifiquem a vossa palma e recebam o corpo de Cristo, dizendo então: "Ámen." Santifiquem cuidadosamente os vossos olhos pelo toque do santo corpo, depois participem, tendo cuidado para não perderem nada disso…

Então, depois de ter participado no corpo de Cristo, aproximem-se também do Seu sangue. Não estendam as mãos, mas curvem-se e digam "Ámen" num gesto de adoração e reverência, santificando-vos ao partilhar também no sangue de Cristo. Enquanto a mistura ainda está nos vossos lábios, toquem-lhe com as vossas mãos e santifiquem os vossos olhos e testa e os outros sentidos. Então, esperem pela oração e dêem graças a Deus que vos considerou dignos de tais grandes mistérios.[29]

APLICAÇÃO PARA A ADORAÇÃO CONTEMPORÂNEA

O estudo da oração eucarística na igreja primitiva tem dado forma à abordagem da comunhão na igreja contemporânea. Este impacto é visto mais claramente entre aquelas igrejas que usam textos escritos. Um dos melhores exemplos de uma abordagem contemporânea da eucaristia é o contexto litúrgico do *Livro de Oração Comum*.

UMA ORAÇÃO EUCARÍSTICA LITÚRGICA

O povo permanece em pé. O Celebrante, seja o bispo ou o sacerdote, encara o povo e canta ou diz: Senhor esteja contigo.

Povo: E também contigo.

Celebrante: levem os vossos corações.

Povo: Elevamo-los ao Senhor.

Celebrante: emos graças ao Senhor nosso Deus.

Povo: É correcto dar-lhe graças e louvor.

Depois, olhando a Santa Mesa, o Celebrante diz: correcto e bom e uma coisa alegre, sempre e em todo o lado, dar graças a Ti, Pai Todo-Poderoso, Criador dos céus e da terra.

Aqui é cantado ou dito um prefácio apropriado em todos os domingos e noutras ocasiões como nomeado.

Então Te louvamos, juntando as nossas vozes com as vozes dos anjos e arcanjos e com toda a companhia dos céus, que cantam para sempre este hino para proclamar a glória do Teu nome:

Celebrante e Povo:

Santo, santo, santo, Senhor, Deus de poder e maravilhas,

céus e terra estão cheios da Tua glória.

Hosana nas alturas.

Abençoado é aquele que vem em nome do Senhor.

Hosana nas alturas.

O povo permanece em pé ou ajoelha-se.

Depois o Celebrante continua:

Santo e gracioso Pai: No Teu infinito amor fizeste-nos para Ti mesmo; e, quando caímos em pecado e nos tornámos sujeitos ao mal e à morte, Tu, na Tua misericórdia, enviaste Jesus Cristo, o Teu único e eterno Filho para partilhar a nossa natureza humana, para viver e morrer como um de nós, para nos reconciliares Contigo, o Deus e Pai de todos.

Ele abriu os Seus braços na cruz e ofereceu-Se a Si mesmo, em obediência à Tua vontade, um sacrifício perfeito por todo o mundo.

Às seguintes palavras concernentes ao pão, o Celebrante deve segurá-lo ou impor uma mão nele; e na palavra concernente ao copo, deve segurá-lo ou colocar uma mão sobre ele e sobre qualquer outro vaso que contenha o vinho a ser consagrado.

Na noite em que Ele foi entregue ao sofrimento e morte, o nosso Senhor Jesus Cristo tomou o pão; e quando Ele deu graças por vós, Ele partiu-o e deu-o aos Seus discípulos e disse: "Tomem-no, comam-no: Este é o meu corpo que é dado por vós. Façam-no em lembrança de mim."

Depois do jantar, Ele tomou o copo de vinho; e quando tinha dado graças, Ele deu-lhes e disse: "Bebam isto, todos vós: Este é o meu sangue da nova aliança, que é derramado por vós e por muitos para o perdão de pecados. Sempre que o beberem, façam-no em memória de mim."

Assim proclamamos o mistério da fé:

Celebrante e Povo:

Cristo morreu.

Cristo ressuscitou.

Cristo voltará novamente.

O Celebrante continua:

Celebramos o memorial da nossa redenção, ó Pai, neste sacrifício de louvor e acções de graças. Recordando a Sua morte, ressurreição e ascensão, oferecemos-Te estes dons.

Santifica-os pelo Teu Santo Espírito para serem, para o Teu povo, o Corpo e Sangue do Teu filho, a santa comida e bebida da nova e eterna vida n'Ele. Santifica-nos também para que possamos fielmente receber este santo sacramento e servir-Te em unidade, constância e paz; e no último dia, traz-nos com os Teus santos ao gozo do Teu eterno reino.

Tudo isto te pedimos através do Teu filho Jesus Cristo. Por Ele, e com Ele, e n'Ele, na unidade do Santo Espírito, toda a honra e glória é Tua, Pai Todo-Poderoso, agora e para sempre. Ámen.

E agora, como o nosso Salvador Cristo nos ensinou, somos corajosos a dizer,

Povo e Celebrante:

Pai nosso, que estás nos céus,

santificado seja o Teu nome;

Venha o Teu reino,

seja feita a Tua vontade,

assim na terra como no céu;

O pão nosso de cada dia nos dá hoje;

E perdoa-nos as nossas dívidas,

assim como nós perdoamos aos nossos devedores;

E não nos conduzas à tentação;

mas livra-nos do mal;

porque Teu é o reino,

e o poder, e a glória,

para sempre. Amém.

O PARTIR DO PÃO

O Celebrante parte o pão consagrado.

É mantido um período de silêncio.

Depois, isto pode ser cantado ou dito:

[Aleluia.] Cristo, a nossa Páscoa, é sacrificado por nós;

Por isso, mantenhamos a festa [Aleluia.]

Na Quaresma, o Aleluia é omitido e pode ser omitido noutras alturas, excepto durante a temporada da Páscoa.

Em vez de, ou em adição a alguns hinos adequados podem ser usados antes".

Olhando para o povo, o Celebrante diz o seguinte convite:

Os dons de Deus pelo Povo de Deus.

Ele poderá adicionar: Tomem-nos, lembrando que Cristo morreu por vós e alimentem n'Ele os vossos corações pela fé, com acções de graça.

Os ministros recebem o sacramento de ambas as maneiras e depois entregam-no imediatamente ao povo.

O pão e o copo são dados aos comunicantes com estas palavras:

O Corpo (Sangue) do nosso Senhor Jesus Cristo vos mantenham na vida eterna.

[Ámen]

ou com estas palavras:

O Corpo de Cristo, o pão do céu. [Ámen]

O Sangue de Cristo, o copo da salvação. [Ámen]

Durante a ministração da comunhão, podem ser cantados hinos e salmos.

Depois da comunhão, o celebrante diz:

Oremos.

Celebrante e o povo:

Eterno Deus, Pai celestial,

Tu nos aceitaste graciosamente como membros vivos

do Teu Filho, nosso Salvador Jesus Cristo,

e tens-nos alimentado com comida espiritual

no Sacramento do Seu Corpo e Sangue.

Envia-nos para o mundo em paz,

e garante-nos força e coragem

para amar e servir-Te

com alegria e singeleza de coração;

através de Cristo, nosso Senhor. Ámen.[30]

ADAPTAÇÃO DA ORAÇÃO EUCARÍSTICA LITÚRGICA PARA A ADORAÇÃO CONTEMPORÂNEA DA IGREJA LIVRE

Algumas igrejas livres estão a usar recursos para a adoração eucarística e a criar cultos de comunhão que vêm de recursos litúrgicos. Há um interesse crescente entre muitas igrejas livres para criar uma liturgia eucarística improvisada que siga o padrão da igreja antiga. Nestas igrejas, tem sido adoptado um esboço de adoração semelhante ao seguinte esboço. A música e as respostas são frequentemente mostradas num ecrã.

1) O culto começa com um hino de comunhão. Se o pão e vinho não tiverem sido preparados antes do culto, eles são trazidos agora para a mesa. Os diáconos e anciãos podem juntar-se à volta da mesa com o ministro, que permanece no centro. O povo fica de pé.

2) O ministro e o povo dizem o *Sursum corda* (Elevem os vossos corações).

3) O ministro faz uma pequena oração de prefácio que refere porque é que a igreja se reuniu (para dar graças) e com quem a igreja se juntou (anjos, arcanjos, querubins, serafins, a companhia dos santos, etc.)

4) O ministro e o povo juntam-se no cântico celestial, cantando uma de muitas variações do *Sanctus* (Santo, santo, santo). Aqui, é apropriado algo contemporâneo.

5) O ministro agora faz a oração de acção de graças pelo pão e pelo vinho. Esta oração é uma comemoração da história de salvação e reconta a actividade salvífica de Deus através de Abraão, os patriarcas, o Êxodo, os profetas, a vinda de Cristo, a Sua morte e ressurreição (uma oração pode ser feita sobre o pão e vinho).

6) O ministro diz as palavras de instituição seguidas pela proclamação do povo do mistério de fé cantado ou dito:

Cristo morreu

Cristo ressuscitou

Cristo voltará novamente.

7) O ministro continua a orar, lembrando a morte e ressurreição de Cristo, *oferecendo* os dons do pão e vinho como acto congregacional de louvor e acções de graças e *invocando* a presença do Espírito Santo.

8) O ministro e a congregação podem agora orar o Pai Nosso.

9) O ministro agora parte o pão. "Cristo, a nossa Páscoa, é sacrificado por nós" (ou um cântico contemporâneo) pode ser dito durante esta acção. O pão e o vinho serão levantados para que todos vejam.

10) O povo vem à frente para receber o pão e o vinho. À medida que a recepção toma lugar, o povo pode cantar cânticos contemporâneos que descrevem a morte, ressurreição e exaltação de Jesus. Na mesma altura, os líderes da igreja podem ungir com óleo aqueles que buscam cura.

11) Depois de todos terem recebido, pode ser dita uma oração conclusiva que dá graças a Deus pela comida espiritual e que pede pela bênção do Espírito de Deus.

CONCLUSÃO

A celebração da comunhão tem sido sempre uma parte vital da adoração dominical. Hoje, muitas igrejas têm perdido tanto o significado da eucaristia como o acto da sua celebração. No entanto, a renovação da adoração tem conseguido ajudar congregações a redescobrirem tanto a teologia como a prática da comunhão. Uma renovada adoração profunda e duradoura restaurará a comunhão ao seu lugar apropriado na vida da adoração e irá perceber que a eucaristia, propriamente celebrada, irá moldar a espiritualidade do povo e torná-lo um povo de acção de graças.

CAPÍTULO 17

Seguir Adiante para Amar e Servir ao Senhor

A acção final da adoração pública é enviar a comunidade de adoradores. Apesar deste aspecto da adoração diferir em conteúdo relativamente à reunião, ao ouvir a Palavra e à celebração da eucaristia, a estrutura da acção divina e a resposta humana não mudam.

Da mesma forma como Deus chamou o povo à adoração, Deus envia-o adiante. Assim como a reunião, que expressava movimento, a despedida também expressa movimento — a visão da igreja é dirigida para fora, para o mundo, em vez de para dentro para com um encontro especial com Deus.

Neste capítulo, iremos olhar para a estrutura tradicional do envio e compará-lo com o envio na igreja contemporânea.

A ESTRUTURA TRADICIONAL DA DESPEDIDA

A igreja primitiva acabava a adoração com uma bênção. Com o decorrer do tempo, a despedida da adoração desenvolveu-se para incluir características adicionais, mas tem sempre sido o acto mais pequeno da adoração. As formas tradicionais da despedida incluem bênçãos, hinos e palavras de despedida.

A bênção é um pronunciar da bênção. Foi originada com a bênção dada a Aarão e aos seus filhos. Neste acto, eles deviam comunicar o nome de Deus e, por isso, as bênçãos da Sua presença no povo (ver Números 6:22-27).

No Novo Testamento, é encontrado um paralelo à bênção de Aarão na bênção apostólica (2 Coríntios 13:14, note também o ósculo santo no versículo 12). A principal diferença entre as bênçãos do Antigo e do Novo Testamento é que agora é no nome do Pai, do Filho e do Espírito Santo.

Ambas as bênçãos vêm de Deus e são comunicadas através dos Seus servos. Assim, a bênção foi sempre uma parte da adoração cristã. Ela reconhece que aquele que se encontrou com Deus foi, de facto, abençoado!

O hino de despedida significa "sair de". Visto os adoradores terem estado com Deus, o hino de despedida deverá ser marcado por grande alegria, uma nota de louvor livremente exuberante. No entanto, o hino final é importante porque é um meio de expressar este impulso irreprimível de louvor. De facto, deve ser um tipo de louvor — um "ámen" ou "aleluia" final ao Senhor!

As palavras de despedida são normalmente como segue:

Ministro: Sigam adiante para amar e servir ao Senhor.

Povo: Graças sejam dadas a Deus.

Com estas palavras, a reunião do povo acaba e o seu serviço no mundo (continuação da adoração) começa. Pois é neste trabalho que os membros da igreja agem como sal e luz para transformar o mundo.

APLICAÇÃO AO MUNDO CONTEMPORÂNEO

Os líderes de adoração têm vindo a reconhecer que a adoração é uma visão de como o mundo será sem o mal. Como uma aplicação da obra de Cristo na inteira criação, a adoração invoca imagens do mundo que está por vir.

A adoração é uma visão da nova criação. A dimensão da adoração tem sido descrita em Apocalipse 4 e 5. Aqui, a imagem apresenta a eternidade, a adoração contínua da criação de Deus. Esta visão eterna é enfatizada na terra através do contexto à parte da natureza. O uso do espaço, vitrais, materiais de construção (madeira, tijolo, pedra, argamassa, etc.) envolvem elementos da criação na adoração, transformando o presente numa imagem do futuro. Aqui, a natureza está a fazer o que foi criada para fazer — dar glória a Deus. Também o povo está entregue ao serviço, fazendo o que foi criado para fazer. Esta imagem do homem e da natureza a expressarem a transformação do mundo na adoração, é expressa nas palavras de Norman Pittenger na sua obra *Life as Eucarist* [Vida como eucaristia].

> Na adoração, o relacionamento correto entre Deus e a Sua criação é manifesto. A eucaristia mostra-nos a dependência total de todas as coisas em Deus e a adoração de Deus através da ordem criada (como no *Sanctus*), onde, através dos lábios do homem e pelas suas vidas, eles estão prontos para se ajoelharem na Sua presença, para cantar-Lhe louvores e para Lhe oferecer a sua oblação de amor e serviço. A ordem criada está aqui a fazer o que deve fazer; pois os céus e a terra estão unidos, vivos e mortos como um e a criação é ordenada para o seu grande bem e para a maior glória de Deus. O homem está no seu lugar, nutrido pela vida que vem de Deus; ele é homem como Deus deseja que ele seja, a

coroa da criação e a imagem e semelhança do próprio Deus. Tudo o que Ele faz está relacionado com Deus enquanto Ele Se encontra com os homens em Cristo e os une com Ele mesmo. O pecado e a falha são perdoadas, é dada força, um cosmos redimido e transfigurado é ao mesmo tempo significativo e presente. Tudo isto é visto onde quer que o Corpo de Cristo junte os seus membros para a adoração eucarística, à medida que os homens adoram a Deus, o Pai, através de Cristo, o Filho, no poder do Espírito Santo.[1]

A adoração também revela a acção de que o corpo de Cristo deve tomar para participar na transformação do mundo. Esta acção está insinuada na oração do Pai Nosso: "Seja feita a Tua vontade, assim *na terra* como no céu." Esta oração mostra que há um lugar onde a vontade de Deus é totalmente cumprida — céus. A esperança da adoração é claramente indicada quando o adorador ora para que a terra possa se tornar um lugar onde a vontade de Deus também é cumprida.

Neste sentido, a eucaristia contém um lado radical. As raízes da eucaristia no Antigo Testamento assentam na libertação do povo de Israel do Egipto. Este sentido de libertação é também levado na eucaristia. Porque a eucaristia é um símbolo da libertação potencial de toda a criação em Cristo.[2]

Paulo diz-nos que toda a criação (humanos também) "ficou sujeita à vaidade, não por sua vontade, mas por causa do que a sujeitou, na esperança de que também a mesma criatura será libertada da servidão da corrupção, para a liberdade da glória dos filhos de Deus" (Romanos 8:20-21). A eucaristia é o sinal desta libertação. Os elementos têm uma referência dupla. Tanto o pão como o vinho representam a redenção em Cristo. Quando essas duas imagens são juntadas, é claramente vista a relação entre a redenção e a criação na adoração. A redenção alcançada por Cristo transforma toda a criação.

Esta transformação, primeiro, toma efeito dentro da comunidade adoradora, que deve ser chamada de comunidade eucarística. A visão da primeira comunidade cristã é a de um povo que toma seriamente a implicação social da eucaristia. A teóloga Tissa Balasuriya comenta sobre a antiga comunidade cristã nestas palavras:

> Os primeiros cristãos, então, compreendiam o significado profundo do símbolo instituído por Jesus. O seu impacto social era o critério principal do seu valor e credibilidade. Por isso é que os cristãos eram tão prontamente aceites por todos, especialmente os pobres e os tão odiados por alguns dos poderosos, particularmente os exploradores. O cristianismo era então um movimento dinâmico da libertação humana do egoísmo e exploração. Todos deviam ser iguais na comunidade crente e isto era simbolizado pela refeição eucarística.[3]

A questão para nós, então, é recuperar a implicação social da eucaristia que foi perdida no período medieval quando se tornou numa acção a ser observada. Os reformados tenderam a interpretá-la em termos de devoção pessoal, uma tradição ainda encontrada entre muitos protestantes (e também católicos) hoje. Na era moderna, as dimensões sociais e escatológicas da eucaristia têm-se perdido na noção da eucaristia como um memorial. No entanto, a academia litúrgica contemporânea está a ajudar a igreja de hoje a voltar às completas implicações da eucaristia através do estudo das práticas antigas.

CONCLUSÃO

Devemos sempre relembrar que a adoração tem tanto uma dimensão horizontal como vertical. É importante que representemos a obra de Cristo como uma oferta de louvor e acção de graças ao Pai. Mas é igualmente importante que ajamos de acordo com o que representámos. Se realmente louvamos a Deus pela redenção do mundo através de Jesus Cristo, então devemos fazer como Paulo instrui: "apresenteis os vossos corpos em sacrifício vivo, santo e agradável a Deus, que é o vosso culto racional. E não sede conformados com este mundo, mas sede transformados pela renovação do vosso entendimento, para que experimenteis qual seja a boa, agradável, e perfeita vontade de Deus" (Romanos 12:1-1). O padrão deste mundo é de injustiça, desigualdade, discriminação, guerra, ódio, imoralidade e todos aqueles abusos humanos que o Novo Testamento e os pais da igreja primitiva descrevem como caminhos de morte (ver Romanos 1:21-32: Gálatas 5:19-21; Colossenses 3:5-9; *Didache* 5-6). A verdadeira adoração a Deus leva inevitavelmente o Seu povo à acção social positiva. A nossa chamada é adorar a Deus, não apenas com os nossos lábios, mas com as nossas vidas.

CAPÍTULO 18

A Função da Música na Adoração

Já vimos que as duas forças centrais da adoração cristã são a Palavra e a eucaristia. No pregar e na celebração do pão e do vinho, a obra de salvação de Deus em Jesus Cristo é recordada, proclamada, representada e celebrada.

Um terceiro componente da adoração bíblica e histórica é a música. Ela é a roda na qual a Palavra e a eucaristia andam. A música proclama as Escrituras numa linguagem celestial e providencia um meio através do qual o mistério de Deus em Cristo é acessível.

O PROPÓSITO DA MÚSICA DA ADORAÇÃO

A música dá testemunho da transcendência de Deus e da Sua obra de salvação. A corte celestial de Deus usa a música para O louvar. A música na adoração leva o adorador terrestre até aos céus para estar com a multidão celestial enquanto eles oferecem louvor a Deus. Esta postura de adoração foi reconhecida pela igreja primitiva especialmente no cantar do *Sanctus*.

A música também induz uma atitude de adoração. Ela provoca, desde a profundeza da pessoa, o sentido de maravilha e mistério que acompanha um encontro com Deus. Desta forma, a música liberta uma parte interior não racional do nosso ser que as meras palavras não conseguem libertar no louvor exterior.[1]

A música também afirma a unidade corporativa do corpo de Cristo porque é algo que toda a congregação faz junta. Inácio, numa das suas muitas metáforas musicais, ofereceu a seguinte imagem da igreja unificada em cântico:

> O salmo que ocorreu agora mesmo no culto misturou todas as vozes e fez com que surgisse um canto completamente harmonioso; jovens e idosos, ricos e pobres, mulheres e homens, escravos e livres, todos can-

taram apenas uma melodia... Todas as desigualdades da vida social são aqui banidas. Juntos, formamos um único coro em perfeita igualdade de direitos e expressão na qual a terra imita o céu. Tal é o carácter nobre da Igreja.²

PROPÓSITOS QUE OS VÁRIOS TIPOS DE SOM CUMPREM

Um culto de adoração dá testemunho de uma variedade de sons. Esses sons apoiam as palavras e as acções de adoração. Pelo facto da adoração ser uma acção, ela toma a dimensão de um acto congregacional. Consequentemente, os modos e significado de cada parte de adoração são transmitidos no som produzido bem como nas palavras ditas ou nas acções levadas pela congregação.

Um tipo de som é chamado "proclamação." Desta forma é transmitida uma mensagem a Deus pela congregação ou uma mensagem de Deus através de um membro designado da congregação. Estes tons ocorrem na oração, na leitura das Escrituras, nos prefácios, bênçãos e sermões. Apesar do discurso diário ser usado, os elementos de ritmo e melodia estão presentes como uma forma de proclamar o significado e urgência das palavras.³ Os tons que trazem indiferença e apatia transmitem-nas. Mas um tom de entusiasmo e clareza cria fervor e antecipação.

As cadências rítmicas com um padrão de tom formalizado expressam o espírito da meditação. O próprio som permite que o adorador saboreie o significado do texto. Este é o som usado ao cantar o Pai Nosso, no cantar de respostas às intercessões e especialmente no cantar dos salmos. Aqui, o som encaixa-se nas palavras de tal forma que a pessoa adora em unidade de palavra e som. Por exemplo, na igreja primitiva, os salmos eram cantados de uma forma responsorial para que a congregação repetisse o refrão (e som) do cantor, permitindo que um salmo de uma forma antifonal fosse cantado duas vezes.⁴

Um terceiro som é conhecido como "canto". Nesta expressão musical, a forma do som evolui das palavras e refrões. O canto é uma forma natural de pronunciar musicalmente as palavras. Desta forma, todo o significado do texto é sempre o ponto focal de interesse, não o som nele mesmo. Esta expressão musical é altamente condutiva para a adoração cristã.⁵ Foi derivada do Antigo Testamento e usada nas primeiras congregações cristãs na leitura das Escrituras e no cantar das respostas.

A aclamação é o quarto tipo de som. Nesta acção, a própria actividade vocal é de importância final. Por esta razão, as aclamações são geralmente retidas no seu idioma original (hebreu, grego ou latim). A aclamação é como o clamar por ajuda (por exemplo, *Maranata*, *Hosana*), a oração reconhecendo a pecaminosidade da pessoa (*Kyrie eleison*), a resposta sincera afirmando

A FUNÇÃO DA MÚSICA NA ADORAÇÃO 191

a Palavra de Deus ou a acção da oração (Ámen), ou a resposta alegre de um povo à salvação (*Aleluia*).[6]

No hino, os elementos musicais tornam-se extremamente importantes. Aqui, a melodia, por causa do seu ritmo e cadência, lidera o adorador. No hino, o adorador é levado a um acto unificado de oferecer louvor vocal a Deus.

Finalmente, há som sem palavras, que era conhecido como *jubilus* na igreja primitiva.[7] Inicialmente foi uma continuação espontânea da última vogal do aleluia pela comunidade adoradora. No nosso tempo, o *jubilus* é cumprido pelo cantar carismático no Espírito, pelo som mais formal da música de órgão ou de instrumentos tocados por músicos e oferecidos a Deus como um acto de adoração.

UMA HISTÓRIA DA MÚSICA NA ADORAÇÃO

Um resumo breve da música na igreja irá demonstrar como o som tem sido oferecido a Deus como um acto de adoração e serve como ajuda na aplicação do som para a igreja contemporânea.

A IGREJA DO NOVO TESTAMENTO

As raízes do som na igreja primitiva são encontradas na herança do Antigo Testamento. Entre elas estão (1) o sistema monódico de canto com cadências, (2) o cântico congregacional com repetição como na antifonia e responsório e (3) melodias elaboradas numa só vogal (como no Aleluia). Na sinagoga judaica, estes estilos de som eram usados na leitura das escrituras, orações e salmos.[8]

O Novo Testamento providencia evidências de som na adoração. Paulo admoesta os efésios: "Falando entre vós em salmos, e hinos, e cânticos espirituais; cantando e salmodiando ao Senhor no vosso coração" (5:19; ver também Actos 15:25; 1 Coríntios 14:15; Colossenses 3:16, Tiago 5:13). No próprio Novo Testamento, há várias líricas identificáveis como o Ámen, *Aleluia*, e *Santo, Santo, Santo*. Apocalipse contém hinos ao Cordeiro. Há também diversos cânticos em Lucas que se tornaram grandes declarações na adoração cristã: *Ave Maria* (1:28-29), *Magnifica* (1:46-55), *Benedictus* (1:68-79), *Gloria in excelsis deo* (2:14), e *Nunc Dimittis* (2:29-32). Além desses, outras passagens como João 1:14 e Filipenses 2:6-11 têm sido identificadas como hinos da igreja primitiva.

A IGREJA ANTIGA

Durante este período houve frequentes referências à música na igreja, assim como várias letras de hinos. A característica mais interessante deste período é o surgimento das tendências silábicas dos hinos. Isto deu à música um carácter mais popular e enfatizou o texto em vez do som nele mesmo.

Como resultado, muitos hinos foram escritos para espalhar o ensino, tanto herege como ortodoxo. Isto era particularmente verdade no arianismo (a negação da divindade de Cristo), que espalhou a sua heresia ao marchar pelas ruas cantando o seu ponto de vista numa forma popularizada de música.

Durante o quarto e quinto século, quando a liturgia estava a desenvolver-se juntamente com um estilo elaborado mais romano e bizantino, a música na igreja tornou-se mais altamente desenvolvida. O desenvolvimento mais importante durante este período foi o do salmo responsorial. Um solista cantava o salmo e a congregação respondia no final de cada verso com um refrão escolhido do salmo. Os salmos, e a sua forma de os cantar, tornaram-se extremamente populares ao redor do mundo cristão. Eles eram cantados não apenas entre as leituras das Escrituras, mas também na eucaristia, durante as vigílias e na oração matinal e nocturna. Eles também eram cantados em casa e nos campos. Esses salmos tornaram-se uma força espiritual nas vidas de muitos cristãos.

Outro desenvolvimento importante foi o surgimento da hinografia. Ambrósio, o bispo de Milão, é conhecido como o "pai dos hinos na igreja ocidental" porque desenvolveu muitas músicas baseadas nas quatro escalas que se tornaram conhecidas como o canto ambrosiano. Dois séculos depois, Gregório o Grande, adicionou mais quatro escalas ao sistema ambrosiano, criando o que veio a ser conhecido como o canto gregoriano.[10]

Entretanto, o salmo responsorial passou por várias mudanças significativas: a assembleia foi dividida em dois coros ou coros que repetiam os refrãos. Eventualmente, o refrão já não era repetido depois de cada verso. Em vez disso, os versos eram recitados alternativamente pelos dois coros e o cantar eventualmente tornou-se privilégio dos monges e do clero e a congregação foi relegada para a posição de assistir e ouvir.

A IGREJA MEDIEVAL

Os desenvolvimentos musicais da igreja antiga foram expandidos e tornaram-se mais sofisticados na igreja medieval. Isso é particularmente verdade no canto e na melodia em geral.[11]

A igreja medieval produziu vários hinos que ainda são usados hoje: Gregório o Grande (540-604), *"Father We Praise Thee"* [Pai, Nós Te Adoramos]; Teófilo de Orleães (750-821), *"All Glory, Laud, and Honor"* [Toda a Glória, Louvor e Honra]; Bernard of Clairvaux (1090-1153), *"Jesus, the Very Thought of Thee"* ["Anelo Te Seguir"]; e *"O Sacred Head, Now Wounded"* [Oh Cabeça Sagrada, Agora Ferida]; e um escritor anónimo do décimo segundo século, *"O Come, O Come, Emmanuel"* [Oh Vem, Oh Vem, Emanuel]. A mancha no relato medieval é que o cantar de hinos na igreja pelos leigos foi banido. O Concílio de Constança em 1415, que ordenou a queima do reformador boémio John Hus na fogueira, também decretou: "Se os leigos são proibidos

A FUNÇÃO DA MÚSICA NA ADORAÇÃO

de pregar e interpretar as escrituras, são muito mais proibidos de cantar publicamente na igreja."[12]

A contribuição mais importante para a música da igreja no período medieval foi o desenvolvimento do canto gregoriano. Formado por cantores do oitavo século, o canto gregoriano tem sido chamado "a maior evolução na história do canto cristão."[13] Ele espalhou-se rapidamente ao longo de todo o ocidente e deu beleza, dignidade e solenidade à liturgia da igreja.

O valor da música medieval está, claro, no seu profissionalismo. A música é, de facto, bela e inspiradora, mas o facto de ter sido retirada do povo e colocada numa categoria de actuação era indesejável para a adoração. Deixou de ser acção da congregação; era agora a obra de poucos privilegiados.

A REFORMA

Uma das contribuições mais importantes feitas pelos reformadores para a adoração foi a restauração da música congregacional. Os primeiros hinários protestantes foram publicados pelos Irmãos Boémios (mais tarde conhecidos como os morávios), um em 1501 (contendo oitenta hinos) e outro em 1505 (contendo quatrocentos hinos). Em 1522, esses irmãos contactaram Lutero, que os recebeu calorosamente e mais tarde usou alguns dos seus hinos no seu próprio hinário.[14]

A influência de Lutero da música na adoração foi revolucionária. Ele próprio era amante da música e bem treinado nela. Também tinha o dom de escrever e criar música que se aproximava dos corações do povo comum. A sua obra foi tão efectiva que um dos seus inimigos escreveu: "Os cânticos de Lutero têm condenado mais almas do que os seus livros ou discursos".[15]

A contribuição de Lutero foi na área da música coral. Os seus hinos eram caracterizados por uma "melodia simples, uma harmonia forte e um ritmo imponente."[16] Este tipo de música continuou a desenvolver-se na igreja e foi aperfeiçoado por Johann Sebastian Bach (1685-1750).[17]

A contribuição de Calvino para a música na igreja foi na restauração do cantar dos salmos. Ele via os hinos como feitos por homens, sendo que os salmos eram a Palavra inspirada de Deus. No início, Calvino permitiu apenas o cantar uníssono (em oposição à preferência de Lutero de cantar em partes) e rejeitou o uso de instrumentos de acompanhamento por serem mundanos (mais tarde mudou de opinião). Os calvinistas produziram vários livros de salmos. A obra mais bem conhecida era o *The Genevan Psalter* [Livro Genebrês de Cânticos] (1562). Foi o maior livro de salmos da Reforma e era considerado por muitos como o livro de louvor mais famoso produzido pela igreja. Havia pelo menos 1000 edições e foi traduzido para muitos idiomas. Havia também outros livros bem conhecidos, como o *Bay Psalm Book* [Livro de Salmos da Baía] (Boston, 1640) na América e o *Scottish Psalter* [Livro Escocês de Cânticos] (1650) usado pelas igrejas presbiterianas escocesas.[18]

O PERÍODO MODERNO

O surgimento dos hinos modernos está associado ao génio e influência de Isaac Watts (1674-1748). Ele reagiu contra o uso limitado do cantar de salmos, que ele acreditava ter-se tornado frio e sem vida. Além disso, estava convencido que a reprodução servil dos salmos frequentemente não estava no espírito do Evangelho. Por isso, decidiu escrever hinos que reflectiam a devoção e encorajamento dos salmos, combinados com o cumprimento do Novo Testamento e alegria da ressurreição.[19] Ele escreveu:

É necessário despojar *David* e *Asaph* etc. de qualquer outro carácter a não ser o de *salmista* ou de *santo* e fazê-los *Sempre Falar o Sentido Comum de um Cristão*. Quando o salmista descreve a religião do *Temor* do Senhor, sempre lhe juntei a *fé* e o *amor*. Onde ele fala de sacrificar *cordeiros* e *bois*, eu prefiro mencionar o sacrifício de *Cristo, o Cordeiro de Deus*. Quando ele frequenta a Arca com gritos em Sião, eu canto a *Ascension of my Savior into heaven* [Ascensão do meu Salvador ao céu], ou *His presence in His Church on earth* [A Sua presença na Sua igreja na terra].[20] (ênfase original)

Um exemplo deste método é encontrado no seu uso do Salmo 72:

Jesus deve reinar onde quer que o sol
Nas suas sucessivas viagens corra.

Através da influência de Isaac Watts, que escreveu mais do que seiscentos hinos, o século XVIII tornou-se a primeira época do cantar de hinos em Inglaterra. Watts foi seguido por João e Carlos Wesley, dois dos escritores de hinos mais prolíficos de todos os tempos. No entanto, com os Wesleys, veio uma mudança marcante relativa ao tema. Na sua maioria, o cantar na igreja tinha sido centrado em Deus. A ênfase era na perfeição de Deus, a glória das Suas obras e a graciosidade dos Seus actos em Jesus Cristo. No entanto, agora, com todo o curso do cristianismo na mudança do avivamento a apontar para uma experiência subjectiva, o uso do som foi colocado ao serviço da experiência pessoal e evangelismo. Esta mudança é claramente discernível no segundo prefácio à *Collection of Hymns for the Use of the People Called Methodists* [Colecção de Hinos para Uso do Povo Chamado Metodista] (1780). Aqui, Wesley escreveu:

Os hinos não são misturados descuidadamente, mas são arrumados cuidadosamente por cabeças apropriadas, de acordo com a experiência de cristãos verdadeiros. De tal forma o livro é, de facto, um pequeno corpo de divindade experimental e prática.[21]

Apesar dos cânticos de avivamento do século XVIII se preocuparem com a experiência pessoal, eles ainda retinham uma saudável ênfase objectiva em Deus. Muitos dos hinos, tais como *"Love Divine All Loves Excelling"* [Amor Divino Excele Todos os Amores] (Carlos Wesley), *"The God of Abraham*

A FUNÇÃO DA MÚSICA NA ADORAÇÃO

Praise" ["Deus de Abraão"] (Thomas Olivers), *"All Hail the Power of Jesus' Name"* ["Coroai"] (Edward Perronet), e *"Glorious Things of Thee Are Spoken"* [Coisas Gloriosas São Ditas Acerca de TI] (John Newton) exibiram um bom equilíbrio entre o objectivo e o subjectivo.²²

A tendência da preocupação com a experiência subjectiva é exibida em muitos (não todos) cânticos que vieram a ser usados no fim do século XIX. Esses cânticos têm um grande apelo popular e têm sido grandemente utilizados em encontros de avivamento. Elas contêm, frequentemente, referências ao "eu" e a "mim" e residem no estado do sentido pessoal. Fanny Crosby é provavelmente a escritora mais conhecida de cânticos evangélicos (por exemplo, *"Rescue the Perishing"* ["Ide"]). Encontramos também outros cânticos bem conhecidos como por exemplo *"Just As I Am Without One Plea"* ["Tal Como Estás"] (Charlotte Elliott), *"Take My Life and Let It Be"* ["Pai Nosso"] (Frances Ridley Havergal) e *"Jesus Loves Me, This I Know"* ["Jesus e as Crianças] (Anna B. Warner).²³

MÚSICA CONTEMPORÂNEA

A música na adoração, como temos visto na pesquisa acima, está relacionada de perto com a cultura.²⁴ No século XX, o mundo tem experimentado uma grande mudança cultural para com o que veio a tornar-se conhecido como cultura das massas. A cultura das massas tem influenciado o perfil de uma nova forma musical conhecida como música *pop*. A música *pop* é caracterizada pela novidade e entretenimento e, por isso, é um tipo de música descartável, tendo pouca duração ou pouco valor.

A música *pop* tem influenciado a igreja e a música cristã através do surgimento dos coros musicais. Esta música, gerada através dos movimentos pentecostais, carismáticos e o movimento Jesus, tem-se espalhado e é agora cantada em quase todas as denominações. Ela tem criado uma revolução virtual na adoração que é chamada por alguns como o retorno à adoração bíblica e por outros como um tipo de venda do comercialismo e entretenimento.

Uma visão negativa da dieta estável de coros é expressa por Calvin Johansson, um especialista musical da tradição pentecostal. Ele escreve:

> O uso exclusivo de coros tende a produzir um povo que tem a mesma profundidade de espiritualidade como a música cantada. O resultado é uma fé à qual falta profundidade, é simplista, orientada para o prazer, emocional, intelectualmente fraca, indisciplinada e propensa para a variabilidade de sentimentos. O resultado final de nada mais que cantar coros é a imaturidade.²⁵

Johannson tem uma boa perspectiva. O uso exclusivo de coros cristãos *pop* separam a igreja dos tesouros da música cristã dada à igreja ao longo dos séculos. No entanto, os coros, tais como a música evangélica ou outras formas de música dadas à igreja, não devem ser excluídos da adoração, mas incorporados em lugares apropriados na adoração e adicionados ao uso de hinos, salmos e outras formas musicais. Por exemplo, abaixo está uma ordem de culto que junta o antigo e o novo e especifica onde coros, assim como outros tipos de música, podem ser integrados apropriadamente na adoração.

ACTOS DE ENTRADA

Cânticos de Reunião (coros)

Cântico de Entrada (hino)

Saudação

Chamada à Adoração

Invocação

Acto de Louvor (*Gloria in excelsis Deo*; cântico, hino ou coros apropriados)

Confissão

Oração de Abertura

SERVIÇO DA PALAVRA

Lição do Antigo Testamento

Salmo responsorial (muitos salmos têm sido colocados em música contemporânea; cantos gregorianos encaixam-se bem aqui.)

Leitura da Epístola

Resposta musical (hino, aleluia antiga ou contemporânea)

Leitura do Evangelho

Sermão

Credo (o credo tem sido colocado em música contemporânea. Aqui também há hinos e cânticos que são expressões de fé que podem ser usadas no lugar do credo.)

Orações do povo (em algumas igrejas as orações são cantadas.)

SERVIÇO DA EUCARISTIA

Oferta (é apropriado o coro de um hino ou hino congregacional enquanto o pão e o vinho são trazidos à mesa e o dinheiro é recebido)

Orações de acção de graça

Recepção do pão e do vinho (à medida que a comunhão está a ser recebida, podem ser cantados hinos e coros acerca da morte, ressurreição e exaltação de Jesus)

Oração de encerramento

ACTOS DE DESPEDIDA

Bênção

Cântico de encerramento (podem ser cantados hinos ou cânticos *gospel* que expressem a obra da igreja no mundo)

CONCLUSÃO

Esta breve pesquisa da função da música na adoração pode ser resumida nos seguintes princípios:

1) A música é o meio através do qual a igreja em adoração se junta ao cantar celestial, oferece indizíveis louvores e experimenta a unidade do corpo de Cristo.

2) A música expressa a adoração de proclamação, meditação e louvor e assim afecta a atitude do adorador.

3) O uso da música tem passado por diversas mudanças significativas ao longo da história. Consequentemente, há uma variedade de sons musicais na igreja, muitos dos quais são reflexos de períodos históricos ou grupos étnicos em particular. Assim, a igreja tem um rico depósito de música do qual pode retirar a renovação da adoração.

O desafio da adoração futura é o de identificar os coros e cânticos espirituais que têm valor duradouro, reter a música do passado que é caracterizada por profundidade e poder e combinar essas muitas formas de música numa ordem de adoração que recorda, proclama, representa e celebra a história da salvação. Apesar de algumas igrejas continuarem a permanecer como igrejas que apenas cantam hinos e outras insistem em ser igrejas que cantam apenas coros, a maioria das igrejas provavelmente irá encontrar formas de incorporar tanto a riqueza e dignidade dos hinos da igreja como a inspiração e relevância dos cânticos *gospel* e coros contemporâneos.

CAPÍTULO 19

A Função das Artes na Adoração

Durante a última parte do século XX, tem havido uma explosão virtual das artes na adoração, iniciada pelos católicos romanos com a publicação da *The Constitution on the Sacred Liturgy* [A Constituição da Liturgia Sagrada] em 1963. Numa secção intitulada *"Sacred Art and Sacred Furnishings"* [Arte Sagrada e Mobiliário Sagrado], a *Constitution* refere:

> As belas-artes são merecidamente avaliadas juntamente com as mais nobres actividades do génio humano e isto aplica-se especialmente à arte religiosa e à sua maior conquista, arte sagrada. Essas artes, pela sua própria natureza, são orientadas para a beleza infinita de Deus, que de alguma forma tentam retratar pela obra de mãos humanas. Elas são dedicadas ao louvor e glória de Deus ao nível que se centram no objectivo simples de levar o espírito humano devotamente para Deus.[1]

Desde 1963, a revolução nas artes tem tocado a maioria das principais denominações e tem resultado em mudanças significativas no uso delas na adoração. Além da renovação católica, e subsequente protestante, das artes, novas formas de arte têm sido introduzidas na adoração através da renovação carismática e através do aparecimento da tradição de louvor e adoração. Enquanto a igreja católica tem dado maior atenção à arte ambiental, as tradições carismáticas e de louvor e santidade têm recuperado a dança e o drama.

O CONTEXTO BÍBLICO

UMA TEOLOGIA BÍBLICA DAS ARTES

A abordagem bíblica às artes está fundamentada na história básica das Escrituras: criação, queda, encarnação, redenção e consumação. No acto da criação, Deus demonstrou a Sua própria criatividade ao trazer à existência tudo a partir do nada. Deus originou todas as formas, padrões, cores e configurações. A criatividade de Deus estende-se da relva e da forma de um insecto às formas das ondas, estrelas e pessoas humanas. Nestas, e em todas as outras formas e moldes da ordem criada, vemos o poder criativo de Deus.

Pessoas feitas à imagem de Deus são dotadas por Ele com criatividade. A criatividade humana produz novas formas a partir das formas já existentes para comunicarem a verdade. Por causa da Queda, a mente e mãos humanas também podem criar formas que fazem mau uso da boa criação de Deus. Essas formas de criatividade, em vez de incitarem o louvor a Deus, podem resultar na elevação do ego ou podem degenerar em coisas como pornografia.

Apesar das artes estarem enraizadas numa teologia da criação, a teologia da queda, que afecta a criatividade humana de uma forma negativa, é invertida na teologia da encarnação. Os cristãos confessam que Deus Se tornou carne na encarnação e Se tornou um de nós, um participante completo na ordem criada. Por causa da morte e ressurreição de Cristo, os poderes do mal que distorcem o impulso criativo humano foram derrotados. Consequentemente, a ressurreição constitui um segundo acto da criação, um novo começo que aponta para a consumação de todas as coisas nos novos céus e na nova terra. Isto significa que a actividade criativa do cristão não é apenas baseada na criação, mas na recriação do mundo alcançado por Deus em Cristo. Assim, a arte ambiental, as artes visuais e o movimento de artes não são primariamente uma arte de apresentação ou de testemunho, mas são actos de adoração que servem o objectivo de apontar toda a criação para o louvor a Deus.

AS ARTES NAS ESCRITURAS

A maior concentração de artes nas Escrituras é encontrada no Antigo Testamento. Isto tem levado alguns teólogos a concluir que as artes devem ter sido primariamente usadas na adoração no Antigo Testamento, mas abolidas no Novo, onde a adoração se torna espiritual e independente de símbolos físicos e representações artísticas.

Rejeitar o lado físico da espiritualidade é negar a unidade das Escrituras. Isto entra na negação gnóstica da bondade da ordem criada. Não é consistente com a teologia bíblica da criação e não lida com o facto de que não há ensino explícito no Novo Testamento contra o uso da arte na adoração. Apesar deste capítulo trazer os seus exemplos das artes do Antigo Testamento, será assumido o uso apropriado delas na adoração cristã.

A Escritura afirma as artes visuais, particularmente através do uso das artes no templo (2 Reis 6-7). Os artistas do templo, sob a direcção de Deus, trouxeram temas teológicos para o templo para que o povo de Deus pudesse de facto ver a verdade de Deus.

O templo era realmente um microcosmo arquitectónico de toda a criação, dos "céus e da terra." Nele, o adorador encontrava Deus entroni-

A FUNÇÃO DAS ARTES NA ADORAÇÃO

zado nos céus (Salmos 123:1), estabelecendo a terra (Salmos 96:10) e preservando as Suas criaturas (Salmos 36:6-7), derrotando os inimigos do Seu povo (Salmos 76:2-3) e abençoando a terra como a fonte do rio da vida (Salmos 46:4, Ezequiel 47:9).[2]

Apesar das artes visuais serem uma parte importante da adoração bíblica, elas assumem uma posição de menor importância do que outras artes. Isto poderá ser porque as artes visuais têm um carácter estático e são propensas a tornarem-se objectos de veneração e adoração em vez de sinais que inspiram a adoração a Deus.

Outras artes, tais como o movimento e artes literárias, requerem a participação da comunidade de uma forma que as artes visuais não requerem. Essas artes representam o carácter dinâmico de Deus, um Deus que age para libertar o povo da sua escravatura.

A arte de movimento, seja em dança; gestos de curvar-se, ajoelhar e levantar as mãos; ou numa procissão, é uma expressão coreografada do Deus dinâmico cujos actos salvíficos estão a ser representados na adoração.

Por exemplo, no padrão do Antigo Testamento de trazer um sacrifício perante o Senhor, o povo e o sacerdote passavam por uma série de movimentos coreografados, apresentando o sacrifício, impondo as mãos nele, oferecendo-o a Deus, queimando-o e comendo-o. Todos esses movimentos e gestos estão carregados com significado e eram meios através dos quais o povo comunicava com Deus.

As artes literárias também eram usadas na adoração bíblica. A recitação solene das leis pactuais e a leitura dos Salmos, o decálogo e outras partes das Escrituras (Êxodo 22,18-22; 23:1-9; 34: 11-26; Levítico 18:7-18; Deuteronómio 27:15-26) eram frequentemente organizadas para leituras de grupo.

O DESENVOLVIMENTO HISTÓRICO

A IGREJA ANTIGA

Na igreja primitiva, os gnósticos rejeitaram o lado físico da espiritualidade, insistindo numa fé intangível. As artes visuais floresceram entre os crentes ortodoxos. Por exemplo, cenas da Bíblia eram pintadas nas paredes das catacumbas romanas a nas câmaras cristãs de sepultamento. O simbolismo cristão também era usado generosamente. Os temas favoritos eram a ressurreição, retratadas por Jonas e o grande peixe, a eucaristia, ilustrada pelos pães e pelo peixe. Nas catacumbas, podia-se encontrar imagens retratando a igreja primitiva na adoração. A introdução das grandes basílicas para adoração permitiu o surgimento da actividade artística. Os mosaicos começaram a aparecer nas paredes e tectos de igrejas, onde o mais famoso deles retrata Jesus como o dominador de tudo e centrado no abside do edifício.

O drama na adoração cristã primitiva era expresso primariamente na própria adoração, que era um tipo de drama — por exemplo, o recontar dramático da história do Evangelho era sempre celebrado com um sentido de drama e mistério. A partir do quarto século, a adoração tornou-se pública e era celebrada nas grandes basílicas, e em igrejas e catedrais, a natureza dramática de todo o culto era abordado através de um aumento de procissões e acções cerimoniais que se centravam à volta de aspectos principais da liturgia, como a leitura do Evangelho e a celebração da eucaristia. No entanto, as artes dramáticas actuais não eram aceitáveis dentro da adoração na igreja primitiva. Durante a era romana, o teatro era cru e continha considerável quantidade de imoralidade. No entanto, os cristãos rejeitaram todo o teatro e não o permitiam no contexto da adoração.

A dança na adoração, que é enraizada nos festivais do Antigo Testamento, continuou na era do Novo Testamento e na igreja primitiva. Mais tarde, a dança cristã entrou em conflito com a dança pagã. No segundo século, a dança estava ligada à dança do céu; a dança no presente simbolizava uma dança futura com anjos no céu. Apesar de não haver descrição de dança em si na adoração, há referências à dança na adoração nos vários patriarcas da igreja. No entanto, depois da conversão de Constantino e a afluência de muitos pagãos antigos na igreja, a atitude dos patriarcas mudou para uma visão negativa da dança. Ao contrário da dança do Antigo Testamento e da dança cristã primitiva, a dança pagã era sensual e sexualmente sugestiva. Devido à dança pagã ter entrado nos festivais cristãos, os líderes da igreja exorcizaram a dança da adoração.

A ERA MEDIEVAL

Depois da queda de Roma em 410, o cristianismo dividiu-se entre a igreja oriental em Bizantino e as igrejas na Europa ocidental. Em 1054, as divisões tornaram-se formalizadas, com anátemas mútuos separando as igrejas.

A igreja oriental aperfeiçoou os ícones, as pinturas de fresco e os mosaicos, criando um interior que juntava a terra aos céus e a grande companhia do povo de Deus que vivia em eterno louvor. A arte religiosa da Igreja Ortodoxa tem duas dimensões, para que funcione como uma janela para Deus. A ortodoxia rejeita as artes de três dimensões, considerando-as como uma quebra do segundo mandamento: "Não farás para ti imagem de escultura, nem alguma semelhança do que há em cima nos céus, nem em baixo na terra, nem nas águas debaixo da terra" (Êxodo 20:4). Timothy Ware, um historiador ortodoxo, defende o uso dos ícones na adoração.

> Os ícones que enchem a igreja servem como um ponto de encontro entre o céu e a terra. Enquanto cada congregação local ora domingo a domingo, rodeado por figuras de Cristo, anjos, santos, essas imagens visíveis relembram incessantemente os fiéis da presença invisível de toda a

companhia do céu na liturgia. O fiel pode sentir que as paredes da igreja se abrem para a eternidade e eles são ajudados a compreender que a sua liturgia sobre a terra é a mesma que a grande liturgia do céu. Os inumeráveis ícones expressam visivelmente o sentido do "céu na terra."[3]

A igreja ocidental aperfeiçoou a catedral básica, que expressava a visão sistematizada do universo presente no mundo medieval. A visão de uma ordem do mundo divinal foi expressa no edifício bem ordenado da igreja. No universo medieval, cada pessoa tinha um lugar e função específicos que tinham sido ordenados por Deus. O mais próximo de Deus era o sacerdote, que se movia aos lugares santos do santuário; o mais distante de Deus eram os leigos, que permaneciam em pé e observaram a adoração à distância. As artes floresceram não apenas no contexto arquitectónico do edifício, com vitrais requintados e lugares santos ornamentados, mas também nos livros litúrgicos, cálices, cibórios e representações artisticamente desenhadas e bonitas vestimentas.

Durante a era medieval, a igreja católica restaurou o drama como uma forma de comunicar as histórias de fé e de educar o povo. As formas mais antigas do drama foram desenvolvidas à volta dos eventos da Semana Santa. No domingo de Ramos, a igreja teria uma procissão com uma pessoa montada num burro. Na Sexta-Feira Santa, uma cruz seria embrulhada em pano e colocada dentro de um túmulo vazio na capela-mor e no domingo de Páscoa, seria mostrada dramaticamente como uma expressão da ressurreição. Outra forma antiga de drama, conhecida como o *trophe* (frase ou cláusula), desenvolveu-se como uma inserção dramática na liturgia. Por exemplo, o segundo *trophe*, conhecido como *Quen Queritas* (quem procura) é encontrado na porção introdutória da missa, tão cedo quanto 925.

Anjo: Quem procuras no túmulo, oh cristão?

As três marias: Jesus de Nazaré, o crucificado, oh seres celestiais.

Anjo: Ele não está aqui, Ele ressuscitou como Ele o disse antes. Vão e anunciem que Ele ressuscitou do túmulo.

Pouco depois, peças como o *Quen Queritas* expandiram-se para eventos dramáticos completamente desenvolvidos e eventualmente espalharam-se por toda a Europa, indo além dos seus pontos de partida litúrgicos para o mercado medieval. Eventualmente, foram desenvolvidos três tipos de peça. Jogos de mistério dramatizaram eventos da Bíblia, tal como a criação e as vidas das personagens bíblicos. As peças de *milagres* incluíam santos como São Nicolau e Joana d'Arc. As peças da *moralidade* provaram a conduta humana e lidavam com o choque entre os vícios e as virtudes, o mais famoso dos quais era *Everyman* [Todo o Homem]. Apesar de o drama ter tido o seu começo na igreja e ter florescido na liturgia e nos pátios das igrejas, eventualmente tornou-se crescentemente indecente e secular. Em 1250, o Papa Inocêncio III expulsou o drama da igreja, apesar dos artistas terem continuado a actuar fora.

A dança, durante a era medieval, mudou dos festivais para a própria missa sagrada. Em 633, o Concílio de Toledo proibiu o Festival of Fools [Festival dos Tolos] nas igrejas por causa do seu cantar, dançar e festejar ter incorporado elementos pagãos. A própria compreensão da igreja também passou por uma mudança significativa. Mudou do conceito de comunidade para um conceito mais hierárquico que elevou o sacerdócio e relegou o povo para uma função passiva na adoração. Rapidamente, a celebração do povo dos eventos salvíficos de Deus cedeu para o drama sagrado misterioso da missa.

A ERA MODERNA

A mudança mais significativa na atitude da igreja para com as artes resultou da Renascença e da Reforma do século XVI. Ambos os movimentos buscaram moldar a direcção da sociedade.

A Renascença afirmou as artes enquanto que a Reforma "lhes franziu a testa". Os reformadores, particularmente Calvino e Zwingli, viram as artes como mundanas, não tendo lugar na igreja e na sua adoração. Esta atitude foi levada pelos puritanos, pietistas e os evangélicos e por eles até ao século XX.

Entretanto, as artes eram encorajadas pelo humanismo renascentista. As artes visuais, o drama e a dança desenvolveram-se grandemente sob a influência de uma perspectiva humanista e secular. Apesar de a igreja reter o seu amor pela música, o mundo secular desenvolveu o seu próprio estilo de música. A igreja protestante do século XX acordou para a infeliz realização de que pela sua negligência das artes visuais, drama e dança, o mundo agora dominava o que, por direito, pertencia à igreja. A igreja protestante não tinha exercido a sua chamada nas artes e agora tinha de recuperar de quatrocentos anos de negligência. Entretanto, tanto a igreja ortodoxa como a católica romana tinham permanecido fixas nas formas das artes visuais da era medieval.

AS ARTES NO SÉCULO XX

AS ARTES VISUAIS

A restauração das artes visuais na adoração encontrou um novo ímpeto na publicação do documento *Environment and Art in Catholic Worship* [Meio Ambiente e Arte na Adoração Católica], uma declaração emitida pela Comissão Episcopal sobre a Liturgia em 1977. Na introdução ao documento, a Comissão desafia a igreja com estas palavras:

> Como o próprio pacto, as celebrações litúrgicas da comunidade de fé (igreja) envolvem toda a pessoa. Elas não são puramente religiosas ou

A FUNÇÃO DAS ARTES NA ADORAÇÃO

meramente exercícios racionais e intelectuais, mas são também experiências humanas que pedem a participação de todas as faculdades humanas: corpo, mente, sentidos, imaginações, movimentos, memória. Deve ser dada atenção às necessidades urgentes da renovação contemporânea litúrgica.[4]

Este documento católico não endossa artes visuais específicas. Em vez disso, define princípios para o uso das artes visuais na adoração. Ele defende que "deve também ser dado livre arbítrio na igreja à arte dos nossos dias, provinda de cada raça e região, desde que adorne os edifícios sagrados e rituais santos com a devida reverência e honra; deste modo está capacitada para contribuir com a sua própria voz para esse maravilhoso coro de louvor."[5] O documento fundamenta a liturgia na acção da assembleia, o povo reunido que adora. Discute, então, o lugar para a liturgia: gestos pessoais; postura; procissões; facilidade no movimento; mobília para a celebração litúrgica como cadeiras, bancos, o altar, o púlpito e o baptistério; e os objectos usados nas celebrações litúrgicas tais como a cruz, velas, livros, vestimentas, imagens, decorações e audiovisuais.

Esta análise completa do ambiente visual da adoração tem levado tanto igrejas dominantes como igrejas livres a olharem com mais seriedade para o seu próprio ambiente de adoração. O interesse da igreja livre nas artes visuais é representado pelo *Visual Arts and Worship* [Artes Visuais e a Adoração] de LeRoy Kennel. Ele lembra-nos que a "Bíblia fala do emprego das artes visuais tanto na adoração informal como na formal: estrelas lideram; arco-íris anunciam; nuvens guiam; pedras declaram; a arca da aliança relembra; e os templos e sinagogas simbolizam."[6]

O povo da igreja livre que tem rejeitado as artes visuais na adoração, está crescentemente a reconhecer que as artes visuais ajudam o adorador a ver o que está escondido: que as artes visuais ajudam-nos a louvar a Deus; e que as artes visuais providenciam uma forma de testemunho.[7] Assumindo que o povo da igreja livre irá aceitar a premissa básica que Deus é conhecido e adorado através das artes visuais, podemos perguntar: O que deve a igreja livre fazer acerca das artes visuais? O âmbito deste livro não permite uma discussão extensa sobre este assunto. Os seguintes parágrafos apontam para áreas de renovado interesse nas artes visuais entre os membros da comunidade da igreja livre.

Está a ser dada uma nova atenção à arquitectura da igreja. Os edifícios novos ou remodelados das igrejas precisam de facilitar os relacionamentos entre o povo, renovar o santo e permitir o uso apropriado de símbolos artísticos, visuais e sonoros. Acima de tudo, o edifício da igreja deve expressar hospitalidade e aceitação. O lugar da mobília da adoração é importante. O mobiliário litúrgico principal é o púlpito, a mesa da comunhão e o baptistério. A preocupação pelo lugar correcto do mobiliário de adoração entre o povo reunido está a tornar-se uma grande prioridade para aqueles que se preocupam com o visual. Além da reunião do povo, essas mobílias são visuais primários da igreja adoradora.

Visuais secundários que assistem a função da adoração tais como os vitrais, esculturas, cruzes, pinturas, bandeiras, gráficos e audiovisuais têm-se tornado uma prioridade para muitos. Cada um desses é uma questão de estilo local. Por isso, é menos provável que se tornem padronizados.

O culto dos fiéis introduzido pela Willow Creek Community Church nos subúrbios de Chicago apresenta uma filosofia curiosa relativa às artes visuais. Willow Creek crê que o lugar onde os não crentes se encontram devia ser completamente livre de todo o simbolismo cristão que poderá fazer com que sintam desconfortáveis. Consequentemente, defende edifícios corporativos com um auditório interior que se pareça com um teatro.

De forma a avaliar este movimento apropriadamente, deve ser relembrado que o culto dos fiéis não é adoração, mas evangelismo e um auditório sem decorações é apropriado para cultos evangelísticos. O que a igreja faz quando se reúne para adorar é completamente diferente do que faz quando se reúne para evangelismo. Por isso, a questão do lugar das artes visuais permanece válido, até para as igrejas que se centram naqueles que buscam, que usam a sua principal reunião para evangelismo e mudam a adoração para um culto a meio da semana. Desde que a adoração relembre, proclame e represente os actos salvíficos de Deus, é apropriado para as igrejas considerarem que tipo de visuais assistem o povo adorador.

DRAMA

No século XX, o drama dentro da adoração tem dado uma volta de 360°. Actualmente, o drama está a voltar. Na actual renovação de adoração, a natureza dramática de cada culto de adoração, bem como o carácter dramático dos grandes festivais do ano cristão e o uso das mini-apresentações dramáticas dentro da adoração, são questões de grande interesse.

A adoração é um drama apresentado perante Deus por todo o povo. Os líderes de adoração são os incitadores, as pessoas são os actores e Deus é a audiência. Neste sentido, a adoração não é um drama feito para o povo como na Idade Média, mas um retorno ao drama da igreja primitiva no qual a história bíblica do drama da redenção é o verdadeiro conteúdo da adoração.

A tensão que é básica para qualquer drama precisa de estar presente na adoração contemporânea. A história bíblica é o assunto da adoração. Nela encontramos o conflito dramático entre o bem e o mal. As leituras das Escrituras e a celebração da eucaristia abordam a tensão que é objecto da adoração. O objecto da adoração é o Deus trino, que resolve o conflito entre o bem e o mal através da obra de Cristo.

A FUNÇÃO DAS ARTES NA ADORAÇÃO   207

A igreja contemporânea também está a redescobrir a natureza dramática dos cultos do ano cristão. Apesar de a igreja dramatizar a história do Evangelho cada domingo, o restabelecimento do ano cristão permite o drama festivo de eventos salvíficos particulares. Todo o ano cristão flui da morte e ressurreição de Cristo. Este é o principal acto salvífico de Deus, que define e dá significado a todos os outros eventos do ano cristão. O Advento dramatiza a vinda do Messias. O Natal anuncia o nascimento de Jesus. A Epifânia declara Cristo como Salvador do mundo. A Quaresma prepara o povo para a morte do Redentor. A semana santa traz o povo para a paixão do nosso Senhor. A Páscoa celebra a ressurreição de Cristo e a vitória sob os poderes do mal. O Pentecostes anuncia a vinda do Espírito Santo. Nesses eventos salvíficos especiais, o drama da obra total da salvação de Deus é representado por todo o povo.

A igreja também está a recuperar o mini-drama dentro da adoração. Pelo facto do grande drama da fé cristã ser expresso através da Palavra e da eucaristia, o uso do mini-drama deve sempre destacar esses dois pontos focais e nunca obscurecê-los. O tipo de drama recomendado entre os renovadores contemporâneos é a leitura coral, o contar de histórias e pequenas peças de teatro. Essas formas de drama são especialmente úteis no culto da Palavra.

A leitura coral é um diálogo escrito das Escrituras que envolve toda a congregação. Às vezes a leitura pode ser feita numa maneira antifonal; outras vezes uma leitura pode envolver várias partes individuais e uma parte para a congregação como um todo. Essas leituras podem ser facilmente preparadas por alguém na congregação com um sentido do dramático. Um bom exemplo é o uso da narrativa da paixão no domingo de Ramos. Este drama inclui o narrador, Jesus, Pilatos, Pedro e a multidão, que é feita pela congregação.

O contar de histórias é mais apropriado para a lição do Evangelho. O contador da história pode ler e reler uma passagem até que ela forme uma história na sua mente. Em vez de ler o Evangelho, a passagem é contada através da história. O contar de histórias pode ser usado frequentemente, desde que seja cuidadosamente preparado e feito com dignidade.

Pequenas peças de teatro são um mini-drama feito durante a adoração, normalmente durante o serviço da Palavra e frequentemente antes do sermão para ilustrar o ponto que o sermão irá destacar. Pequenas peças de teatro são apropriadas quando são cuidadosamente escolhidas, bem representadas e adequadas à atmosfera do culto. Pequenos dramas de três a cinco minutos de duração são mais apropriados do que dramas mais longos e complicados.

Há certas formas de drama que são inapropriadas dentro da adoração e ainda assim apropriadas em contextos educacionais (Escola Dominical) ou recreacionais (festas da igreja, adoração familiar). Por exemplo, peças juvenis, jogos de drama, sátiras, fantoches, palhaços e desfiles são todos formas de drama que habilmente comunicam verdade, mas que não são geralmente aceitáveis dentro da matinal adoração da Palavra e eucaristia.

O drama de apresentação é particularmente usado em cultos centrados naqueles que buscam. O drama de apresentação difere do drama de adoração, das histórias contadas do Evangelho e de pequenas peças de teatro por não abordar a tensão inerente dentro do texto da história que a comunidade adoradora representa cada semana. O drama de apresentação ou testemunho num culto centrado naqueles que buscam é feito particularmente para ganhar a atenção deles. Levanta questões, coloca problemas e estimul o interesse em vez de proclamar o Evangelho.

Todas estas formas de drama têm o seu lugar na igreja e na sua adoração e estão a ganhar popularidade à medida que a igreja está gradualmente a reivindicar a natureza dramática da adoração e do Evangelho que representa.

DANÇA

A dança, que tem sido há muito tempo repudiada na adoração, está agora no processo de ser redimida na adoração. Apesar das igrejas litúrgicas terem reivindicado a dança, as igrejas carismáticas têm defendido a sua renovação.

Thomas Kane tem identificado cinco tipo de danças.[8] A dança processional é o movimento de um lado para o outro. Inclui movimentos tais como processões de entrada, processões relacionadas com as leituras do Evangelho, a procissão do trazer o pão e o vinho para a mesa (naquelas igrejas em que os elementos não são preparados antes do culto) e a procissão de encerramento.

Uma segunda forma de dança é o movimento de proclamação. Esta dança acompanha a leitura ou o contar de histórias das Escrituras. À medida que elas são lidas ou contadas, uma dança pode expressar a essência da história, para que a mensagem não seja apenas expressa em palavras, mas incorporada em acção.

A dança de oração expressa a oração da comunidade reunida. Tipos de dança de oração incluem a aclamação e invocação. A dança de aclamação expressa a concordância da comunidade para com a Palavra de Deus. Na adoração litúrgica, uma dança de aclamação pode acompanhar o *Kyrie*, o *Sanctus*, a *Memorial Aclamation*, o Ámen ou a *Doxologia* do Pai Nosso.

Um quarto tipo de dança, dança de meditação, é mais recreativa por natureza. Ela pode ocorrer depois de uma leitura bíblica ou como uma expressão de acção de graças pelo acto salvífico de Deus, como numa dança em resposta à comunhão.

A dança celebrativa ocorre normalmente no início ou no fim da adoração. Ela trabalha com porções celebrativas da adoração para elevar o texto de uma escravatura às palavras para uma descoberta da expressão e significado no movimento.[9]

A adoração carismática pode incluir qualquer um desses cinco tipos, mas muitas vezes a dança é mais espontânea e frequentemente inclui toda a congregação. As pessoas irão frequentemente "dançar no Espírito" em resposta aos cânticos que estão a ser cantados.

Para a maioria das pessoas das igrejas livres, a dança ainda é um tabu. As proibições contra a dança social, que vão de encontro à atitude negativa dos dias de "dançar, beber e jogar", estão profundamente gravadas na história espiritual da maior parte do povo da igreja livre.

No entanto, a dança na adoração está gradualmente a ser compreendida como um movimento de louvor, um meio para libertar o corpo para adorar a Deus. À medida que esta compreensão bíblica de movimento na adoração toma raízes, várias comunidades de adoração estão a tornar-se mais confortáveis com a dança e movimento dentro da adoração.

CONCLUSÃO

A igreja está no processo de redescobrir que as artes são um dom de Deus e que são destinadas para a adoração. O futuro das artes na adoração é incerto. A igreja deve reconhecer que as artes na adoração não são actuações, mas veículos que servem a adoração. Isso é expresso no lugar onde a igreja se reúne e naquilo que ela faz à entrada, no serviço da Palavra, na eucaristia e na despedida em cada domingo e nas grandes festividades do ano cristão. Porque Deus criou todas as coisas e encarnou em Jesus Cristo, todas as realidades criadas são livres para adorar. Assim, as artes visuais, as representações dramáticas e a dança têm o seu lugar apropriado na adoração.

CAPÍTULO 20

Os Cultos do Ano Cristão

Na adoração cristã não apenas lembramos, proclamamos, representamos e celebramos a história cristã através da Palavra e eucaristia, assistidos pela música e pelas artes, mas também lembramos a história através do tempo comemorativo.

O tempo comemorativo não é apenas a lembrança da morte e da ressurreição de Cristo, mas um tempo especial que traz o poder e significado do evento para o tempo contemporâneo e torna a realidade salvadora e curadora do evento de Cristo disponível para a comunidade adoradora.

A VISÃO GREGA DO TEMPO

A língua grega tinha duas palavras para descrever o tempo: *kairos* e *chronos*. *Kairos* designa um momento de tempo e pode referir-se a ocasiões especiais em vez de um extenso período de tempo. *Chronos* refere-se ao tempo entre eventos especiais e pode ser apropriadamente designado como o tempo de sequência ou a cronologia. Por esta razão, o *kairos* é sempre visto como um evento, o tempo de um momento especial ou significativo.[1]

De um ponto de vista mais filosófico, há duas características distintas de tempo entre os gregos. Os filósofos gregos separavam o tempo (como ligado à criação) da intemporalidade (como acima, ou além, da criação). Por causa desta separação, aquilo que é eterno ou acima do tempo não pode entrar no tempo. Assim, o tempo não tem significado eterno ou ontológico; é uma prisão na qual a pessoa está.

A segunda ênfase entre os gregos era a noção de que o tempo é cíclico. Não tem objectivo. Não está a proceder para com um momento final (*kairos*) que irá dar significado e propósito à cronologia do tempo. Assim, a história e o povo estão condenados à recorrência eterna do tempo. Esta visão pessimista vê o tempo sem sentido fora desses eventos existenciais nos quais o povo pode encontrar significado para a sua existência.

O CONCEITO HEBRAICO DO TEMPO

Os antigos israelitas também faziam distinções entre diferentes tipos de tempo. No entanto, a sua visão era significativamente diferente da dos gregos porque os israelitas tinham uma visão teológica do mundo. Eles criam na existência de um Deus transcendente que Se fez presente no tempo através de várias acções.

Por isso, o tempo hebraico era definido por eventos históricos. Esses eventos eram uma série de momentos especiais que representavam os actos salvíficos de Deus. Por exemplo, era dada uma grande atenção ao tempo de Moisés e do êxodo para fora do Egipto. Outros eventos significativos incluíam o reinado de David e a construção do templo de Salomão. Para os israelitas, o tempo não era vazio de significado, pois era nos eventos da história, orientados pelo tempo, que Deus estava a trabalhar para cumprir a Sua vontade e propósitos através do povo de Israel. O tempo para Israel era linear, movendo-se numa direcção particular.

Um segundo aspecto do tempo hebraico enfatizava a profecia. O tempo era marcado não apenas por eventos passados, tais como o êxodo, mas também por eventos futuros. Os eventos do passado continham elementos de expectativa, esperança, cumprimento e até julgamento. Os profetas predisseram o iminente julgamento escatológico de Deus contra as nações e contra Israel pela sua infidelidade (Jeremias 4:11-12; Daniel 12:1; Joel 3:1-2). No entanto, além do julgamento estava a esperança de uma nova era. Os que permaneciam fiéis poderiam alcançar a salvação eterna (Salmos 81:13-16; Isaías 60:20-22; Daniel 12:1-3; Sofonias 3:16-20).

Várias características significantes da visão hebraica de tempo resultaram da ênfase em eventos e profecia históricos. Em primeiro lugar, contrariamente ao conceito grego do tempo, a abordagem hebraica reconheceu a presença do eterno no tempo. O tempo e a eternidade não eram conceitos antiéticos. Em vez disso, Deus, que criou o tempo, estava activo nele, movendo-Se para o cumprimento que Ele pretendia. O tempo era uma estrutura integral da realidade de Deus. Não era um resultado ao acaso mas uma evidência da benevolência do cuidado e propósito de Deus pela Sua criação.

Uma implicação do conceito hebraico de tempo é vista na visão do Antigo Testamento sobre a adoração. Pelo facto da adoração representar eventos passados, o marcar do tempo na adoração era uma característica indispensável da fé do Antigo Testamento. O ciclo anual dos festivais da Páscoa, a Festa das Semanas, a Festa dos Tabernáculos e outros festivais menos importantes, o ciclo semanal do Sabat e o ciclo diário das orações, celebravam a acção de Deus na história. A representação desses eventos históricos santificava o momento presente, juntando-lhe o significado eterno do evento que representava a presença do Deus transcendente e eterno no tempo. Além disso, Israel antecipava o cumprimento da adoração no amanhecer da nova era.[2]

A SÍNTESE CRISTÃ

A compreensão cristã do tempo incorporava os conceitos de *chronos* e *kairos*, mantendo as distinções que lhes eram dadas pelos gregos, mas vendo-os numa maneira semelhante aos israelitas.

O conceito cristão era governado por um evento principal no qual todos os outros tempos e eventos encontravam o seu significado. Este momento único era a encarnação, a morte e a ressurreição de Cristo. Assim, no cristianismo, todo o tempo tem um *centro*. Paulo desenvolveu esta noção na sua epístola aos colossenses ao declarar que Cristo é o criador de todas as coisas (1:16), Aquele que mantém todas as coisas (1:17) e Aquele que reconcilia todas as coisas (1:20). Cristo é o centro cósmico de toda a história. Tudo antes de Cristo encontra o seu cumprimento n'Ele. Tudo depois de Cristo encontra o seu significado ao apontar para Ele.

De Cristo, o centro do tempo, são discernidos três tipos de tempo. Primeiro, há o tempo cumprido. A encarnação de Deus em Cristo representava o cumprimento dos desejos messiânicos do Antigo Testamento. Aqui, neste evento, todas as esperanças enraizadas na sequência dos momentos históricos significativos do Antigo Testamento foram completas. Pois em Cristo, o novo tempo (*kairos*) tinha chegado, como o próprio Jesus anunciou: "O tempo está cumprido... O reino de Deus está próximo. Arrependam-se e creiam nas boas novas!" (Marcos 1:15).

Segundo, a vinda de Cristo era um tempo de salvação. A morte de Cristo veio na altura estabelecida, como Paulo escreveu aos romanos: "Porque Cristo, estando nós ainda fracos, morreu a seu tempo pelos ímpios" (Romanos 5:6, ver também Mateus 26:18, João 7:6). A morte de Jesus foi o momento de vitória sobre o pecado: "E, despojando os principados e potestades, os expôs publicamente e deles triunfou em si mesmo" (Colossenses 2:15). Consequentemente, a morte de Cristo introduziu o tempo da salvação: "Eis aqui agora o tempo aceitável, eis aqui agora o dia da salvação" (2 Coríntios 6:2).

Terceiro, o evento de Cristo introduz o tempo antecipatório cristão. Este aspecto de tempo é baseado na ressurreição, ascensão e promessa da volta de Cristo. A igreja, tal como o povo do Antigo Testamento, vive em antecipação do futuro. Agora, a igreja espera o julgamento final (João 5:28-30; 1 Coríntios 4:5; Apocalipse 11:18).

O conceito cristão de tempo tem uma função significativa na adoração da igreja. O evento de Cristo dá significado a todo o tempo.[3] Assim, na adoração, santificamos o presente ao representar o passado, que dá forma ao futuro.[4] A igreja celebra o evento de Cristo numa forma diária, semanal e anual.

O CICLO DIÁRIO DO TEMPO

O ciclo diário da oração está enraizado nas práticas de adoração do Antigo Testamento, onde as orações eram ditas a várias alturas ao longo do dia.[5] A oração ocorria em certas alturas no templo (1 Crónicas 23:30) e Daniel orava três vezes ao dia (Daniel 6:10). O sentido de marcar o dia com tempos de oração foi continuado pela comunidade cristã primitiva. Lucas, no livro de Actos, informa-nos que "E Pedro e João subiam juntos ao templo à hora da oração, a nona" (Actos 3:1). Em relação a Pedro, Lucas diz-nos mais tarde: "E no dia seguinte, indo eles seu caminho, e estando já perto da cidade, subiu Pedro ao terraço para orar, quase à hora sexta" (Actos 10:9). Lucas notou a vinda do Espírito Santo à terceira hora (9 da manhã): "Estes homens não estão embriagados, como vós pensais, sendo a terceira hora do dia" (Actos 2:15). O tempo desses eventos importantes era significativo e mostra que a igreja primitiva marcava o tempo pelos eventos religiosos.

Não há, no entanto, evidência directa no Novo Testamento de uma adoração diária da comunidade. Ainda assim, parece que os primeiros cristãos continuaram a prática da adoração em tempos específicos do dia.

A evidência mais significativa dos tempos de oração na igreja antes de Nicéia vem da *The Apostolic Tradition* [A Tradição Apostólica] de Hipólito. Por causa das alusões aos tempos de oração nos patriarcas primitivos, podemos assumir que a prática detalhada por Hipólito precede a sua descrição e data talvez de meados do segundo século.

> Se à *terceira hora* estiver em casa, ore e dê graças a Deus; mas se por acaso estiver fora a essa hora, faça a sua oração a Deus no coração. Pois *a essa hora*, Cristo foi crucificado no madeiro; por isso, no antigo (pacto), a lei mandava que os pães da proposição fossem oferecidos continuamente simbolizando o corpo e sangue de Cristo e mandado o sacrifício do cordeiro, que simbolizava o Cordeiro perfeito; pois Cristo é o Pastor, e Ele é também o Pão que veio do céu.
>
> À *hora sexta* ore também, pois, depois de Cristo ter sido crucificado no madeiro da cruz, *o dia foi dividido* e houve grande escuridão; por isso deixem (os fiéis) orar a essa hora com uma oração eficaz, ligando-se à voz d'Aquele que orou (e) causou que toda a criação ficasse escura pelos judeus incrédulos.
>
> E à hora nona permitam que uma grande oração e uma grande acção de graças sejam feitas, tais como as almas dos justos, abençoando o Senhor, o Deus que não mente, que estava atento aos Seus santos e que enviou a Sua palavra para os iluminar. Então, *a essa hora, Cristo derramou água e sangue do Seu lado* e iluminou o resto do tempo desse dia até à noi-

te; para que, quando Ele dormisse, ao marcar o início de outro dia, Ele completasse o padrão da Sua ressurreição.

Ore novamente antes do seu corpo descansar na sua cama.[6] [ênfase adicionada]

A característica única da prescrição para a oração definida por Hipólito é a interpretação do tempo através dos eventos da morte de Jesus. Ele dá discernimento ao conceito do tempo dos cristãos antigos. O tempo, sugere esta abordagem, encontra significado através de Jesus Cristo, o centro de todo o tempo.

Este conceito de tempo era a base da vida devocional diária da igreja. Isto é especialmente visto no desenvolvimento das matinas e vésperas e as séries mais complicadas de orações diárias que caracterizaram o movimento monástico. Esta abordagem à oração foi usada pela comunidade cristã (com algumas modificações) durante séculos.[7] Depois da reforma, particularmente através da influência dos pietistas, o conceito de horas de oração (especialmente oração matinal e da tarde) mudaram para as casas. Mais recentemente, a mesma noção é abordada na ideia dos devocionais matinais e da tarde.

O CICLO SEMANAL DO TEMPO

O ciclo semanal do tempo, baseado na observância da igreja do domingo, é um assunto altamente complicado e de certa forma controverso. Pouco mais do que um esboço da função do domingo na compreensão cristã do tempo pode ser dado aqui. Iremos notar o relacionamento entre o Sabat e o domingo e resumir as várias perspectivas acerca do domingo dos primeiros cristãos.

Para começar, precisamos de questionar como o domingo se relaciona com o Sabat. O Sabat era uma instituição do Antigo Testamento que, como o templo, apontava para Jesus Cristo. Esta era a convicção da igreja primitiva. Por isso, Paulo incluía o dia do Sabat como "sombras das coisas futuras, mas o corpo é de Cristo" (Colossenses 2:17).

No Antigo Testamento, o Sabat chamava por um dia de descanso no sétimo dia (Êxodo 16:26). Neste sentido, o Sabat estava relacionado com o tempo. Era um símbolo do tempo sagrado na medida que esperava por um cumprimento futuro.

Cristo, claro, era o cumprimento do Sabat (Mateus 12:8). Ele trouxe o descanso que o Sabat antecipava: "Vinde a mim, todos os que estais cansados e oprimidos, e eu vos aliviarei" (Mateus 11:28). Este era o tema do sétimo dia que o autor de Hebreus tão eloquentemente desenvolveu (Hebreus 4:1-11). Ele via os três "descansos" na economia de Deus: o descanso depois da criação, o descanso que Israel buscava na Terra Prometida e o descanso que vem através de Jesus Cristo. O Sabat, então, tinha um carácter escatológico.

Ele apontava para o futuro, para Jesus Cristo como o seu cumprimento. O cristão vive agora no descanso do Sabat encontrado em Cristo.

Consequentemente, o Sabat, tal como o templo, foi abolido. Mas o princípio do descanso, como o princípio da presença de Deus com o Seu povo, permanece. O cristão vive na era do descanso. No entanto, o cristão tem uma expressão externa de descanso interno e isto é manifestado pela observância do domingo.

A razão primária para a adoração de domingo é que domingo foi o dia da ressurreição. A igreja primitiva juntou-se nesse dia, no dia do Senhor, como o chamavam, em lembrança da ressurreição de Cristo. Cada domingo era uma celebração da ressurreição. O significado do domingo foi assunto para várias interpretações por, pelo menos, três razões: era o primeiro dia da semana judaica, era no dia do sol e era o oitavo dia. Uma análise desses três significados menos óbvios mostra como o domingo estava relacionado com o conceito de tempo pelos primeiros cristãos.[8]

O domingo era o primeiro dia da semana judaica. Consequentemente, os primeiros cristãos consideravam-no como o aniversário da criação do mundo.[9] Mas, o domingo era mais do que um aniversário; ele representava o dia em que Deus começou a criar novamente — o início da nova criação. Por essa razão, o domingo também era visto como uma figura no final da primeira criação, como o historiador litúrgico Jean Daniélou o coloca: "No sexto dia, a criação tinha acabado; no sétimo, Deus descansou de todas as Suas obras. Mas no Evangelho, a Palavra diz: Eu vim acabar o trabalho."[10] O domingo também simbolizava a produção da Palavra. Todos esses conceitos rodeavam a noção do domingo como sendo o início e o fim da primeira criação. Todas essas noções têm a ver com o tempo e o significado que ele tem por causa destes eventos.

O domingo era o dia do sol no calendário astrológico. Os primeiros cristãos não fizeram nenhuma tentativa de sintetizar o domingo com o dia do sol. No entanto, eles viram-no como uma oportunidade de cristianizar os pagãos através de uma reinterpretação do dia do sol ao manter o motivo de uma nova criação. Relativamente a isto, Jerome escreveu:

> O dia do Senhor, o dia da ressurreição, o dia dos cristãos, é o nosso dia. E se é chamado o dia do sol pelos pagãos, nós aceitamos este nome. Pois neste dia surgiu a luz, neste dia iluminou o sol da justiça.[11]

Alguns também consideravam o domingo como o oitavo dia.[12] Apesar das origens desta noção serem de alguma forma obscuras, parece ser de origem cristã, sendo encontrada entre os patriarcas da igreja primitiva. O significado do termo parece ter um sabor escatológico. Apesar do sétimo dia significar descanso e o primeiro dia simbolizar a recriação, o oitavo dia representava o mundo futuro. Ele preservava a expectativa escatológica da igreja primitiva, que esperava pelo fim da era presente e o início da era eterna.

Mesmo se alguém não aceite todas as interpretações dadas ao domingo pela igreja primitiva, as implicações são óbvias. É um dia que marca o tempo. É o fim de uma era e o início de outra. A adoração no domingo, então, não é mera coincidência; neste dia a igreja representa a ressurreição e reafirma assim o significado da história do mundo.

O CICLO ANUAL DO TEMPO

O termo mais comum para a primeira celebração do tempo é o ano cristão. Este, desenvolvido na antiguidade, era uma parte vital da adoração até à Reforma.[13] Os reformadores deixaram-no por causa dos abusos atribuídos a ele no final do período medieval (por exemplo, cada dia do ano tinha sido nomeado por causa de um santo). A ênfase nos santos e nas festividades ligadas às suas vidas obscureciam a celebração do evento de Cristo e a santificação do tempo por causa da morte e ressurreição de Jesus. Os reformadores aboliram a maioria do ano cristão, perdendo assim o mau e o bom. Um retorno ao ano cristão entre os evangélicos deveria defender um ano muito simples e não adornado, semelhante ao da igreja primitiva, que acentua os principais eventos de Cristo. A fonte do ano cristão não é o paganismo como alguns têm suposto, mas sim a vida, morte, ressurreição, ascensão e segunda vinda do Senhor, Jesus Cristo. A compreensão do tempo como uma parte da consciência cristã no reconhecimento da morte e ressurreição de Jesus começou o "novo tempo." O facto de dois dos maiores eventos da igreja tomarem lugar durante as celebrações judaicas — Páscoa e o Pentecostes — levaram os cristãos primitivos a reconhecerem que um novo tempo tinha começado. Assim, como os judeus, os primeiros cristãos marcaram o tempo, mas, contrariamente aos judeus, marcaram o seu tempo pelos eventos da nova era.[14]

A mais antiga evidência de um ano cristão primitivo é encontrada na primeira carta de Paulo aos coríntios. Aqui, Paulo refere-se a "Cristo, o nosso cordeiro pascal" e exorta o povo a "manter o festival" (1 Coríntios 5:7-8). Essas referências parecem sugerir que os primeiros cristãos celebravam a morte e ressurreição de Cristo durante a Páscoa judaica.

Há considerável informação do segundo e terceiro século para descrever o significado do que veio a ser chamado de Páscoa. Tornou-se o principal dia do ano para baptismos, que era precedido por um tempo de oração e jejum. No entanto, não temos evidências de um desenvolvimento completo do ano cristão até ao quarto século.[15] Uma vez que o espaço não permite um completo tratamento das origens e desenvolvimento do ano cristão, o seguinte resumo irá esboçar o ano cristão e tocar nas origens e significado de cada parte.[16]

Advento. A palavra *advento* significa "vinda."[17] Significa o período que precede o nascimento de Cristo quando o povo antecipava a vinda do Messias. Apesar de assinalar o início do ano cristão, parece que o Advento foi estabelecido depois de outras partes do ano, como um meio de completar o ciclo. O seu propósito era preparar o nascimento do nosso Senhor. A igreja romana adoptou uma sessão de quatro semanas antes do Natal, uma prática que se tornou universalmente aceite.

Epifânia significa "manifestação".[18] Foi primeiramente usada para se referir às manifestações da glória de Deus em Jesus Cristo (ver João 2:11) através do Seu nascimento, baptismo e primeiro milagre. Apesar das origens da Epifânia serem obscuras, é geralmente pensado que se originou entre os cristãos egípcios, como uma forma de contra-atacar um festival pagão de Inverno que havia a 6 de Janeiro. Originalmente, provavelmente incluía:

Natal (celebrado no dia 25 de Dezembro para substituir o festival pagão do sol). No quarto século, o Natal tornou-se parte do Advento e o início da Epifânia, a 6 de Janeiro, tornou-se associado à manifestação de Jesus aos magos (isto é, ao mundo gentio). A celebração da Epifânia é mais antiga do que o Natal e testifica todo o propósito da Encarnação. Por isso, a ênfase na adoração durante a Epifânia é sobre as várias formas como Jesus foi manifestado ao mundo como o encarnado Filho de Deus.

Quaresma significa um período de preparação antes da Páscoa.[19] As origens da Quaresma estavam na preparação da catacumba antes do baptismo. A separação de um tempo para a preparação do baptismo vem desde a *Didaque* e é atestada por Justino Mártir e detalhado no *The Apostolic Tradition* [A Tradição Apostólica] de Hipólito. Gradualmente, o tempo de preparação foi associado com o número quarenta: Moisés preparou-se durante quarenta anos para a sua missão, os israelitas vaguearam no deserto durante quarenta anos e Jesus esteve quarenta dias no deserto. Além disso, a congregação juntou-se ao catecúmeno em preparação, tornando-se um tempo especial para toda a congregação. As leituras e sermões bíblicos durante este período destacam o ministério de Jesus, especialmente os seus ensinos nas parábolas e os Seus milagres. É dada uma ênfase especial à posição crescente para com Cristo e a preparação que Ele fez para a Sua morte. A igreja junta-se a Jesus ao recordar este período significativo da Sua vida através das disciplinas devocionais da Quaresma.

O período da Quaresma é gradualmente marcado pela Quarta-Feira de Cinzas,[20] no seu início e a Semana Santa,[21] no seu final. Os inícios da Quarta-Feira de Cinzas são obscuros. Estava em uso no quinto século e o seu significado era derivado do uso das cinzas como um símbolo penitencial, originado no Antigo Testamento e usado na igreja desde o segundo século para simbolizar arrependimento. A fórmula usada para a imposição das cinzas é baseada em Génesis 3:19: "Porquanto és pó e em pó te tornarás". Essas palavras assinalam o início de um tempo dedicado à oração, arrependimento, auto-exame e renovação. Termina ao celebrar a ressurreição quando o ministro clama: "Cristo está vivo!"

No entanto, antes da Páscoa, a igreja representa a semana final de Jesus. Apesar de poderem ser encontrados traços de uma ênfase especial durante esta semana no terceiro século, a *Semana Santa* foi desenvolvida no quarto século pelos cristãos de Jerusalém. A *Semana Santa* ligava os eventos finais da vida de Jesus com os dias e lugares onde eles ocorreram. Jerusalém, claro, era o único lugar no mundo onde isto poderia de facto acontecer. Pois aqui eram os próprios lugares dos Seus últimos dias. À medida que peregrinos se dirigiam a Jerusalém, a igreja de Jerusalém evoluiu esta estrutura para providenciar-lhes um ciclo significativo de adoração. Os cultos de adoração que foram desenvolvidos durante este tempo são ainda hoje usados em algumas igrejas. O antigo culto de Quinta-Feira Santa, a veneração da cruz na Sexta-Feira Santa e a noite de vigília no sábado tornam a Semana Santa o tempo mais especial de adoração em todo o calendário cristão.

O objectivo da Semana Santa era tornar real a vida de Cristo para o adorador. Representar os Seus últimos dias e entrar na Sua experiência era uma forma de Lhe oferecer adoração. Este realismo litúrgico fez um impacto significativo no ano cristão como uma forma de manifestar toda a vida de Cristo na vida do adorador.

A época da Páscoa destaca-se como um tempo de alegria e celebração.[22] Ao contrário da Quaresma, que é sóbria no seu tom, a Páscoa é o tempo de se focar na alegria da ressurreição. Agostinho disse:

> Esses dias depois da ressurreição do Senhor formam um período, não de trabalho, mas de paz e alegria. É por isso que não há jejum e oramos em pé, que é um sinal de ressurreição. Esta prática é observada no altar em todos os domingos e o Aleluia é cantado para indicar que a nossa ocupação futura não deve estar noutro lado que não no louvor a Deus.[23]

A pregação deste período chama a atenção para as aparências pós-ressurreição de Jesus e a preparação dos Seus discípulos para testemunhar do reino. São cinquenta dias ao todo e terminam com o Pentecostes.

O termo *Pentecostes* significa cinquenta, referindo-se aos cinquenta dias depois da Páscoa, quando os judeus celebravam a Festa das Semanas, o festival de agricultura que comemorava o final da colheita de cevada e o início da colheita de trigo.[24] No calendário cristão, o termo é associado à vinda do Espírito Santo e o início da igreja primitiva. A possível evidência da celebração do Pentecostes na igreja primitiva vem desde Tertuliano e Eusébio. Mais confiáveis são as referências feitas por Etheria à celebração do Pentecostes em

Jerusalém durante a última parte do quarto século. O académico litúrgico A. A. McArthur descreve o evento nestas palavras:

> Somente depois do meio dia é que o povo se juntava no santuário numa composição tradicional de ascensão e as passagens acerca da ascensão do Evangelho e de Actos eram lidas. Uma grande procissão de velas vinha à cidade em escuridão e era eventualmente meia noite quando o povo voltava para as suas casas.[25]

O tempo depois do Pentecostes é a maior época na igreja, tendo vinte e sete ou vinte e oito domingos até ao Advento. A pregação durante este tempo concentra-se no desenvolvimento da igreja primitiva e enfatiza o poder do Espírito Santo no ministério dos apóstolos e nos escritos da literatura do Novo Testamento.

CONCLUSÃO

Precisamos agora de questionar se há lugar para o tempo comemorativo na igreja contemporânea. Apesar de as igrejas litúrgicas continuarem a observar o calendário cristão e apesar de os líderes renovadores das principais igrejas protestantes estarem a clamar pela observância do calendário cristão, os que pertencem ao movimento da igreja livre, incluindo as igrejas protestantes, evangélicas, carismáticas e de louvor e adoração, precisam de considerar adoptá-lo.

Há boas razões para restaurar o calendário cristão. Primeiro, o ano cristão está enraizado na tradição bíblica e histórica da adoração. Praticar o ano cristão é um acto de permanecer fiel à tradição cristã. Mas em segundo lugar, e mais importante, o conceito bíblico do tempo surge da convicção que o tempo comemorativo traz o poder do evento comemorado para a comunidade adoradora. Esta "natureza evangélica" do ano cristão é, em si, uma razão atractiva para recuperar o ano cristão. Finalmente, as igrejas cristãs irão descobrir que a prática do ano cristão contrasta a comunidade de adoração com a comunidade secular e a sua prática de tempo. O tempo na igreja cristã é governado pela vida, morte e ressurreição de Jesus Cristo, não pelos feriados civis ou nacionais.

A recuperação do ano cristão por muitas igrejas que tinham sido indiferentes ou hostis a ele, mostram coragem espiritual e tornam o tempo um meio pelo qual a história cristã é relembrada, proclamada, representada e celebrada.

CAPÍTULO 21

As Acções Sagradas da Adoração

Já temos visto que a adoração proclama, representa, relembra e celebra a história bíblica da salvação. Apesar desta história dos actos salvíficos de Deus ser contada em palavras e explicada em conceitos, ela também é comunicada através de outros tipos de linguagem chamados rituais ou linguagem simbólica.

Um símbolo é a linguagem do inconsciente. Esses símbolos, que são ligados ao lado direito do cérebro, lidam com a intuição, imaginação e emoção. Eles diferem das palavras porque têm de ser cultivados através da meditação e consagração. Apesar de falarem uma linguagem que difere das palavras, elas são tão poderosas como as palavras.

A adoração é rica em linguagem simbólica, uma linguagem que tem o Evangelho como seu ponto de referência e comunica um relacionamento com o Pai, o Filho e o Espírito Santo. Esses símbolos são chamados sacramentos porque agem de uma forma comemorativa. Trazem a realidade que representam à comunidade adoradora e expressam um relacionamento entre Deus e o crente adorador através de sinais-actos.

Apesar de o termo *sacramento* ser altamente mal compreendido por muitos protestantes, é uma palavra apropriada para esses sinais-actos. É a palavra latina que Jerónimo usou no quarto século para traduzir a palavra grega para mistério, encontrada nas Escrituras. *Sacramento*, então, refere-se a um mistério, o mistério de proclamar a salvação através de sinais-actos.

A natureza misteriosa dos sacramentos é ainda mais realçada por uma compreensão do significado latino do *sacramentum*, uma palavra derivada do sagrado ou santo sacramento e o sufixo *mentum*, que significa fazer. Assim, sacramento significa "tornar santo". Neste sentido, há apenas um sacramento, Jesus Cristo. Jesus Cristo é *o* sacramento da igreja porque apenas Ele pode tornar alguém santo. O poder de Jesus Cristo para tornar santo é comunicado através dos sinais-actos do baptismo, eucaristia e outra acção sacramental. Mas a água, pão e vinho não nos salvam; eles são sinais de salvação que vêm de Jesus Cristo, o único sacramento, o único meio pelo qual somos trazidos a Deus.

Neste capítulo, iremos olhar para a natureza comemorativa do baptismo, a eucaristia e outras acções sacramentais e procurar formas nas quais essas acções podem fortalecer a adoração contemporânea.

BAPTISMO
AS RAÍZES DO BAPTISMO

O baptismo é *o* ritual de iniciação da igreja primitiva. Quando os judeus no Pentecostes perguntaram: "Que faremos, homens irmãos?", Pedro responde: "Arrependei-vos, e cada um de vós seja baptizado em nome de Jesus Cristo, para perdão dos pecados; e recebereis o dom do Espírito Santo; Porque a promessa vos diz respeito a vós, a vossos filhos, e a todos os que estão longe, a tantos quantos Deus nosso Senhor chamar" (Actos 2:37-38).

Como um ritual de iniciação, o baptismo permanece em ligação com o ritual do Antigo Testamento da circuncisão (Génesis 17:11). Como a circuncisão, que era o sinal de entrada na comunidade pactual, o baptismo é o sinal de entrada na igreja. Apesar de o baptismo também levar o sentido de lavagem para limpeza, como nas lavagens cerimoniais do Antigo Testamento, a imagem bíblica mais poderosa associada ao baptismo é ser oferecida de uma condição para a outra no caso de Noé. Pedro escreveu sobre Noé e a arca:

> Os quais noutro tempo foram rebeldes, quando a longanimidade de Deus esperava nos dias de Noé, enquanto se preparava a arca; na qual poucas (isto é, oito) almas se salvaram pela água; Que também, como uma verdadeira figura, agora vos salva, o baptismo, não do despojamento da imundícia da carne, mas da indagação de uma boa consciência para com Deus, pela ressurreição de Jesus Cristo; O qual está à destra de Deus, tendo subido ao céu, havendo-se-lhe sujeitado os anjos, e as autoridades, e as potências.
>
> *1 Pedro 3:20-22*

Esta transferência de um estado para o outro está na essência do ensino paulino do baptismo. Ao longo dos seus escritos, Paulo ensina uma identificação com a morte e ressurreição de Jesus como o padrão de uma vida transferida do domínio das trevas para o reino de Deus. Estar em Cristo é considerar como morta a natureza terrena (Colossenses 3:5-14), viver pelo Espírito e não gratificar os desejos da carne pecaminosa (Gálatas 5:16-26) e ser um escravo da justiça (Romanos 6:15-23). Por isso Paulo pode dizer: "De sor-

AS ACÇÕES SAGRADAS DA ADORAÇÃO

te que fomos sepultados com ele pelo baptismo na morte; para que, como Cristo foi ressuscitado dentre os mortos, pela glória do Pai, assim andemos nós também em novidade de vida" (Romanos 6:4). O baptismo não é apenas um sinal-acto de entrada em Cristo, mas também na igreja.

O DESENVOLVIMENTO HISTÓRICO

O desenvolvimento histórico completo do baptismo vai além do âmbito deste capítulo. Uma breve excursão ao segundo século mostra-nos que o que emerge na igreja primitiva é consistente com a compreensão bíblica do baptismo nas águas como um ritual de iniciação na igreja. O baptismo simboliza a transferência do novo convertido da fidelidade aos poderes do mal para Cristo e a nova vida do Espírito.

Esses temas são expressos por Tertuliano, um teólogo do segundo século, na sua obra intitulada *On Baptism* [Sobre o Baptismo]. O foco deste tratado é sobre a teologia da água, um sinal da obra criativa de Deus. Ele argumenta que a era da água estava lá antes da formação do mundo, e a dignidade da água era o assento da actividade criativa de Deus, pois Ele chamou as águas "para trazer as criaturas vivas"[1]. As águas são um veículo digno através do qual a graça de Deus opera. A "substância material [água]," diz ele, "que governa a vida terrestre, age como agente da mesma forma no celestial."[2]

Tertuliano, como outros na igreja primitiva, não ensinou uma doutrina de regeneração baptismal (salvação através do baptismo). Em vez disso, ele fundamenta a necessidade do baptismo na morte de Cristo — na água e sangue que fluiu do Seu lado. "Ele deixou estes dois baptismos da ferida do Seu lado perfurado para que possamos, dessa forma, sermos chamados pela água e escolhidos pelo sangue e para que aqueles que crêem no Seu sangue possam ser lavados na água." Tertuliano ensinou a necessidade do baptismo. Para ele, o baptismo não salva a pessoa; é o ritual através do qual a pessoa é trazida para a igreja, a comunidade através da qual a salvação de Deus no mundo está a ser expressa.

A ênfase no baptismo como um ritual de iniciação é melhor vista nos escritos do terceiro século de Hipólito, que escreveu *The Apostolic Tradition* [A Tradição Apostólica].[4] No terceiro século, o ritual de iniciação tinha-se desenvolvido num processo de dois ou três anos que culminava no baptismo e numa recepção oficial para a vida total da igreja. O processo envolvia sete passos.

O inquérito. O primeiro passo na conversa era um inquérito formal. Era conduzido com o propósito de eliminar aquelas pessoas que não estavam dispostas a comprometerem-se ao discipulado radical. Como resultado, é requerido que as pessoas que se tornam cristãs desistam das vocações que não sejam compatíveis com a fé cristã. Por exemplo, Hipólito diz-nos que um "mágico, um astrólogo, um adivinho, um profeta, um utilizador de versos mágicos, um malabarista, um charlatão, um produtor de amuletos, devem desistir dessas ocupações ou ser rejeitados."[5]

O ritual de entrada. Depois do convertido passar o inquérito ao persuadir suficientemente os líderes da igreja local do seu compromisso com Cristo e com a fé cristã, ele ou ela ganha entrada na igreja como um catequista. O ritual de passagem, que significou o movimento do inquérito para a catequese, é conhecido como o ritual de entrada. Muito pouco se sabe acerca do ritual de entrada. Conhecemos vários actos simbólicos que ocorrem durante este culto, sendo o ritual de benzer (o sinal da cruz feito na testa de cada candidato), que significava que o candidato agora pertencia a Cristo, tendo o sinal (a cruz), um dos mais importantes.

O catecismo. O próximo passo, o catecismo, era um período de teste e ensino pessoal, um tempo de formação sobre o carácter cristão. Hipólito relata: "Permitam que os catequistas passem três anos como ouvintes da Palavra. Mas se um homem é zeloso e persevera bem na obra, não é o tempo que é decisivo, mas o seu carácter."[6]

O ritual da eleição. Tendo passado pelo período de três anos de instrução, o catequista estava pronto para progredir do estado final para o baptismo. Um ritual de eleição, que significava que Deus o tinha escolhido, ocorria no primeiro sábado da quaresma como um ritual de passagem para o período de purificação e iluminação. O foco deste ritual era a inscrição de nomes — cada candidato ia à frente durante o culto e escrevia o seu nome no Livro da Vida.

O período de purificação e iluminação. Este período de tempo, que se estende à quaresma, era um período de intensa preparação espiritual para o baptismo. O candidato passava por uma série de exorcismos e rituais que assinalavam o sentido e importância do baptismo.

O ritual do baptismo. O ritual de baptismo ocorria na manhã do domingo de Páscoa. Incluía orações ditas ao pé das águas; remoção das roupas como um sinal de deixar para trás a antiga natureza; renúncia do mal e de todas as suas obras e uma oração final de exorcismo; afirmações de credo expressando a fé no Pai, Filho e Espírito Santo; unção com o óleo de acção de graças; a imposição das mãos com uma oração pelo dom do Espírito Santo; entrada na comunidade de fé; e, pela primeira vez, juntar-se à congregação na eucaristia.

Mistagogo. Este período final de instrução, que ocorria durante os cinquenta dias da altura da Páscoa, explicava o sentido da eucaristia e integrava o convertido na vida total da igreja.

A explicação precedente do baptismo no terceiro século mostra quão importante o baptismo era na igreja primitiva. Era primeiramente para adultos e significava a sua conversão e entrada na igreja. Imagens populares de baptismo entre os patriarcas primitivos incluíam a salvação de Noé na arca e a passagem de Israel da escravatura no Egipto pelo Mar Vermelho e pela Terra Prometida. O baptismo, mais do que qualquer outra coisa, significava a libertação das garras de Satanás para o domínio em que Cristo governa.

Durante a Idade Média, o carácter e significado do baptismo passou por uma mudança significativa. O processo de iniciação foi perdido, pois o baptismo era administrado primariamente às crianças. Além disso, Tomás de Aquino interpretou o baptismo em termos de regeneração baptismal. Aquino compreendeu o baptismo e todos os sacramentos como "remédios através dos quais o benefício da morte de Cristo poderia ser-lhes, de alguma coisa, unido." Para ele, a condição humana é de tal natureza que "os remédios espirituais tinham de ser dados ao homem sob sinal sensível."

Consequentemente, o baptismo, como Aquino clamava, tinha o "poder de tirar para fora tanto o pecado original como os pecados actuais cometidos."[7] Esta doutrina do *Ex opere operato* (faz a obra), que argumentava que o baptismo, até à parte da fé, traz salvação, foi afirmado como ensino católico no Concílio de Trento em 1545. Tanto Lutero como Calvino, que mantiveram o baptismo infantil, rejeitaram a noção da *Ex opere operato* e insistiam que o baptismo tem de ser feito pela fé.

Para Lutero, o baptismo estava ligado à promessa de Deus na Palavra. Por exemplo, no *The Babylonian Captivity of the Church* [O Captiveiro Babilónico da Igreja], ele escreveu: "*A primeira coisa a ser considerada no baptismo é a promessa divina que diz: 'Aquele que creu e é baptizado deve ser salvo'.*"[8] O baptismo é um sinal da promessa derivada da Palavra. Por isso, é a Palavra de Deus que é crida e o baptismo é o sinal dessa Palavra.

Apesar de Lutero ligar a doutrina do baptismo com a justificação pela fé, Calvino compreendia o baptismo em relação à interpretação bíblica da predestinação. O seu argumento era que Deus sempre toma a iniciativa de vir a nós. Nós não iniciamos a graça. Em vez disso, é o escolher de Deus que encontra maior expressão no baptismo. A graça de Deus precede o sinal. Por isso, ele definiu um sacramento como "um sinal externo pelo qual o Senhor sela, nas nossas consciências, as promessas da Sua boa vontade para connosco, de forma a sustentar a fraqueza da nossa fé; e, por sua vez, atesta a nossa piedade para com Ele, na presença do Senhor e dos Seus anjos e perante os homens."[9] Por isso, o baptismo pode ser definido como "o sinal de iniciação pelo qual somos recebidos na sociedade da igreja de forma a que, integrados em Cristo, possamos ser contados como filhos de Deus."[10] Calvino, como Lutero, defendia o baptismo infantil, fundamentando-o na natureza da graça como relacionado com o pacto de Deus e com o exemplo de circuncisão na antiga aliança, através da qual as crianças eram incluídas no contexto salvífico de Israel.

Os anabaptistas do século XVI ofereceram uma alternativa radical tanto a Lutero como a Calvino. Eles insistiram que o baptismo infantil foi uma invenção da igreja e que a única forma bíblica de baptismo era do adulto por imersão.

O versículo central no qual a doutrina anabaptista se baseava era 1 Pedro 3:21: "Que também, como uma verdadeira figura, agora vos salva, o baptismo, não do despojamento da imundícia da carne, mas do compromisso de uma boa consciência para com Deus, pela ressurreição de Jesus Cristo." Eles enfatizam a palavra *compromisso*. De acordo com Robert Friedmann, o pensamento anabaptista sobre o *compromisso* tinha três conotações: (1) um pacto entre Deus e o homem, (2) um pacto entre o homem e Deus e (3) um pacto entre os homens, no qual a igreja está estabelecida.[11] Leonhard Schlemer, um líder anabaptista do século XVI, disse isto acerca do pacto estabelecido no baptismo:

> O baptismo com água é uma confirmação do pacto interior com Deus. Isto pode ser comparado a um homem que escreve uma carta e depois pede que seja selada. Mas ninguém lhe sela ou dá testemunho, a menos que conheça o conteúdo da carta. Qualquer que baptize uma criança, sela uma carta vazia.[12]

Em resumo, a teologia anabaptista via o baptismo como um acto pessoal de fé em vez de um sinal da graça de Deus. No século XVI, a imersão de um adulto significava a renúncia da falsa doutrina da igreja católica. Também era a entrada na, e a adopção da vida da nova comunidade de Deus.

A visão dos anabaptistas deu azo a questões acerca do baptismo de crianças versus o de adultos. Os anabaptistas argumentaram que por não haver registos de baptismos infantis no Novo Testamento, ele era sempre errado (esta opinião é partilhada por muitos protestantes, particularmente da tradição separatista). Deve-se admitir que, de facto, nenhumas descrições de baptismos infantis são encontradas nas páginas do Novo Testamento e que as descrições mais antigas do baptismo de uma criança não aparecem até aos escritos de Hipólito em 215. Apesar de a ausência de baptismos infantil constituir um forte argumento contra o baptismo de crianças, aqueles que baptizam crianças baseiam a sua prática na teologia do pacto — Deus inclui as crianças no pacto — e na precedência israelita de circuncidar os rapazes aos oito dias de idade. Assim como as crianças não eram excluídas de Israel, os filhos dos crentes não devem ser excluídos da igreja e do reino.

Apesar de não podermos resolver esta batalha, podemos afirmar claramente algo sobre o qual todos os cristãos concordam: O Novo Testamento defende o baptismo tanto do coração como do corpo — um baptismo interno e externo. A questão é, qual vem primeiro? Aqueles que baptizam as crianças crêem que o baptismo externo pode preceder o baptismo do coração (significado pela confirmação), e os que não apoiam o baptismo infantil defendem uma conversão sentida primeiramente no coração, seguida pelo baptismo como um acto de obediência. Os que baptizam crianças vêem o baptismo primariamente como um acto de Deus, ao qual a criança é chamada a responder (uma visão sacramental). Apesar de essas duas visões nunca terem chegado a uma terceira alternativa, os cristãos têm simplesmente concordado em discordar sobre este assunto, concordando acerca da necessidade da conversão e do baptismo, os actos interno e externo da salvação.[13]

A RENOVAÇÃO BAPTISMAL NO SÉCULO XX

Pelo facto de estudos acerca da igreja primitiva terem trazido a redescoberta do baptismo como um ritual de iniciação e um padrão de espiritualidade, a igreja do século XX tem testemunhado uma compreensão e prática renovada do baptismo.

Primeiro, o baptismo como um ritual de iniciação tem recebido considerável atenção pela igreja católica naquilo que é conhecido como *Rites of Christian Initiation* (RCIA) [Rituais da Iniciação Cristã]. O trabalho dos católicos romanos nesta área tem influenciado a Igreja Episcopal e outras denominações dominantes a estudarem tanto a igreja primitiva como as práticas actuais de iniciação da igreja romana. Os sete passos de iniciação praticados na igreja primitiva têm sido adaptados para a cultura moderna. Em particular, as igrejas renovadas têm achado esta abordagem de alcance evangelístico e de nutrição espiritual, particularmente efectivas em ajudar os que não são da igreja a encontrar Jesus de uma forma salvadora. Também tem sido usado com sucesso como uma forma de trazer os afastados de volta à comunhão de Cristo e da Sua igreja.[14]

Estudos recentes sobre o baptismo têm resultado na recuperação da natureza teológica do baptismo. Identificar o baptismo com a morte e ressurreição de Cristo tem resultado em discernimentos significativos sobre a espiritualidade. O baptismo é visto como levar à morte os poderes e principalidades do mal e dar à luz o desejo de seguir o Espírito. A substância evangélica e carismática desta teologia está profundamente enraizada nas tradições bíblicas e da igreja primitiva e mantém enorme apelo aos promotores do avivamento que desejam enfatizar a centralidade de Cristo na fé e espiritualidade cristã.

Finalmente, este renovado interesse no baptismo tem resultado em novas formas de adoração baptismal.[15] Na igreja primitiva, o baptismo era enfatizado pela renúncia do mal e pela aceitação tripla do Pai, do Filho e do Espírito, como expressa no credo interrogatório (mais tarde desenvolvido como o Credo dos Apóstolos). Hoje, as novas liturgias baptismais da igreja católica romana e das igrejas protestantes dominantes reflectem esta antiga estrutura.

Estes novos discernimentos têm muito a oferecer à igreja livre. Na maioria das igrejas livres, o baptismo é visto como a experiência de fé da pessoa.

Apesar de o lado subjectivo do baptismo não ser negado, é importante recuperar a ênfase bíblica e histórica. A antiga compreensão do baptismo reconhece-o como um ritual de iniciação caracterizado por uma acção divina através da qual Deus inicia um relacionamento com o novo crente. Este relacionamento fortalece o crente a viver uma vida que renuncia o mal e adopta a verdade.

A EUCARISTIA

AS RAÍZES BÍBLICAS

O que os cristãos fazem à mesa do Senhor é descrito no Novo Testamento como o "partir do pão" (Actos 2:42), a "Santa Ceia" (1 Coríntios 11:20) e o "cálice da bênção" (1 Coríntios 10:16).

A palavra eucaristia, que significa dar graças, tornou-se a designação proeminente usada pelos cristãos no início do segundo século. Esta palavra tornou-se a norma porque o que os cristãos faziam à mesa do Senhor está enraizado nas orações de acção de graça judaicas. As graças eram oferecidas sobre a comida, particularmente sobre o pão e o vinho, nas casas judaicas. As *orações de bênção* que os cristãos oram à mesa do Senhor vieram dessas *orações de graças*, particularmente as do Sabat e da Páscoa. Para os judeus, essas refeições relembravam, proclamavam e representavam os actos salvíficos de Deus. À medida que os cristãos desenvolveram orações sobre o pão e o vinho, que comemoravam os actos salvíficos de Deus em Jesus Cristo, era-lhes natural seguir o padrão já estabelecido na tradição judaica.

REFLEXÃO TEOLÓGICA

Visto a eucaristia se ter tornado um tema de divisão dentro da igreja, parece importante apresentar uma breve reflexão sobre os temas teológicos à volta dela. Primeiro, a eucaristia é compreendida como uma acção de graças pela vitória de Cristo sobre o poder do mal. Paulo ensina: "E, despojando os principados e potestades, os expôs publicamente e deles triunfou em si mesmo" (Colossenses 2:15). A adoração representa e celebra esta vitória. Todas as orações litúrgicas da igreja primitiva são cuidadosas para incluir uma oração de acção de graças que menciona a vitória de Cristo sobre a morte. Este motivo é claramente definido na oração eucarística de Hipólito:

E quando Ele foi traído para o sofrimento voluntário para que Ele pudesse destruir a morte e quebrar as ligações do mal e pisar o inferno e brilhar sobre a justiça e fixar o limite e manifestar a ressurreição...[16]

A eucaristia antecipa o julgamento do mal. Jesus insinuou isto quando disse: "E digo-vos que, desde agora, não beberei deste fruto da vide, até àquele dia em que o beba de novo convosco no reino de meu Pai" (Mateus 26:29). O julgamento futuro contra o pecado já estava presente em cada celebração da eucaristia. Paulo foi claro acerca disto na sua carta aos coríntios. Os seus pecados de divisão e glutonaria já tinham sido julgados na eucaristia. Por comerem indignamente, eles estavam a comer e a beber julgamento para eles mesmos (ver 1 Coríntios 11:27-34). Mas cada eucaristia antecipa o futuro e aponta também para o fim do mundo. Desta forma, a eucaristia prenuncia a completa destruição do mal (Apocalipse 20) e a criação de novos céus e nova terra (Apocalipse 21-22). Isto também é visto na oração litúrgica da igreja primitiva, "Maranata" (Vem Senhor).

A eucaristia pode ser considerada como uma oferta de Jesus Cristo ao Pai. Esta noção foi desenvolvida pelo escritor de Hebreus em 10:11-14.

> E assim todo o sacerdote aparece cada dia, ministrando e oferecendo muitas vezes os mesmos sacrifícios, que nunca podem tirar os pecados; Mas este, havendo oferecido para sempre um único sacrifício pelos pecados, está assentado à destra de Deus, daqui em diante esperando até que os seus inimigos sejam postos por escabelo de seus pés. Porque com *uma só oblação* aperfeiçoou para sempre os que são santificados. (ênfase adicionada)

É claro nesta passagem que há apenas uma oblação ou sacrifício pelo pecado — a oferta que Jesus Cristo fez de Si mesmo.

Várias questões sobre o relacionamento entre esta oferta e o que é feito na eucaristia levantam-se: (1) Os elementos do pão e do vinho simbolizam a oferta de Jesus Cristo? (2) Como é que a apresentação do pão e do vinho, pela congregação, através do ministro, podem ser consideradas como uma oferta? (3) Que efeito tem esta oferta nos elementos do pão e do vinho? E (4) que efeito tem a noção de uma oferta nos adoradores?[17]

Primeiro, os elementos do pão e do vinho simbolizam a oferta de Cristo? Não há resposta directa para esta questão no Novo Testamento.[18] No entanto, os patriarcas da igreja primitiva consideraram universal e inequivocamente a oferta do pão e do vinho como simbólicos do sacrifício de Jesus Cristo. Clemente, o bispo de Roma na última década do primeiro século, referiu Cristo como o "sumo sacerdote das nossas oblações"[19] e descreveu o bispo como aquele cujo ofício é o de "oferecer os dons."[20] Sessenta anos mais tarde, Justino informou o imperador de que depois das intercessões e do ósculo, o pão era "oferecido"[21]. Outros sessenta anos mais tarde, no início do terceiro século, Hipólito instruiu a igreja: "deixem os diáconos trazerem a oblação sacrificial e ele, com todos os presbíteros, impondo as mãos na oblação deve dizer..."[22]

Segundo, a ideia do sacrifício está claramente ligada aos elementos do pão e do vinho. O *Didaque* refere:

> Em cada Dia do Senhor — o Seu dia especial — juntem-se, partam o pão e dêem graças, primeiro confessando os vossos pecados para que o

vosso *sacrifício* seja puro. Quem quer que esteja em desacordo com o seu próximo não se deve juntar a vós, até que se reconciliem, senão o vosso *sacrifício* será contaminado. Pois foi sobre este *sacrifício* que o Senhor disse: "sempre e em todo o lado, ofereçam-me um *sacrifício puro* pois eu sou o grande Rei," diz o Senhor, "e o meu nome é maravilhoso nas nações."[23] [ênfase adicionada]

Inácio, o bispo de Antioquia, em 110 A.D. referiu-se à reunião eucarística da igreja como *thusiasterion*, "o lugar de sacrifício."[24]

Os termos *sacrifício* e *oferta*, usados em ligação com a eucaristia, são especialmente repugnantes para alguns protestantes. Isto acontece por causa da associação medieval desses termos com o contínuo sacrifício de Cristo ou por causa da noção de que Jesus é sacrificado de uma forma não sanguínea vez após vez para a salvação. A noção medieval é claramente não bíblica e foi correctamente rejeitada pelos reformadores. No entanto, é necessário tornar-se claro que esta não era a teologia dos patriarcas da igreja primitiva. Para eles, a noção de oferta e sacrifício, apesar de associadas à oferta e ao sacrifício de Cristo, não continham nenhuma noção de *re*sacrifício.

Este é o caso da oração eucarística primitiva encontrada nos escritos de Hipólito: "*Oferecemos*-Te o pão e o cálice... e pedimos-Te que envies o Teu Espírito Santo sobre a *oferta* da Tua santa igreja... *para que possamos louvar-Te e glorificar-Te* através do Teu Filho Jesus Cristo" (ênfase adicionada).[25] Nesta oração, o pão e o vinho são símbolos temporários que transcendem o tempo e encontram o seu verdadeiro significado na expiação de Jesus Cristo. O que dá resposta à segunda questão, nomeadamente, que a apresentação do pão e do vinho são uma oferta, não no sentido de um sacrifício, mas no sentido de uma oferta de louvor e acção de graças pelo sacrifício de Cristo.

A terceira questão considera qual o efeito que a oferta do pão e do vinho tem nos elementos. Eles *mudam* para o corpo e sangue do nosso Senhor quando são oferecidas ao Pai?[26] Esta questão tem sido um assunto de divisão na igreja. O espaço não permite uma análise detalhada aqui. É suficiente dizer que a igreja primitiva não conhecia nenhuma noção de transubstanciação como foi desenvolvida na igreja medieval e que foi rejeitada pelos reformadores. Por outro lado, a igreja primitiva tinha uma visão mais forte do que o memorialismo aderido por alguns grupos protestantes.[27]

A posição da igreja primitiva pode ser descrita desta forma: Pelo facto dos elementos do pão e do vinho terem sido oferecidos ao Pai, eles já não são mais pão e vinho comuns. Em vez disso, eles proclamam-nos o poder salvador de Jesus Cristo. Quando os recebemos pela fé, recebemos não apenas o pão e o vinho, mas recebemos misteriosamente a graça salvadora que vem do sacrifício único de Jesus Cristo.[28]

Esta observância surge da quarta e final questão: Que efeito tem esta oferta no adorador? A resposta a esta questão é baseada no reconhecimento de que a oferta do pão e do vinho é também uma oferta da pessoa. O pão e o vinho são os primeiros frutos da criação e, como tal, representam os frutos do trabalho humano. Assim, a oferta do pão e do vinho representam a oferta do ser total de alguém. Esta é uma oferta feita por toda a congregação, o corpo de Cristo. Mas é feito em e através de Cristo e a Sua oferta ao Pai. Consequentemente, a eucaristia, ou a acção de graças da igreja, inclui a oferta da pessoa como um acto de acção de graças. Esta dádiva pessoal de si mesmo deve resultar da confissão do senhorio de Cristo e o viver de uma vida de sacrifício pessoal. Por esta razão, as seguintes palavras seguintes de Hebreus devem ser interpretadas no contexto da adoração: "Portanto, ofereçamos sempre por ele a Deus sacrifício de louvor, isto é, o fruto dos lábios que confessam o seu nome. E não vos esqueçais da beneficência e comunicação, porque com tais sacrifícios Deus se agrada" (13:15-16).[29]

Esta primeira convicção da eucaristia como uma "oferta de louvor e acção de graças," redescoberta como um resultado da academia moderna litúrgica, enriquece a compreensão da igreja sobre a adoração. Nada nesta visão é incompatível com as Escrituras nem com um compromisso evangélico do Evangelho. A restauração deste ensino irá provar ser um meio para recuperar a alegria e triunfo de celebrar a vitória de Cristo sobre o mal.

O DESENVOLVIMENTO HISTÓRICO

A Igreja Antiga

Uma das primeiras interpretações do que acontece à mesa do Senhor foi providenciada por Justino Mártir (150 d.C.). Numa carta escrita ao imperador Tito em defesa da fé cristã, ele explicou o significado da eucaristia nas seguintes palavras:

> Esta comida que chamamos de eucaristia, da qual ninguém é permitido que participe excepto aquele que crê que as coisas que ensinamos são verdadeiras, e tem recebido a lavagem pelo perdão dos pecados e para o renascimento, e que vive como Cristo nos ensinou. Pois nós não recebemos essas coisas como um pão ou vinho comuns; mas da mesma forma como Jesus Cristo, o nosso Senhor, ao encarnar pela Palavra de Deus, tomou a carne e o sangue para a nossa salvação, temos sido ensinados que a comida consagrada pela palavra da oração que vem d'Ele, da qual a nossa carne e sangue são nutridos pela transformação, é a carne e o sangue do Jesus encarnado.[30]

Várias observações acerca desta citação irão clarificar a primeira visão cristã da eucaristia. Primeiro, Justino estava a descrever algo que acontecia semanalmente e não mensalmente ou trimestralmente como em algumas igrejas hoje. Depois, note que a descrição de Justino do pão e do vinho como o corpo e sangue do Senhor não era nem a doutrina católica da transubstanciação nem o conceito protestante do memorialismo. O pão e o vinho, escreve Justino, é mais do que comida ou bebida comum. A chave para entender o que Justino entende por esta declaração é encontrada na comparação entre a encarnação e a consagração. Como Cristo, pela Palavra de Deus, encarnou, da mesma forma, pelo poder da oração, o pão e o vinho são mais do que mera comida. O consenso geral entre os académicos litúrgicos é que a compreensão de Justino pode ser descrita como "presença real." Isto é, há um mistério a trabalhar ali, onde Jesus Se torna salvificamente presente a nós, através da acção representada pelo ritual do pão e do vinho. Não é somente uma mera memória humana que é invocada na mesa, mas uma acção real da parte de Deus onde os elementos representam uma comunicação actual e salvífica da obra de Cristo na cruz.

Hipólito

Setenta anos depois da descrição de Justino sobre a eucaristia, Hipólito providenciou um relato detalhado de uma oração eucarística usada em Roma. Esta oração, uma das mais antigas orações eucarísticas existentes da igreja, não apenas deu evidência da estrutura, conteúdo e espírito da adoração da igreja primitiva à mesa, mas é também o modelo para a reforma litúrgica no século XX. O seu valor para a academia litúrgica e para a renovação da adoração não pode ser subestimada. Incluímos a oração completa pelo seu significado inigualável.

> Rendemos graças a Ti, oh Deus, através do Teu querido filho Jesus Cristo, que, nos últimos tempos nos enviaste como salvador e redentor e anjo da Tua vontade; que é a Tua Palavra inseparável, através do qual Tu fizeste todas as coisas e no qual Tu te agradaste muito. Tu O enviaste do céu para o ventre de uma virgem; e, concebido no ventre, Ele foi feito carne e foi manifestado como Teu filho, sendo nascido do Espírito Santo e da virgem: Cumprindo a Tua vontade e ganhando para Ti um povo santo, Ele esticou as Suas mãos quando devia sofrer, para libertar do sofrimento aqueles que têm crido em Ti. E quando Ele foi traído para o sofrimento voluntário para que Ele pudesse destruir a morte, quebrar as ligações do mal, pisar o inferno, brilhar sobre a justiça, fixar o limite e manifestar a ressurreição, Ele tomou o pão e deu graças a vós, dizendo: "Tomem-no, comam-no; este é o meu corpo, que é partido por vós." Da mesma forma com o cálice, dizendo: "Este é o meu sangue, que é derramado por vós; quando o fizerem, façam-no em minha memória." Então, ao relembrar esta morte e ressurreição, oferecemos-Te o pão e o cálice, dando-Te graças porque nos manténs dignos para estar diante de Ti e para ministrar a Ti, e Te pedimos que nos envies o

Teu Santo Espírito sobre a oferta da Tua santa igreja; que, ao juntando-os num só, garantas a todos os que participam das coisas santas (participar) a plenitude do Espírito Santo para confirmação da fé na verdade; para que Te louvemos e glorifiquemos através do Teu filho Jesus Cristo, através do qual seja a glória e a honra, para o Pai e para o Filho, com o Espírito Santo, na Tua santa igreja, tanto agora como para sempre. (Ámen).[31]

Esta oração eucarística segue o padrão e estrutura do judaico *Berakhah* — louvor, recitação histórica e petição. Ela começa com louvor, continua com uma recitação histórica dos actos salvíficos de Deus em Jesus Cristo e termina com uma petição pela vinda do Espírito Santo.

Além disso, a oração da bênção contém toda a confissão da igreja cristã. Note que ela começa com a essência da mensagem cristã e depois enfatiza a unicidade do Filho com o Pai, criação, encarnação, obediência, sofrimento (pela igreja), vitória sobre o pecado, através da ressurreição, recitação da instituição da ceia como uma lembrança (a palavra *anamnesis* significa recordar, não apenas uma memória), o poder do Espírito Santo para santificar os elementos e a congregação e, finalmente, um reconhecimento que a oferta é de louvor ao Pai através do Filho.

Os Séculos Quarto e Quinto

É geralmente reconhecido que a igreja primitiva não procurava explicar o mistério da "presença real" através do pão e do vinho. No entanto, isto mudou algures entre o quarto e o quinto século quando os líderes da igreja buscaram ser mais específicos sobre o que realmente acontecia ao pão e ao vinho depois da oração da consagração. Duas principais diferenças de opinião foram definidas na proposta dos escritos de Ambrósio e Agostinho. A visão de Ambrósio é conhecida como *realismo* e a de Agostinho tem sido chamada de *realismo simbólico*.

O realismo de Ambrósio sugere que o pão e o vinho se tornam no verdadeiro corpo e sangue do nosso Senhor. Comentando na relação entre os milagres naturais da Bíblia e o poder da oração de consagração, ele escreve:

> Mas se uma bênção humana tinha o poder de afectar uma mudança na natureza, o que devemos dizer sobre a consagração divina onde as próprias palavras do Senhor e Salvador estão em operação? Pois o sacramento que vós recebeis é efectivado pelas palavras de Cristo. Agora, se as palavras de Elias tinham o poder de mandar fogo dos céus, não irão as palavras de Cristo ter o poder de mudar o carácter [espécie] dos elementos?[32]

Agostinho evita um realismo tão forte e descreve a presença de Cristo nos elementos de uma forma mais simbólica. Num dos seus sermões, Agostinho diz: "A razão pela qual esses [o pão e o vinho] são chamados de sacramentos é que uma coisa é vista neles, mas uma outra coisa é compreendida. O que é visto tem aparência corpórea; aquilo que é compreendido tem fruto espiritual."[33] Noutro lado, ele cita: "Cristo foi sacrificado na Sua própria pessoa; e ainda assim Ele é misticamente [*in sacramento*] sacrificado pelas pessoas, não apenas ao longo do festival da Páscoa, mas todos os dias."[34] Apesar de o realismo simbólico de Agostinho estar mais perto da menos claramente definida "presença real" da igreja do que o realismo de Ambrósio, os debates dos séculos seguintes resultaram numa visão católica medieval da transubstanciação, sendo que as suas sementes são encontradas em Ambrósio.

A Igreja Medieval

Paschasius Radbertus, o abade do mosteiro de Corbie (844-53), começou uma controvérsia sobre a presença de Cristo nos elementos do pão e do vinho que continuou durante quatro séculos e culminou na visão medieval da transubstanciação, afirmada pelo *Fourth Latern Council* [Quarto Concílio Latern] em 1215.

Radbertus, na obra intitulada *The Lord's Body and Blood* [O Corpo e o Sangue do Senhor], argumentou que o pão e o vinho realmente se tornavam no corpo e sangue do Senhor. Interpretando as palavras "Este é o meu corpo" (Mateus 26:26) de uma forma literal, ele escreveu:

> Se verdadeiramente crêem que a carne não tinha semente criada da virgem Maria no seu ventre, pelo poder do Espírito Santo, para que a Palavra se tornasse carne, também devem verdadeiramente crer que aquilo que é construído na Palavra de Cristo através do Espírito Santo é o Seu corpo da virgem. Se perguntam sobre o método, quem o poderá explicar ou expressar em palavras?... O poder da divindade sobre a natureza, efectivamente trabalha além da capacidade da nossa razão.[35]

Pode-se ver aqui que Radbertus estava a seguir o trilho de pensamento começado por Ambrósio.

Mas a visão de Radbertus não era a única convicção no século IX. Ratramnus, um monge rival de Corbie, na sua obra *Christ's Body and Blood* [Corpo e Sangue de Cristo], discutiu a tradição de Agostinho, com uma visão mais simbólica. Ele escreveu: "Esse pão através do qual o ministério do sacerdote vem a ser o corpo de Cristo, exibe uma coisa externamente ao sentido humano e proclama outra coisa internamente às mentes dos fiéis."[36]

Em 1215, o debate entre a tradição de Ambrósio e a agostiniana acerca da presença de Cristo no pão e no vinho chegou ao fim através do pronunciamento da igreja. O *Fourth Latern Council* [Concílio Quarto Latern] declarou:

AS ACÇÕES SAGRADAS DA ADORAÇÃO

> Há uma igreja universal de crentes fora da qual não há salvação para quem quer que seja. Nesta igreja, o sacerdote e o sacrifício é o próprio Jesus Cristo, cujo corpo e sangue estão verdadeiramente contidos no sacramento do altar mediante as figuras do pão e do vinho, o pão tendo sido transubstanciado para o Seu corpo e o vinho para o Seu sangue, pelo poder divino, para que, ao alcançar o mistério da nossa união, possamos receber d'Ele o que Ele recebeu de nós. E mais ninguém pode fazer este sacramento a não ser o sacerdote que tem sido verdadeiramente ordenado, de acordo com as chaves da igreja, que o próprio Jesus Cristo garantiu aos apóstolos e aos seus sucessores.[37]

Aquino interpretou a transubstanciação como as características externas do pão e do vinho permanecendo as mesmas enquanto a substância se torna o corpo e o sangue do Senhor.

> A substância completa do pão é convertida na substância completa do corpo de Cristo e a substância completa do vinho é convertida na substância completa do sangue de Cristo. Assim, esta mudança não é uma mudança formal, mas uma mudança substancial. Não pertence ao tipo natural de mudanças, e pode ser chamado por um nome apropriado para si mesmo – "transubstanciação"... é óbvio para os nossos sentidos que, depois da consagração, todas as características do pão e do vinho mantêm-se.[38]

Esta doutrina da transubstanciação estava intricadamente ligada aos mais amplos desenvolvimentos medievais dentro da igreja católica. Ela encaixava-se no conceito institucional da igreja, que tinha o poder de mudar os elementos para o corpo e sangue através da oração da consagração; encaixava-se na mudança litúrgica da noção da salvação; que é, que o corpo do Cristo divino junto com o corpo humano através da eucaristia, assegurava a salvação do pecador.

Consequentemente, quando os pré-reformadores do final do período medieval começaram a atacar a doutrina da transubstanciação, estavam inadvertidamente a atacar todo o sistema do qual ela fazia parte – a igreja, o seu conceito de adoração sacrificial e a salvação através do sacramento. Um exemplo deste ataque multifacetado é encontrado nos escritos de John Wycliff, que lançou o *de Eucharistia* [Eucaristia] em 1381 com um mordaz ataque à doutrina da transubstanciação.

> Primeiro, é contrário às Escrituras. Segundo, não é apoiado pela tradição da igreja primitiva. "Desde o ano mil do nosso Senhor, todos os doutores têm estado errados acerca do sacramento no altar, excepto talvez Berengar of Tours". Terceiro, é completamente oposto ao testemunho dos sentidos. Finalmente, é baseado numa falsa racionalidade. "Como pode, oh sacerdote, que é um homem, fazer um Criador?

O quê? Aquilo que cresceu nos campos — aquele ouvido que desgraça hoje, deve amanhã ser Deus! Assim, como não consegue fazer as obras que Ele fez, como O pode fazer, Aquele que criou as obras?"³⁹

O debate sobre a transubstanciação alcançou o seu auge no século dezasseis quando Lutero, Calvino e os anabaptistas definiram a Santa Ceia de formas que diferiram radicalmente da visão medieval católica. O catolicismo romano manteve a sua base e no decreto de Trento foi reafirmada novamente a doutrina da transubstanciação.

A Era da Reforma

Lutero e a Tradição Luterana

Já temos visto como Lutero batalhou com o catolicismo romano centrado nas obras-justiça. Lutero estava convencido que uma doutrina da salvação pelas obras se estendia a cada aspecto do pensamento e prática católico romano, incluindo a adoração e os sacramentos.

Lutero rejeitou o conceito católico de uma missa sacrificial e a doutrina da transubstanciação. Para Lutero, a ideia de um sacerdote a sacrificar Cristo no altar, enfatizava a realização e obras humanas e ele não achava que a doutrina da transubstanciação fosse bíblica.

Lutero argumentou que é a Palavra, não o sacramento, que é a fonte de nova vida. Por isso, a salvação que Cristo traz através da Sua Palavra é proclamada na Santa Ceia. Quando tomamos o pão e o vinho, estamos a receber a Sua Palavra de promessa que é "dada e derramada por vós para a remissão de pecados". A visão de Lutero é sucintamente citada no *Small Catechism* [Pequeno Catecismo]:

> Qual é o sacramento do altar? É o verdadeiro corpo e sangue do nosso Senhor Jesus Cristo, no pão e no vinho, instituído pelo próprio Cristo por nós cristãos para comermos e bebermos. Onde é que isto está escrito? Os santos evangelistas, Mateus, Marcos, Lucas, juntamente com São Paulo, escreveram assim: "O nosso Senhor Jesus Cristo, na noite em que foi traído, tomou o pão; E, tendo dado graças, o partiu e disse: Tomai, comei; isto é o meu corpo que é partido por vós; fazei isto em memória de mim. Semelhantemente também, depois de cear, tomou o cálice, dizendo: Este cálice é o novo testamento no meu sangue; fazei isto, todas as vezes que beberdes, em memória de mim". Que benéfico é este comer e beber? É-nos mostrado por estas palavras: "Dado e derramado por vós, para remissão dos pecados;" nomeadamente, que no sacramento, o perdão dos pecados, vida e salvação são-nos dados através dessas palavras. Pois onde há perdão dos pecados, ali também há vida e salvação. Como é que o comer e beber corpóreos fazem tais maravilhosas coisas? Não é o comer e o beber que o fazem de facto, mas as pala-

vras que aqui estão: "Dado e derramado por vós, para remissão dos pecados". Essas palavras, juntamente com o comer e beber corpóreo, são a coisa principal no sacramento; e aquele que crê que essas palavras têm o que dizem e significam, nomeadamente, o perdão dos pecados. Quem, então, recebe este sacramento dignamente? A preparação em jejum e de corpo são, de facto, uma boa disciplina externa; mas quem está verdadeiramente digno e bem preparado é aquele que tem fé nessas palavras: "Dado e derramado por vós, para remissão dos pecados". Mas aquele que não crê nestas palavras, ou duvida, é indigno e está despreparado; pois as palavras "por vós" requerem apenas corações crentes.[40]

Apesar de Lutero rejeitar a transubstanciação e colocar a acção salvadora de Cristo na Palavra, ele não rejeitou a presença real de Cristo no pão e no vinho. Ele argumentou que a palavra está nas palavras de instituição. "Este é o meu corpo" pode ser interpretado com integridade apenas quando é compreendido literalmente. Assim, ele argumentou contra a interpretação figurativa da palavra, exposta por Andreas Carlstadt e Zwingli e manteve a unidade do espiritual com o físico, uma unidade que é melhor exemplificada na encarnação.

Calvino e a Tradição Reformada

Como Lutero, Calvino também rejeitou as noções católicas da missa como um sacrifício e a transubstanciação do pão e do vinho para o corpo de Cristo. No entanto, Calvino estava um passo à frente de Lutero relativamente à presença de Cristo no pão e no vinho. A posição dele está mais de perto a uma interpretação figurativa e simbólica da presença de Cristo nos elementos.

Há duas diferenças fundamentais entre Lutero e Calvino que nos ajudam a compreender como elas diferem na questão da "presença real". Primeiro, Lutero cria na ubiquidade do corpo de Cristo; que é, ele estava convencido que Cristo está em todo o lado. Calvino, pelo contrário, acreditava que Cristo está no céu e por isso, num lugar particularmente localizado. Para Calvino, Cristo não poderia estar presente tanto no céu como no pão. Segundo, Calvino tendia a manter uma distinção entre o espiritual e o material. Esta visão é expressa na fórmula calvinista: "O finito não pode conter o infinito". Por isso, Calvino e os seus seguidores tenderam para com uma interpretação mais figurativa das palavras "Este é o meu corpo".

Zwingli, que geralmente se mantém na tradição calvinista, tem sido chamado o pai da visão memorialista. Esta visão considera a Santa Ceia como uma comemoração feita pela igreja para despoletar, na mente do indivíduo, uma recordação do acto salvador de Deus na morte de Cristo. A sua ênfase não é tanto no que Deus faz, como em Calvino (o sinal, garantia e testemunho de Deus), mas naquilo que o adorador faz. O adorador relembra, medita, pensa sobre e recorda o grande acto de Deus da salvação. A visão memorialista de Zwingli vê a eucaristia como um acto devocional da parte do adorador. O pão e o vinho não são veículos da graça de Deus, como nas compreensões de Lutero e Calvino. A Santa Ceia não é um sacramento — acção de Deus — mas um acto de piedade da parte do crente.

A ênfase de Calvino na Santa Ceia está no que é e no que afecta. O que poderá ser melhor expresso em palavras tais como sinais e testemunho. Nessas formas, o pão e o vinho significam o que Cristo tem feito. O que o pão e o vinho afectam é melhor expresso em termos de participação ou comunhão (1 Coríntios 10:16). Calvino colocou essas ideias desta forma no seu *Institutes of the Christian Religion* [Institutos da Religião Cristã]:

> No entanto, visto este mistério da união secreta de Cristo com o devoto ser, por natureza, incompreensível, ele mostra a Sua figura e imagem em sinais visíveis, melhor adaptados à nossa pequena capacidade. De facto, ao dar garantias e sinais, Ele torna certo para nós como se o tivéssemos visto com os nossos próprios olhos. Esta bastante familiar comparação penetra até nas mentes mais lentas: Assim como o pão e vinho sustentam a vida física, as almas são alimentadas por Cristo. Podemos agora compreender o propósito desta bênção mística; nomeadamente, confirmar-nos o facto de que o corpo do Senhor foi, de uma vez por todas, sacrificado por nós para que pudéssemos ser alimentados e, ao sermos alimentados, sentir em nós mesmos a obra desse sacrifício único; e que o Seu sangue foi, de uma vez, derramado por nós de forma a ser a nossa bebida perpétua. E desta forma falam as palavras adicionadas ali: "Tomem, este é o meu corpo que é dado por vós" (l Coríntios 11:24; Mateus 26:26; Marcos 14:22; Lucas 22:19). Então, é-nos pedido para tomar e comer o corpo que foi, de uma vez por todas, oferecido para a nossa salvação, de forma a que, quando nos virmos como participantes nela, possamos seguramente concluir que o poder da Sua morte que dá vida, será eficaz para nós.[41]

Menno Simons e a Tradição Anabaptista

Já temos visto que a asa anabaptista da Reforma diferiu de forma bastante significativa da Luterana e da Reformada. Menno Simons e os anabaptistas não eram reformadores, mas restituidores. Eles queriam restaurar o que criam ser bíblico e a prática antiga da igreja.

Para eles, a Santa Ceia era um memorial. Eles rejeitaram e até ridicularizaram tais ideias como a transubstanciação ou a consubstanciação. No entanto, seria um erro pensar que o seu memorialismo resultou numa baixa visão da Santa Ceia. Não se arriscaria assumir tal coisa quando os anabaptistas arriscaram a sua vida e membros para se juntarem para adorar e participar do pão e do cálice.

A teologia anabaptista via o tema primordial da Santa Ceia como escatológico. Era uma refeição fraterna que representava um aperitivo do reino por vir. Nos novos céus e na nova terra, o povo de Deus vai juntar-se à mesa do Senhor para celebrar a vitória de Cristo sobre o mal e gozar a comunidade de amor que Cristo tem estabelecido. Para os anabaptistas, essa experiência estava disponível aqui e agora na adoração da igreja, especialmente na refeição do pão e do vinho.

No entanto, neste mundo, a experiência do reino por vir é agridoce. A igreja está sob perseguição e o povo de Deus pode ser morto. As imagens anabaptistas do pão e do vinho eram de trigo moído no pão ou de uvas trituradas em vinho. Essas imagens falavam do sofrimento de Cristo, do sofrimento dos Seus discípulos e da unidade do povo de Deus. Aqui está o que Hans Nadler, um anabaptista, tinha a dizer sobre o seu processo em 1529:

> Nós celebrávamos a Santa Ceia em Augsburg em 1527, o vinho e o pão do Senhor. Com o pão, é simbolizada a unidade entre os crentes. Onde há muitos núcleos de grão a ser combinados num só pão, há primeiro a necessidade de os triturar e os tornar um... que apenas pode ser alcançado através do sofrimento. Assim como Cristo, o nosso querido Senhor, foi antes de nós, queremos segui-Lo. E o pão simboliza a unidade da irmandade.
>
> Da mesma forma o vinho: muitos pequenos grupos juntam-se para fazer um vinho. Isso acontece pelo meio do lagar, compreendido aqui como sofrimento. E, assim, também o vinho identifica sofrimento. Por isso, quem quiser estar em união fraterna, deve beber do cálice do Senhor, pois ele simboliza sofrimento.[42]

A Tradição Arminiana e João Wesley

James Armínio permaneceu na tradição reformada e definiu a Santa Ceia em termos semelhantes aos de Calvino. Ele rejeitou a transubstanciação dos católicos, a consubstanciação dos luteranos e a compreensão figurativa dos anabaptistas. Em vez disso, enfatizou que nos sacramentos, "a morte de Cristo é anunciada e a recepção interior e gozo do corpo e sangue de Cristo são expressas."[43]

Por outro lado, a visão de João Wesley sobre a Santa Ceia diferenciava-se de forma diferente da tradição reformada. Ele cria que a graça era recebida através do sacramento, não dele. Ou seja, ele via o sacramento como uma ocasião para um encontro com a realidade salvadora de Cristo. Ele argumentou que a mesa do Senhor poderia ser vista como uma "ordenança de conversão". Pelo facto de ver a fé em estágios de desenvolvimento, ele sentia que "o propósito da Santa Ceia era transmitido às pessoas de acordo com a sua necessidade, fosse a graça preveniente, justificadora ou santificadora."[44] Além disso, ele referiu, "Nenhuma aptidão é requerida na altura de comunicar, mas um sentido do nosso estado, da nossa completa pecaminosidade e fraqueza; qualquer um que saiba que é adequado para o inferno, que se adeque a chegar a Cristo, assim como todas as outras formas do Seu compromisso."[45]

A RENOVAÇÃO EUCARÍSTICA NA IGREJA CONTEMPORÂNEA

Até recentemente, as várias denominações permaneciam fixas nas suas compreensões teológicas da eucaristia e nas formas estruturais nas quais ela era praticada. No entanto, um interesse renovado na adoração tem reaberto questões antigas acerca da compreensão, estrutura e prática da eucaristia em quase todas as denominações. Existe agora uma considerável quantidade de concordância entre as igrejas.

Relativamente à compreensão da eucaristia, os estudos actuais têm enfatizado vários temas comuns. (1) A eucaristia é uma celebração oferecida a Deus por toda a igreja. (2) É uma lembrança do evento salvífico que é misteriosamente feito presente em todo o seu poder salvador para a comunidade reunida na adoração. (3) A presença de Cristo, em vez de se localizar no pão e no vinho, é uma presença no povo reunido, nos ministros que presidem, na Palavra proclamada e nos cânticos cantados. (4) A natureza sacrificial da eucaristia é compreendida em termos da acção de Cristo, que não é repetida, mas relembrada através de palavras, símbolos e acções de acção de graça. (5) O aspecto escatológico da eucaristia tem sido recuperado à medida que a eucaristia é vista como um aperitivo do reino futuro, uma experiência momentaneamente terrena da futura glória do céu.[46]

Essas ideias, que primeiro emergiram na igreja católica, através da *Constitution on the Sacred Liturgy* [Constituição sobre a Liturgia Sagrada], são agora bastante comuns na renovação da adoração das igrejas dominantes e são cada vez mais discutidas dentro das tradições da igreja livre.

Outra mudança que está a tomar lugar, tem que ver com a estrutura da oração eucarística. Estudos na tradição da igreja primitiva, particularmente na oração de Hipólito, e nas raízes judaicas da oração de acção de graças nas orações de *berakhah*, têm revolucionado a estrutura da oração moderna.

As orações *berakhah* eram ordenadas à volta de: (1) louvor, (2) comemoração e (3) petição. A adoração contemporânea tem recuperado esta estrutura básica e tem restaurado o *Sursum Corda* (Elevem os vossos corações), a oração de acção de graças (uma comemoração da história da salvação) e a *epiclesis* (uma invocação que pede ao Espírito Santo para estar presente). Esta forma comum de dar graças à mesa do Senhor é agora defendida nos livros de oração das principais denominações e é crescentemente usado entre as igrejas renovadas na tradição livre.

A igreja contemporânea também está a repensar a forma na qual a eucaristia é praticada. Em várias igrejas renovadas, o povo agora vai à frente para receber o pão e o vinho, cantam durante a comunhão e é ungido para obter cura e fortalecimento.

SUGESTÕES PARA A PRÁTICA DA EUCARISTIA NA TRADIÇÃO DA IGREJA LIVRE

A adoração da igreja livre pode beneficiar significativamente do estudo recente que penetra na compreensão e prática da eucaristia. Não há razão para não se juntar no consenso que tem crescido dos estudos litúrgicos, especialmente quando se tem alcançado as tradições bíblicas e históricas da adoração. As seguintes sugestões para a adoração da igreja livre são baseadas nesses estudos.

Os adoradores da igreja livre devem buscar melhorar a oração de acção de graças relativamente ao pão e ao vinho. Cada líder de adoração profere certo tipo de oração sobre os elementos. Na maioria dos casos, é uma oração agradecendo a Deus pela morte do Seu filho e pela salvação que vem do corpo partido e do sangue derramado. O conteúdo desta oração pode ser expandido e melhorado ao seguir uma ordem de oração de acção de graças que era usada na igreja antiga e que é ainda usada em muitas igrejas hoje. Esta ordem antiga deriva das orações *berakhah* judaicas e inclui uma oração de louvor, uma oração de comemoração e uma oração de petição.

Por exemplo, se um judeu orava: "Abençoado seja Deus que nos trouxe para fora do Egipto, traz-nos para a Terra Prometida", os três elementos de louvor, comemoração e petição estão presentes.

Quando um ministro da igreja livre está perante o povo e faz uma oração de acção de graças sobre o pão e o vinho, a ordem antiga pode ser seguida numa oração improvisada. Primeiro, louve a Deus pela obra do Filho e exprima o desejo de se juntar aos anjos, arcanjos, querubins e serafins que estão à volta do trono a cantar: "Santo, Santo, Santo" (toda a congregação pode juntar-se a cantar uma das muitas versões deste cântico).

Depois, dê graças a Deus pelas Suas maravilhosas obras de salvação ao recitar brevemente a história dos actos salvíficos de Deus expressos ao longo do Antigo Testamento e na morte e ressurreição de Jesus. Conclua esta oração com as palavras de Jesus em Mateus 26:26-28, o partir do pão e o derramar ou levantar do cálice.

Finalmente, peça a Deus para abençoar a congregação com a plenitude do Espírito Santo e pela confirmação da fé. Essas palavras podem ser seguidas pelo convite para receber o pão e o vinho.

Convide o povo a ir à frente para receber o pão e o vinho. A renovação da adoração enfatiza a participação e o envolvimento. Ao pedir que o povo se levante, venha à frente e receba o pão e o vinho, está a convidá-lo para reafirmar a sua identificação com a morte e ressurreição de Cristo.

Enquanto o povo está a vir para receber o pão e o vinho — cante! Cantar quebra o carácter passivo da eucaristia como é observado em muitas igrejas. Cantar permite que toda a comunidade de fé expresse o ministério de fé e alegria da presença salvadora e curadora de Cristo à mesa. Cante cânticos da morte e depois cânticos da ressurreição e finalmente cânticos de exaltação ao Senhor. Esta progressão de cânticos ordena a experiência da igreja adoradora desde a morte do Senhor (onde demasiadas igrejas permanecem) até à alegria da ressurreição e exaltação.

Providencie um tempo de ministração com a unção de óleo e a imposição de mãos para cura e fortalecimento. Este acto de ministério estende o significado da morte e ressurreição de Cristo — os actos de salvação e cura de Deus — e permite que a congregação experimente o poder da morte e ressurreição de Cristo.

Em conclusão, deixe-me dizer novamente que a adoração precisa de lutar pela plenitude bíblica e isto significa celebrações frequentes da eucaristia. O que a renovação da adoração está a experimentar não é uma abordagem a um funeral antigo, mas uma experiência poderosa e alegre do Cristo ressurrecto, que está presente no pão e no vinho para tocar, curar e tornar pleno. Esta é a adoração de celebração.[47]

CONCLUSÃO

Neste capítulo, temos olhado para essas duas acções comemorativas que nos trazem à acção salvadora de Jesus Cristo. O baptismo é o ritual de iniciação na igreja. A eucaristia é a celebração da igreja da morte e ressurreição de Cristo e a antecipação do novo céu e da nova terra.

Apesar destas serem as duas principais acções comemorativas da adoração, há outras que a igreja, na sua história e tradição, tem reconhecido como acções especiais, sagradas, nas quais a presença de Cristo está activa. Essas incluem a confirmação ou o selar do Espírito; a confissão, ou o que é agora conhecido como o ritual da reconciliação; casamento; ordenação; ou a unção de óleo. Apesar de esses actos terem sido assinalados pela igreja para expressarem uma ligação vital com a vida, morte e ressurreição de Jesus, a igreja também reconhece o carácter sagrado de toda a vida. Deus está presente connosco na oração, estudo bíblico, relacionamentos e em tudo o que fazemos. A sacralidade da vida é um tema vital da adoração, a ser mantido nas nossas mentes e corações. Pois Deus encontra-nos, não apenas em rituais especiais de adoração, mas em toda a vida.

CAPÍTULO 22

A Adoração e os Ministérios Relacionados

Nos anos recentes os académicos e praticantes da adoração têm reconhecido que a adoração não é uma actividade da igreja independente ou até lado a lado de outros ministérios da igreja. Reconhecendo que a adoração é central para toda a vida da igreja, os académicos litúrgicos têm começado a explorar como a adoração se relaciona com todos os ministérios de adoração. Visto esses novos campos de adoração serem vastos e complicados, este capítulo irá apenas introduzir esses campos de estudos e providenciar orientação para mais leitura e estudo.[1]

LINGUAGEM

Em anos recentes, o movimento das mulheres tem forçado a igreja a encarar o seu uso da linguagem na adoração. Esta questão tem-se tornado altamente divisiva em algumas denominações e igrejas locais e não parece existir uma solução fácil. Por um lado, teólogos feministas radicais estão a clamar por uma linguagem que não apenas exclua os pronomes masculinos, mas que elimine toda a linguagem masculina e imagens de Deus como Pai, Senhor e Rei. Por outro lado, alguns conservadores defendem o uso continuado dos pronomes masculinos para Deus. Eles argumentam que palavras tais como *homem* e o uso consistente do pronome *ele* são formas genéricas que incluem tanto homens como mulheres.

Algumas igrejas têm alcançado um compromisso ao continuar a usar a linguagem masculina para a divindade, mas adoptando uma nova linguagem inclusiva quando se referem às mulheres e homens. Outras denominações têm achado mais aceitável usar uma multiplicidade de imagens linguísticas em qualquer culto. Por exemplo, um hino antigo pode ser cantado usado a linguagem e imagens originalmente masculinas, enquanto um cântico contemporâneo ou leitura bíblica pode usar linguagem inclusiva.

Apesar da questão da sensibilidade linguística ser um factor importante para alguns, não o é para outros. A igreja local sempre encara a desagradável possibilidade de ofender alguém através do uso da linguagem. Não é provável que a imagem de Deus passará por uma mudança duradoura. Pois mudar a linguagem acerca de Deus é despersonalizar Deus e mudar a nossa compreensão d'Ele. No entanto, a mudança no uso dos pronomes pessoais referindo a mulheres e homens é importante para muitas mulheres em particular. Pelo facto da linguagem de género neutro não fazer nenhuma mudança fundamental no seu significado da verdade e por ser mais inclusiva das mulheres e menos apta a ofender as mulheres da congregação, a mudança da linguagem de género irá eventualmente tornar-se uma parte permanente do discurso diário e da linguagem de adoração.[2]

DIVERSIDADE MULTICULTURAL NA ADORAÇÃO

Apesar de a América sempre ter sido o "caldeirão de culturas" do mundo, a cultura dominante da América tem sido o branco anglo-saxónico. No entanto, demógrafos recentes têm apontado para uma mudança significativa que está a tomar lugar na configuração racial da América. Apesar de a actual população branca representar 83 por cento da população total, no ano de 2010 esta percentagem irá cair para 65 por cento. Nos anos seguintes, a brecha irá continuar a fechar. De acordo com os demógrafos, a população afro-americana irá permanecer nos 12 por cento; os asiáticos irão aumentar para 5 por cento; e os hispânicos irão dobrar para 18 por cento. Os cientistas sociais apontam que quando o grupo dominante é reduzido para menos do que 70 por cento da população, acontece um conflito. Várias cidades nos Estados Unidos já alcançaram este ponto.

A implicação do surgimento de uma cultura diversa para a adoração é clara. As igrejas de adoração em todo o lado, e particularmente nessas cidades e subúrbios onde há uma forte diversidade étnica, devem procurar activamente construir igrejas que reflectem a diversidade étnica da sua área. Edificar uma igreja que expresse a diversidade étnica significa muito mais do que ter pessoas de diferentes culturas na adoração; significa incorporar a música e o estilo das várias culturas dentro da adoração da igreja local. Se asiáticos, hispânicos, afro-americanos e caucasianos frequentam o mesmo culto e a adoração reflecte apenas o estilo caucasiano, os adoradores de outras culturas sentir-se-ão excluídos. Por esta razão, é imperativo que as igrejas caucasianas não procurem apenas adoradores de outros grupos étnicos, mas aprendam a música e estilo de outras comunidades adoradoras para que a sua adoração reflicta a diversidade cultural da igreja.

CUIDADO PASTORAL

A doença não é um assunto novo na igreja. A doença no Antigo Testamento era vista através da soberania de Deus e reconhecida como uma oportunidade para reflexão e crescimento espiritual. No tempo do Novo Testamento, a doença era compreendida em relação aos poderes do mal. Jesus libertava os doentes das suas opressões e tornava-os completos. Ao longo da história da igreja, tem-se desenvolvido uma tensão entre a teologia e a medicina. Este conflito tem feito com que muitos separem o cuidado da alma do cuidado do corpo.

Hoje, o ministério estende-se à pessoa como um todo. Todo o ministério, e particularmente a adoração, pode ser um instrumento de crescimento e cura. Deus ministra-nos na adoração e chama-nos a ministrar uns aos outros.

Entre os protestantes, os carismáticos têm restaurado o ritual da cura na adoração. Pelo facto da cura ser um tema principal no ministério de Jesus e uma vez que a igreja deve continuar o Seu ministério, o debate sobre um ministério de cura na adoração tem sido renovado. A cura toma frequentemente lugar como o acto conclusivo da adoração. Algumas tradições têm uma abordagem tripla no culto dominical: adoração, ensino e ministério. Em igrejas carismáticas e outras igrejas, onde foi adoptado o padrão quádruplo de adoração, a oração pela cura ou unção de óleo ocorre na mesma altura que a eucaristia. Depois de receber o pão e o vinho, as pessoas que desejem cura avançam para uma pessoa escolhida que as unge com óleo, impõe-lhes as mãos e ora por elas.

Apesar de muitas igrejas litúrgicas e tradicionais protestantes agora terem culto de cura, o seu cuidado pastoral é normalmente feito dentro do contexto dos novos rituais litúrgicos. Os católicos e cada denominação dominante têm produzido novas liturgias para o cuidado pastoral. Têm sido desenvolvidas liturgias para a cura da mente, corpo e alma; pelo abuso, divórcio e outras experiências traumáticas. Essas liturgias e o poder que exibem para trazer cura e um sentido de paz ao doente e ao perturbado, têm sido um assunto de considerável estudo e discussão em anos recentes.

As complexidades da vida e sociedade modernas e o trauma que essas complexidades criam nas vidas de todas as pessoas estão a forçar a igreja a observar de perto o seu ministério de cuidado pastoral. Apesar de o aconselhamento ter sido e ainda permanecer um elemento vital do cuidado pastoral, as igrejas que o praticam na adoração irão adicionar uma nova e útil dimensão à adoração na igreja local.[3]

ESPIRITUALIDADE

As igrejas de renovação agora reconhecem que a adoração tem um impacto directo no desenvolvimento espiritual dos indivíduos. Os liturgistas contemporâneos e os líderes de adoração reconhecem a prioridade da adoração para a fé e comportamento. A máxima antiga (a regra de oração é a regra de fé) aponta para a verdade, que está a ser recuperada agora, que a adoração molda a fé e o comportamento. À medida que a igreja adora, crê e assim se comporta.

Isto significa que a igreja deve tomar atenção à forma como a sua adoração molda a fé e a prática. Visto a Palavra de Deus estar na própria essência da adoração, está a ser dada uma nova atenção à forma como a leitura e pregação das Escrituras influenciam de facto o adorador. Os cristãos são chamados a viver em obediência à Palavra, uma obediência que em si própria é um acto de adoração. A igreja local precisa de desenvolver formas para criar mais debate sobre os textos bíblicos para que a mensagem e ética destes textos tome, de facto, raiz nas vidas dos adoradores. Os métodos adoptados por algumas igrejas incluem debates durante os sermões, debates na Escola Dominical e grupos de estudo bíblico que debatem as passagens do sermão. Essas abordagens encorajam uma maior participação e posse do texto da adoração.

Uma segunda forma que as igrejas de renovação estão a encontrar ligações entre a adoração e a espiritualidade é através de uma compreensão e prática renovada da eucaristia. A espiritualidade está a ganhar um novo fortalecimento através da recuperação do motivo da ressurreição da eucaristia. Apesar de a contemplação da morte de Cristo ser ainda parte da Santa Ceia, a recuperação do poder da ressurreição celebrado na eucaristia fortalece o cristão a viver uma nova vida. A ressurreição oferece o poder de Cristo para capacitar o cristão e superar o mal e a viver uma vida santa. Isto é particularmente verdade quando a mensagem dos cânticos da comunhão e a unção com óleo para cura e fortalecimento são experimentadas durante a recepção do pão e do vinho.

A renovação dos votos do baptismo é uma terceira forma de fortalecer a espiritualidade através da adoração. O baptismo é uma renúncia do mal, uma morte para o pecado e um novo nascimento. O padrão da morte e ressurreição, que o baptismo representa é o padrão cristão da espiritualidade. Por causa disto, os renovadores da adoração agora defendem que todos os cristãos vivem em reconhecimento do poder do seu baptismo. Uma forma de manter vivos os votos do baptismo da pessoa é renovar os votos de todos os cristãos em cada baptismo e fazer um culto para renovação de votos do baptismo pelo menos uma vez por ano.

A espiritualidade está também vitalmente relacionada com o ciclo de adoração ordenado pelo ano cristão. Assim como cada culto de adoração é um ensaio da morte e ressurreição, o ano cristão é uma experiência alongada do culto semanal. A espiritualidade congregacional pode ser ordenada pelo Evangelho que o ano cristão celebra à medida que experimenta a esperança da vinda do Salvador durante o Advento, a alegria do Seu nascimento no Natal, a manifestação da Sua salvação em todo o mundo na Epifania, a jornada para a Sua morte durante a Quaresma e Semana Santa, a alegria da Sua ressurreição durante a época da Páscoa e o poder da vinda do Espírito Santo no Pentecostes. Estes eventos salvíficos, que o calendário cristão celebra, são os eventos que ordenam a caminhada espiritual do adorador na própria vida do Salvador. Quando celebrados como eventos evangélicos, eles não organizam a espiritualidade congregacional, mas capacitam a vida cristã.[4]

EDUCAÇÃO

Educadores estão correntemente preocupados em providenciar uma educação que forma o carácter assim como informa o intelecto. Na adoração contemporânea, a abordagem mais promissora que combina a adoração e a educação é a nova catequese. Apesar de a adoração ser a acção de representar a história que molda a espiritualidade da igreja, a catequese é o reflexo dessa história. Ambos são necessárias para uma espiritualidade saudável e para a formação do carácter e valores da pessoa. As formas mais valiosas de catequese são aquelas que integram a educação com a adoração semanal. Essas sessões de instrução, que se encontram em casa, no estudo familiar e em grupos pequenos durante o culto de adoração, são ordenadas à volta do ano cristão. A reflexão nesses textos e nas suas implicações para o viver cristão estimulam a aprendizagem e preparam o povo para uma adoração mais significativa. Os grupos de prestação de contas podem ser formados para inspirar um compromisso com um modo de vida cristão.

ADORAÇÃO E OS MINISTÉRIOS DE ALCANCE COMUNITÁRIO

Estudos recentes no campo da adoração têm explorado o relacionamento da adoração com os ministérios de alcance comunitário. Visto a adoração ser tanto o centro para o qual a igreja se move como a fonte da qual todas as actividades da igreja procedem, é importante para a igreja reconhecer como a adoração fortalece o seu alcance.

HOSPITALIDADE

A hospitalidade está enraizada no carácter e acção de Deus. Deus é um deus hospitaleiro, um deus que recebe as pessoas. A única forma de uma pessoa que visita a igreja local saber que Deus é hospitaleiro é se o Seu povo mostrar a Sua hospitalidade e demonstrar o Seu amor.

A adoração deve produzir um contexto acolhedor. Símbolos de cuidado tais como ajudar as pessoas a sentarem-se, recepcionistas cortesas, convidados interessantes, ajudantes úteis de enfermagem, um santuário limpo e convidativo, líderes calorosos e um tempo para café social que permita que as pessoas se familiarizem umas com as outras, ajudam que as pessoas se sintam bem-recebidas.

EVANGELISMO

No evangelismo, a igreja traz as pessoas ao ponto onde elas reconhecem Jesus como Salvador e Senhor. Para que o evangelismo seja apropriadamente relacionado com a adoração da igreja, esta deve ser celebrada de uma forma que mantém o testemunho do Evangelho.

O Evangelho não é apenas as Boas Novas que Deus nos redime através de Jesus Cristo, mas é a proclamação do reino de Deus sobre as nossas vidas e, por fim, sobre todas as pessoas. Ser evangelizado, então, é vir a Cristo para salvação e colocar a vida sob do governo de Deus.

A adoração relaciona o evangelismo através da proclamação efectiva do reino de Deus no serviço da Palavra e a celebração do banquete do reino na liturgia eucarística da igreja. Se a adoração deve reclamar a sua ênfase evangelística, a noção do governo de Deus sobre toda a criação, como proclamada e representada na adoração, deve tornar-se central através da Palavra e sacramento.

As igrejas de renovação estão a reganhar a ênfase evangelística através de ministérios que captam a visão do reino, através do ensino acerca dele e através da atenção cuidadosa ao relacionamento do reino para representar o Evangelho na adoração.[5]

JUSTIÇA SOCIAL

A relação entre a justiça social e a adoração está enraizada no ensino bíblico do reino. Jesus falou desta visão escatológica no Sermão do Monte quando afirmou a nova ordem das coisas para os pobres e famintos. A adoração é uma visão do que o mundo será sem a influência do mal. Como uma aplicação da obra de Cristo para toda a criação, o sermão chama imagens do mundo que virá. Aqui, a natureza está a fazer o que é criada para fazer — dar glória a Deus. Também as pessoas estão empregues em serviço, a fazer o que elas foram criadas para fazer.

A adoração revela a acção que o corpo de Cristo deve tomar para participar na transformação do mundo. A oração do Pai Nosso marca esta acção: "Seja feita a Tua vontade assim na terra como é feita no céu". No céu, a vontade de Deus é completamente realizada. O lado radical da adoração é claramente indicado à medida que o adorador ora para que a terra se torne um lugar onde a vontade de Deus também é cumprida.

Neste sentido, a eucaristia contém um lado radical. As raízes do Antigo Testamento da eucaristia estão na libertação do povo de Israel para fora do

A ADORAÇÃO E OS MINISTÉRIOS RELACIONADOS 249

Egipto. Este sentido de libertação também é carregado ao longo da eucaristia, pois ela é um símbolo da potencial libertação de toda a criação em Cristo.

Paulo diz-nos que a criação "ficou sujeita à frustração, não por sua vontade, mas por causa do que a sujeitou, na esperança de que também a mesma criatura será libertada da servidão da corrupção, para a liberdade da glória dos filhos de Deus" (Romanos 8:20-21). A eucaristia é o sinal desta libertação. Os elementos têm uma referência dupla. Tanto o pão como o vinho representam a redenção em Cristo. Quando essas duas imagens são trazidas em conjunto, a relação entre a redenção e a criação é claramente vista na adoração. A redenção alcançada por Cristo transforma toda a criação.

Esta transformação tem primeiramente efeito dentro da comunidade adoradora, que pode ser chamada de comunidade eucarística. A visão da primeira comunidade cristã é a de um povo que toma seriamente as implicações sociais da eucaristia. A teóloga Tissa Balasuriya comenta sobre a primeira comunidade cristã nestas palavras:

> Os primeiros cristãos compreendiam o profundo significado do símbolo instituído por Jesus. O seu impacto social era o principal critério do seu valor e credibilidade. Esta é a razão pela qual os primeiros cristãos eram tão aceites por muitos, especialmente pelos pobres, e tão detestados por alguns dos poderosos, particularmente os exploradores. O cristianismo era então um movimento dinâmico da libertação humana do egoísmo e da exploração. Todos deviam ser iguais na comunidade crente e isto era simbolizado pela refeição eucarística.[6]

A busca para nós, claro, é uma recuperação da implicação social da eucaristia. Foi perdida no período medieval quando a eucaristia se tornou uma acção a ser observada. Os reformadores tenderam a interpretar a eucaristia em termos de devoção pessoal, uma tradição ainda encontrada entre muitos protestantes (e também católicos). Mais claramente, as dimensões sociais e escatológicas da eucaristia têm-se perdido na noção da eucaristia como um memorial. A erudição litúrgica contemporânea, no entanto, está a ajudar a igreja de hoje a voltar às implicações totais da eucaristia ao longo do estudo das práticas antigas.[8]

CONCLUSÃO

A adoração, como este capítulo tem demonstrado, tem o poder de ministrar à comunidade adoradora e ao mundo além dela. O desafio para os pastores e líderes de adoração é tornarem-se sensíveis à forma na qual a adoração poderá tocar as vidas do povo adorador e, ao mesmo tempo, alcançar o mundo sofredor.

CAPÍTULO 23

Um Desafio para os Renovadores Evangélicos da Adoração

Apesar de *Adoração Antiga e Contemporânea* ser uma introdução aos estudos da adoração e aplicável à ampla igreja, tenho, por causa do meu contexto e compromisso evangélico, orientado a mensagem do livro para os evangélicos em particular. Este breve capítulo é dirigido igualmente a todos, mas especialmente ao leitor evangélico.

Os evangélicos enfrentam uma crise na adoração e teologia. Eles, que têm uma grande consideração por uma teologia que é bíblica, precisam de preocupar-se particularmente com a sua adoração. Se ela molda a crença, como tem sido sugerido, então os evangélicos, de todas as pessoas, precisam de estar comprometidos com uma adoração que é bíblica.

Toda a confiança da *Adoração Antiga e Contemporânea* deriva do compromisso evangélico de uma adoração bíblica que se relaciona com o mundo contemporâneo. Infelizmente, muitos evangélicos são levados por uma adoração direccionada pelo mercado que a vê de uma maneira funcional, de propaganda. Eventualmente, tal adoração irá produzir crentes superficiais. Como tal, é urgente aperfeiçoar uma adoração fundadamente bíblica.

As observações de encerramento deste livro são endereçadas ao leitor evangélico. O desafio é organizado à volta do conceito de conteúdo, estrutura e estilo. Muitos evangélicos estão apenas a olhar para o estilo e precisam de recuperar o conteúdo e a estrutura da adoração.

CONTEÚDO

Neste livro, temos desenvolvido uma teologia bíblica da adoração que a define em termos do Evangelho. Esta teologia reconhece que o conteúdo da adoração é a história de Deus a redimir as Suas criaturas do mal. Isto é expresso na Sua graça iniciante para com Adão, Abraão, os patriarcas, Israel e os profetas e culmina na vida, morte, ressurreição e volta de Jesus Cristo. Esta mensagem está na essência de tudo o que é feito na adoração da igreja. A voz do Evangelho é ouvida na pregação, no baptismo, na Santa Ceia, nos hinos, salmos e cânticos espirituais, em orações, na unção e em cada acto concebível de adoração. O conteúdo da adoração não é negociável. Não pode ser mudado, alterado ou adicionado. Uma adoração verdadeiramente bíblica é esta história de Deus a iniciar um relacionamento com criaturas caídas, uma história que é relembrada pelo povo de Deus e pela qual o povo dá graças.

Os evangélicos estão familiarizados com esta história. Mas, na sua maioria, parece inconsciente de que esta história está na essência da adoração. Eles geralmente têm definido adoração de uma de duas formas, sem que nenhuma compreenda a imperativa bíblica da adoração. A primeira vê a adoração como atribuindo dignidade a Deus. Nesta definição de meia verdade, o peso da adoração é colocado na comunidade adoradora. Ela, ao que parece, deve originar palavras e sentimentos de louvor através da música e oração que Deus irá achar agradável. A segunda é uma abordagem de apresentação da adoração. Aqui, a adoração consiste numa série de apresentações empacotadas para a "audiência", para que ela possa ouvir a mensagem. O erro de ambas as formas da adoração é que elas precisam de reconhecer o lado divino da adoração. Neste lado divino da adoração, o Deus que tem agido na história continua a agir dentro da comunidade adoradora de uma forma salvadora e curadora à medida que a comunidade relembra, proclama, representa e celebra com acções de graça. Isto é para dizer que Deus, que é o objecto da adoração, é também o sujeito da adoração. Enquanto a acção salvífica de Deus é recordada e representada, Deus é adorado através da resposta de acção de graças.

Quando esta compreensão bíblica da adoração é firmemente compreendida, os evangélicos não apenas terão uma nova apreciação do que a igreja faz quando se reúne para adoração, mas irão começar a ver o baptismo e a Santa Ceia não apenas como respostas humanas, mas também como acções divinas. E o ano cristão não será visto como um mero ritual, mas como festividades nas quais a igreja comemora as acções particulares de salvação de Deus, acções através das quais Deus continua a trazer graça salvadora e poder que nutre para aqueles que relembram e dão graças.

ESTRUTURA

Como se define a adoração vai determinar como a estruturamos. Se a adoração é definida como atribuindo dignidade a Deus, então a adoração, como no caso de muitas igrejas contemporâneas, consiste em vinte ou trinta minutos de cânticos para Deus, seguidos do ensino e ministração, sem que nenhum deles seja definido como adoração. Se a adoração é vista como uma apresentação, então a comissão de adoração pensa em termos de um pacote de itens de adoração que serão apresentados: música, drama, dança, sermão. Questões como "Será que isto comunica? É relevante? Atrai e segura as pessoas?" tornam-se primordiais.

Há uma estrutura de adoração que transfere o conteúdo? Há uma forma de ordenar a adoração para que a acção salvadora de Deus seja relembrada, recordada, proclamada e representada de uma forma que o povo possa dar graças e, assim, louvar e adorar a Deus?

O consenso geral da igreja, enraizado na experiência da comunidade do Novo Testamento e no desenvolvimento da adoração ao longo dos séculos, é que as acções salvíficas de Deus são relembradas primariamente na proclamação da Palavra e nas acções de graça da igreja na eucaristia. A estas, a igreja tem adicionado os actos de entrada e os actos de despedida, ambos estando enraizados nas Escrituras e atestados pela experiência da igreja adoradora.

O que significará para a adoração da igreja se esta buscar estruturar a sua adoração juntamente com linhas bíblicas e históricas do padrão quádruplo? A igreja irá experimentar uma mudança na estrutura da adoração como um programa para a adoração como uma narrativa. A adoração programada ocorre quando a adoração é vista como apresentação, quando os líderes são actores e a congregação é a audiência. Geralmente, qualquer adoração que é dominada pelo entretenimento, ensino, evangelismo ou um tema particular é adoração programada. Por outro lado, a adoração narrativa reconhece que um encontro está a tomar lugar entre Deus e o Seu povo. A adoração narra este encontro. Ela reúne o corpo de Cristo. Ela ordena e narra a comunicação de Deus com essas pessoas no serviço da Palavra. Ela narra a resposta apropriada de acções de graça à mesa do Senhor. Ela narra o movimento do povo fora da adoração e para o mundo para amar e servir o Senhor. Este tipo de adoração é um drama participativo no qual cada pessoa tem uma parte.

ESTILO

O estilo é muito diferente do conteúdo e estrutura. O conteúdo da adoração é o Evangelho. A estrutura da adoração é a forma que permite que o Evangelho seja relembrado e representado. Sendo assim, tanto o conteúdo como a estrutura são elementos comuns a todas as comunidades adoradoras. Mas o estilo é aberto, flexível e relativo a cada cultura, geração e preferência.

Pode-se falar de um estilo litúrgico, um estilo protestante tradicional, um estilo evangélico, um estilo carismático ou um estilo de louvor e adoração. Ou, pode-se experimentar uma adoração moldada por uma cultura afro-americana, ou asiática, ou hispânica, ou eslava. Em cada estilo o conteúdo é o mesmo e a estrutura pode seguir o padrão quádruplo bíblico e histórico. Mas preferências como atmosfera, música ou uso de artes podem variar grandemente.

CONCLUSÃO

O desafio para os evangélicos é recuperar o conteúdo da adoração, restaurar a antiga estrutura e integrar o estilo evangélico da adoração. Isto não é apenas o desafio para evangélicos, mas o desafio para todas as comunidades adoradoras. Uma adoração resistente é uma adoração que está firmemente enraizada no antigo e ainda assim, consciente e preocupada com novas formas de responder à velha, velha história.

Notas finais

CAPÍTULO 1

1. O material precedente foi adoptado de Robert E. Webber, "The Future of Christian Worship," *Ex Auditu* 8 (1992), 113—14.

CAPÍTULO 2

1. Ver E. H. Van Olst, *The Bible and the Liturgy* (Grand Rapids: Eerdmans, 1991), especialmente o capítulo 1.

2. Para uma excelente apresentação dos temas da adoração bíblica ver David Peterson, *Engaging With God, A Biblical Theology of Worship* (Grand Rapid: Eerdmans, 1992).

3. Ver Conrad Antonsen, "Jewish Sources of Christian Worship," *Modern Liturgy* 3, no. 4 (April, 1976), 4-6.

4. Ver Janice Leonard "The Concept of the Covenant in Biblical Worship," *The Biblical Foundations of Worship* (Nashville: Abbot Martyn, 1993), 56-65.

5. Ver Peterson, *Engaging With God*, 36-42.

6. *The Didache*, 14. Ver Cybil Richardson, *Early Christian Fathers* (Philadelphia: Westminster, 1953), 178.

7. Para uma discussão sobre o recordar ver Van Olst, *The Bible and the Liturgy*, 15-20.

8. Ver Peterson, *Engaging With God*. 55-74, e Richard Leonard, "The Old Testament Vocabulary of Worship," *The Biblical Foundations of Worship* (Nashville: Abbott Martyn, 1993), 3-9.

CAPÍTULO 3

1. Para uma pesquisa da adoração do Antigo Testamento ver "An Historical Survey of the Study of Old Testament Worship," in Hans-Joachim Knaus. *Worship in Israel*, trans. Geoffrey Buswell (Richmond: John Knox, 1966), 1-25.

2. Ver Charles Feinberg, "The Tabernacle," *The Biblical Foundations of Worship* (Nashville: Abbott Martyn, 1993), 112-118.

3. Ver Richard and Janice Leonard, "The Tabernacle of David," in *The Biblical Foundations of Worship*, 120-22.

4. Para uma discussão profunda sobre os festivais de Israel ver Carmine Di Sante, *Jewish Prayer: The Origins of Christian Liturgy* (New York: Paulist, 1991), 189-224.

5. Para uma discussão sobre a adoração da sinagoga, ver Di *Sante, Jewish Prayer*, 169-188. Ver também Abraham Millgram, *Jewish Worship* (Philadelphia: Jewish Publication Society, 1971).

6. Millgram, *Jewish Worship*, 102.

7. Millgram, *Jewish Worship*, 103.

8. Millgram, *Jewish Worship*, 103.

9. Ver Israel Bettar, "Early Preaching in the Synagogue," *Studies in Jewish Preaching* (Cincinnati: Hebrew Union College, 1939).

CAPÍTULO 4

1. Para uma breve, mas compreensiva visão sobre as várias abordagens da adoração no Novo Testamento ver Ferdinand Hahn, *The Worship of the Early Church* (Philadelphia: Fortress. 1973).

2. Ver Ralph P. Martin. *Worship in the Early Church* (Grand Rapids, Eerdman,. 1974), chap. 2; Eric Werner. *The Sacred Bridge: Liturgical Parallels in Synagogue and Early Church* (New York Schocken, 1970).

3. Itálicos adicionados. Ver C. F. D.

Moule, *Worship in the New Testament* (Nottingham: Grove, 1977. 1,9-10.

4. Ver Hahn, Worship of the Early Church. chap. 4.

5. Ver "Hymns and Spiritual Songs" in Martin, *Worship in the Early Church. 43-45*.

6. Para um exemplo ver John C. Kirby, *Ephesians, Baptism and Pentecost* (Montreal: McGill Univ. Press. 1968).

7. James D. G. Dunn, *Unity and Diversity in the New Testament* (Philadelphia: Westminster, 1977), 141-49. Dunn argumenta contra esta posição.

8. Ver Ernst Haenchen, *The Acts of the Apostles: A Commentary.* trans. R. McL. Wilson, et al., from the 14th German ed., 1965 (Philadelphia: Westminster, 1971).

9. Ver Hahn, Worship of the Early Church, chaps. 6-7.

10. Cullmann, *Early Christian Worship* (Philadelphia: Westminster, 1978), 37; ver também 31-119.

11. Ver Massey H. Shepherd. *The Paschal Liturgy and tin Apocalypse* (Richmond, John Knox. 1960).

CAPÍTULO 5

1. Joachim Jeremias. *The Eucharistic Words Of Jesus* (Philadelphia: Fortress, 1977), 132ff.

2. Ver Henry Benenson, *Documents of the Christian Church,* 2d ed. (New York: Oxford Univ. Press, 1963), 5-6.

3. Joseph Jungmann, *The Mass of the Roman Rite,* trans. Francis A. Brunner and Rev. Charles K. Riepe (New York: Benzinger Brothers, 1959), 4.

4. Jungman, *Mass of the Roman Rite,* 10-11.

5. The Didache, 9, in *Ancient Christian Writers,* vol. 6, trans. J. A. Kleist (Westminster, Md., Newman, 1948), 20-21.

6. Ver Jeremias, *The Eucharistic Words of Jesus,* 110.

7. Ver L. W. Bernard, *Justin Martyr: His Life and Thought* (Cambridge: Cambridge Univ. Press, 1967).

8. Justin Martyr, *First Apology,* chap. 67, in Cyril Richardson, ed., *Early Christian Fathers* (Philadelphia: Westminster, 1953), 287-88.

9. See Jeremias, *The Eucharistic Words of Jesus,* 119.

10. Citado por Ralph Martin, "Approaches to New Testament Exegesis," in Howard Marshall, ed., *New Testament Interpretation* (Grand Rapids: Eerdmans, 1977), 231,

11. Ver também Oscar Cullmann, *Early Christian Worship* (London: SCM, 1973), 12-20.

12. Richard C. Leonard, "Worship of Christ and the Biblical Covenant," *Reformation and Revival Journal* 2, no. 2 (Spring, 1993), 116.

13. Antigas discussões do relacionamento entre a sinagoga e a igreja são encontrados nos seguintes livros: W. O. E. Oesterley, *The Jewish Background of the Christian Liturgy* (Gloucester: Peter Smith, 1965); C. W. Dugmore, *The Influence of the Synagoge Upon the Divine Office* (Westminster: Faith, 1964); Eric Werner, *The Sacred Bridge: Liturgical Parallel in Synagogue and Early Church* (New York: Schocken, 1970). Discussões mais recentes do relacionamento entre a adoração judaica e a cristã são encontradas em Paul F. Bradshaw, *The Search for the Origins of Christian Worship* (New York: Oxford Univ. Press, 1992); Paul F. Bradshaw and Lawrence A. Hoffman, cds., *The Making of Jewish and Christian Worship* (Nom: Dame: Univ. of Notre Dame Press, 1991); Carmine Di Sante, *Jewish Prayer: The Origin of Christian Liturgy* (New York: Paulist, 1985); e Eugene J. Fisher, ed., *The Jewish Roots of Christian History* (New York: Paulist, 1990).

14. Dugmore, *Influence of the Synagogue,* 2.

15. Dugmore, *Influence of the Synagogue,* 13-14.

16. Ver Oesterley, *Jewish Background,* 5.

17. Ver Werner, *Sacred Bridge,* 8.

18. Ver Oesterley, *Jewish Background,* 54, 125.

19. *The Didache,* 8.

20. Oesterley, *Jewish Background,* 127.

21. Oesterley, *Jewish Background,* 129-50.

22. Bradshaw, *Search for the Origins,* 1.

23. Há numerosas discussões sobre as

origens e desenvolvimento da Santa Ceia. Obras antigas incluem Hans Lierzmann, *Mass and the Lord's Supper*, trans. Dorthea H. G. Reeve (Leiden: Brill, n.d.); A. J. B. Higgins, *The Lord's Supper in the New Testament* (Chicago: Regnery, 1952); Max Thurian, *The Eucharistic Memorial*, 2 parts (Richmond: John Knox, 1%3). Novas obras incluem William R. Crocken, *Eucharist: Symbol of Transformation* (Collegeville, Minn.: Liturgical, 1989). chap. 1; Dennis C. Smolarski, *Eucharistia* (New York: Paulist, 1982), chap. 2-3; Kenneth Stevenson, *Eucharist and Offering* (New York: Pueblo, 1986), chap. 2.

24. Jungmann. *The Mass of the Roman Rite*, 8,

25. Ver Jeremias, *The Eucharistic Words of Jesus*, 103-5.

26. Jeremias, *The Eucharistic Words of Jesus*, 121,

27. Jeremias, *The Eucharistic Words of Jesus*, 117-19.

28. *Didaque*, 7.

29. Justin Martyr, *First Apology*, 61.

CAPÍTULO 6

1. Sobre a teologia de adoração ver James Empereur, *Models of Liturgical Theology* (Bramcote, Nottingham: Grove, 1987); Aidan Kavanaugh, *On Liturgical Theology* (New York: Pueblo, 1984); David N. Power, *Unsearchable Riches: The Symbolic Nature of Liturgy* (New York: Pueblo, 1984); e Geoffrey Wainwright, *Doxology: The Praise of God in Worship, Doctrine and Life* (New York: Oxford Univ. Press, 1980).

2. Para um debate detalhado sobre este ponto ver Jean-Jacques von Allmen, *Worship: Its Theology and Practice* (New York: Oxford Univ. Press, 1965), 21.

3. Ver Massey H. Shepherd, *The Paschal Liturgy and the Apocalypse* (Richmond: John Knox. 1960).

4. Shepherd, *Paschal Liturgy*, 57ff., and Wainwright. *Eucharist and Eschatology*, 110ff.

CAPÍTULO 7

1. Ver Thomas Howard, "Imagination, Rites and Mystery," *Reformed Journal* 29 (March, 1979): 15-19; ver também "The Order of Worship" in Jean-Jacques von Allmen *Worship: Its Theology and Practice* (New York: Oxford Univ. Press, 1965), 283-311.

2. Ver "The Church as a Cult Community," in A. Verheul and H. Winstone, *Introduction to the Liturgy* (Collegeville, Minn.: Liturgical, 1968), 75ff.

3. Ver Donald L Williams, "The Israelite Cult and Christian Worship" in James M. Efird, cd., *Tht Use of the Old Testament in the New and Other Essays* (Durham: Duke Univ. Press. 1972). ll0ff.

4. Ver "The Pattern of Sound Words-Early Creeds and Confessions of Faith," in Ralph P. Martin, *Worship in the Early Church* (Grand Rapids: Eerdmans, 1974), 5-5,

5. Ver "Hymns and Spiritual Songs," in Martin, *Worship in the Early Church, 39-52:* "Early Christian Hymns," in James D.G. Dunn, *Unity and Diversity in the New Testament* (Philadelphia: Westminster, 1977), 132ff; "Psalmody and Hymnody," in Hughes Oliphant Old. *The Patristic Roots of Reformed Worship* (Zurich: Theolgoischer Verlag Zurich, 1975), 251ff.

6. Ver "The Ministry of the Word" in Martin, *Worship in the Early Church*, 66-76; and "The Decline of Preaching," in Abraham Millgram, *Jewish Worship* (Philadelphia: The Jewish Publication Society, 1971), 530ff.

7. Ver Douglas Shand Tucci, "The High Mass as Sacred Dance," *Theology Today* 34 (April. 1972); 58-72.

8. Abraham Idelsohn, *Jewish Liturgy and Its Development* (New York: Schoden. 1960), 177.

9. Idelsohn, Jewish Liturgy and Its Development. 173.

10. Ver James F. White. *Introduction to Christian Worship* (Nashville: Abingdon, 1980), 145ff.

11. Ver "ἀνάμνεσις," Gerhard Kittel. ed., *Theological Dictionary of the New Testament*, trans. Geoffrey Bromiley (Grand Rapids: Eerdmans, 1964), 1:348-49.

12. Ver Robert Howard Clausen, "Using Drama in Worship," *Concordia Journal* (November, 1977), 246-54.

CAPÍTULO 8

1. Ver Everett M. Stowe, *Communicating Reality Through Symbols* (Philadelphia: Westminster, 1966).
2. Ver Robert Webber, *God Still Speaks* (Nashville: Nelson, 1980), esp. chaps. 4-6, 9.
3. Ver Langdon Gilkey, *Maker of Heaven and Earth: A Study of the Christian Doctrine of Creation* (Garden City, N.J; Doubleday, 1959).
4. Tertullian, *On Baptism*, 11.
5. Ignatius, *To the Smyrnaens*, 7:1.
6. Ver William Dyrness, *Themes in Old 'Testament Theology* (Downers Grove: InterVarsity, 1979),146-60.
7. A má compreensão neste ponto pelos evangélicos tem produzido uma atitude negativa para com a comunicação simbólica. Ver, por exemplo, Paul E. Engle, *Discovering the Fullness of Worship* (Philadelphia: Great Commission, 1978), esp. 20, 31, 65-73.
8. Ver James F. White, *Introduction to Christian Worship* (Nashville: Abingdon, 1980), 145ff.
9. Ver Peter Roche de Coppens, *The Nature and Use of Ritual* (Washington. D.C.: Univ. Press of America, 1979), 137ff.
10. Ver James Hasting Nichols, *Corporate Worship in the Reformed Tradition* (Philadelphia: Westminster, 1968), esp. chaps. 5-7.
11. Ver "Gesture," J. G. Davies, c.d., *Westminster Dictionary of Worship* (Philadelphia: Westminster, 1972), 185ff.
12. Ver Geoffrey Wainwright, *Doxology: The Praise of God in Worship, Doctrine, and Lift* (New York: Oxford Univ. Press, 1980), 119-22.

CAPÍTULO 9

1. Uma grande quantidade de material histórico está contido em Cheslyn Jones, Geoffrey Wainwright, and Edward Yarnold, eds., *The Study of Liturgy* (New York: Oxford Univ. Press, 1978); and Joseph Jungmann, *The Mass of the Roman Rite*, trans. Francis A. Brunner and Rev. Charles K. Riepe (New York: Benzinger Brothers, 1959). Duas pequenas obras mas de grande valor são Theodor Klauser, *A Short History of the Western Liturgy*, 2d cd. (New York: Oxford Univ. Press, 1979), and William Maxwell, *An Outline of Christian Worship* (London: Oxford Univ. Press, 1939). Para obter fontes primárias ver Bard Thompson. *Liturgies of the Western Church* (New York: New American Library, 1974). Recentes pesquisas incluem James F. White, *A Brief History of Christian Worship* (Nashville: Abingdon, 1993); Robert Webber, ed., *The Twenty Centuries of Worship* (Nashville: Abbott Martyn, 1994), and Edward Foley, *From Age to Age* (Chicago: Liturgical Training Publications, 1991).
2. Ver Lucien Deiss, *Early Sources of the Liturgy*, trans. Benet Weatherhead (Collegeville:, Minn.: Liturgical, 1975), and Willy Rordorf, et al., *The Eucharist of the Early Christians* (New York: Pueblo, 1978).
3. Maxwell, An Outline of Christian Worship, 17.
4. Para evidência do uso generalizado dessas formas nas liturgias das igrejas primitivas ver R. C. D. Jasper and G. C. Cumings, eds., *Prayers of the Eucharist: Early and Reformed*, 2d ed. (New York: Oxford Univ. Press, 1980); ver também Maxwell, *An Outline of Christian Worship, 15-16*.
5. Para uma boa descrição da acção congregacional na adoração primitiva ver Gregory Dix, *The Shape of the Liturgy* (London: Dacre, 1975), chap. 2.
6. Uma excelente interpretação desta era é providenciada por Alexander Schmemann, *Introduction to Liturgical Theology* (Bangor, Maine: American Orthodox, 1967), chap. 3.
7. Ver Nikolaus Liesel and Tiber Makula, *The Eucharistic Liturgies of the Eastern Church* (Collegeville, Minn.: Liturgical, 1963). Esta obra contém o texto e imagens dos rituais copto, etíope, sírio, malancarês, maronito, grego, melquita, russo, ruteno, caldino, malabarês e arménio.
8. Maxwell, An Outline of Christian Worship, 40-41,
9. Ver Timothy Ware, *The Orthodox Church* (Baltimore: Penguin, 1963), 269.
10. Para uma interpretação da liturgia ortodoxa ver Alexander Schmemann, *For the Lift of the World* (Crestwood, N.Y.: St. Vladimir's Press, 1973). And *The Eucharist*

(Crestwood, N.Y.: St. Vladimir's Press, 1988).

11. Ver Jungmann, The Mass of the Roman Rite, 37ff.

12. Ver Jasper and Cumings, *Prayers of the Eucharist,* 10Sff,

13. Ver Thompson, Liturgies of the Western Church, 41-42.

14. Para uma excelente interpretação deste processo ver Schmemann, *Introduction to Liturgical Theology,* 72ff.

15. Schmemann, Introduction to Liturgical Theology, 98.

16. Para uma avaliação da influência dos cultos misteriosos na adoração cristã antiga, ver Joseph Jungmann, *The Early Liturgy to the Time of Gregory the Great* (Notre Dame, Ind.: Univ. of Notre Dame Press, 1959), 122ff.

17. Ver Thompson, Liturgies of the Western Church, 42.

18. Citado por Jungmann, The Mass of the Roman Rite. 67-68.

19. Jungmann, The Mass of the Roman Rift, 97ff.

20. Ver Schmemann, Introduction to Liturgical Theology, 105ff.

CAPÍTULO 10

1. Uma boa comparação das liturgias protestantes do século XVI é encontrada em Bard Thompson, *Liturgies of the Western Church* (New York: New American Library, 1974). Para liturgias de 1600-1900, ver Robert E. Webber, *Twenty Centuries of Christian Worship* (Nashville: Abbot Martyn, 1994).

2. William D. Maxwell, *An Outline of Christian Worship* (London: Oxford Univ. Press, *1939),* 72.

3. Ver "The Babylonian Captivity of the Church" in Raben Ferm, *Readings in the History of Christian Thought* (New York: Holt, Rinehart, and Winston, 1964), 500.

4. Thompson, Liturgies of the Western Church, 98.

5. A obra mais profunda sobre o relacionamento entre a adoração da reforma e a da igreja antiga é detalhada em Hughes Oliphant Old, *The Patristic Roots of Reformed Worship* (Zurich: Theologischer Verlag Zurich, 1975).

6. Augsburg Confession, 24.

7. Ver Thompson. Liturgies of the Western Church, 231-32.

8. Ver a Confissão de Riedemans citada em "Worship, Public," in *The Mennonite Encyclopedia* (Hillsboro, Kans.: Mennonite Brethren, 1955), 4:984-85.

9. Para informação acerca da liturgia de Bucer, ver Thompson, *Liturgies of the Western Church,* 159-66; Old, *The Patristic Roots of Reformed Worship,* 119ff.

10. Ver R. C. D. Jasper and G. C. Cumings, *Prayers of the Eucharist: Early and Reformed* 2d ed., (New York: Oxford Univ. Press. 1980). 153ff.

11. Para uma descrição sobre o culto de Calvino, ver Maxwell, *An Outline of Christian Worship,* 115.

12. Citado em Maxwell, An Outline of Christian Worship, 118.

13. Para uma breve história sobre a adoração luterana e reformada, ver James F. White, *Protestant Worship* (Louisville: Westminster, John Knox Press, 1969), chaps. 3-4, 6.

14. Sobre a adoração da igreja livre ver White, *Protestant Worship,* chaps. 7-11.

15. Ver James Hastings Nichols, *Corporate Worship in the Reformed Tradition* (Philadelphia: Westminster, 1968), 90ff.

16. Citado em "Baptist Worship," J. G. Davies, cd., *Westminster Dictionary of Worship* (Philadelphia: Westminster, 1972), 65.

17. "Congregationalist Worship," Davies, *Westminster Dictionary of Worship,* 149.

18. Ver "Quaker Worship," Davies, *Westminster Dictionary of Worship,* 328-29.

19. Doug Adams, *Meeting House to Camp Meeting* (Austin, Tex.: The Sharing Company, 1981), 13.

20. Nichols, Corporate Worship, 96.

21. Ver "Reformed Worship," Davies, *Westminster Dictionary of Worship,* 331ff.

22. Ver Nichols, *Corporate Worship.* 111ff.

23. Nichols, Corporate *Worship,* 122.

24. Para mais debate ver "Methodist Worship," Davies, *Westminster Dictionary of Worship,* 269ff.

25. Adams, *Meeting House to Camp Meeting*, 14-15.

CAPÍTULO 11

1. Ver Brad Estep, "A Holiness Model of Worship," *The Twenty Centuries of Worship* (Nashville: Abbott Martyn. 1994), 253.

2. Ver Gary S. Liddle, "A Holiness Pentecostal Theology of Worship," *The Twenty Centuries of Worship* (Nashville: Abbott Martyn, 1994).

3. Para obter um contexto histórico sobre a Constituição e sobre a liturgia sagrada, ver Frederick R. McManus "Liturgical Reform of Vatican II," Peter Fink, ed. *The New Dictionary of Sacramental Worship* (Collegeville, Minn.: Liturgical, 1990), 1081-97. Para obter o texto completo da "Constitution on the Sacred Liturgy," ver Mary Ann Simcoe, ed., *The Liturgy Documents* (Chicago: Liturgy Training, 1985), chap. 1. Para obter uma boa introdução sobre a adoração católica ver Jean Lebon, *How to Understand the Liturgy* (New York: Crossroad, 1988).

4. James F. White, "A Protestant Worship Manifesto," *The Christian Century*. Para obter uma introdução geral sobre a renovação da adoração na igreja, ler James F. White, *Introduction to Christian Century* (Nashville: Abingdon, 1990).

5. Ver Robert E. Webber, *Twenty Centuries of Christian Worship* (Nashville: Abbott Martyn, 1994), por publicar,

6. D. L. Alford, "Pentecostal and Charismatic Music" *Dictionary of Pentecostal and Charismatic Monuments* (Grand Rapids: Zondervan, 1988), 693-94.

7. Richard Riss, "The Charismatic Renewal," *Twenty Centuries of Worship* (Nashville: Abbott Martyn, 1994), 121-25.

8. Judson Cornwall, *Let Us Worship* (Plainfield, N.J.; Bridge Publishing, 1983), 143.

9. Cornwall, *Let Us Worship*, 166.

10. Cornwall, *Let Us Worship*, 146.

11. Cornwall, *Let Us Worship*, 156.

12. Cornwall, *Let Us Worship*, 157.

13. Ver Barry Liesch, *People in the Presence of God: Models and Direction for Worship* (Grand Rapids: Zondervan, 1988), 92-93.

14. Raben Webber, "The Praise and Worship Renewal," *Twenty Centuries of Christian Worship* (Nashville: Abbott Martyn). 131-34.

15. Randy Sly and Wayne Boosahda, "The Convergence Movement," *The Twenty Centuries of Worship* (Nashville: Abbott Martyn, 1994), 134-40.

16. Sly and Boosahda, "The Convergence Movement," 137-39.

CAPÍTULO 12

1. Ver "Architectural Setting," J. T. G. Davies, ed., *Westminster Dictionary of Worship* (Philadelphia: Westminster, 1972), 21ff; "The Place of Worship," in Jean-Jacques von Allmen, *Worship: Its Theology and Practice (New* York: Oxford Univ. Press, 1965), 240-82.

2. Ver "The Language of Space," James F. White, *Introduction to Christian Worship* (Nashville: Abingdon, 1980), 76ff.

3. Ver "Dedication," Davies, Westminster Dictionary of Worship, 162.

4. Ver "Means by Which the Numinous Is Expressed in Art," Rudolf Otto, *The Idea of Holy* (New York: Oxford Univ. Press, 1977), 65ff.

5. Na arquitectura medieval, o erro da missa como um sacrifício foi expresso na pluralidade dos altares. Alguns evangélicos tornaram a urna grega e a arquitectura colonial, um símbolo do conservadorismo.

6. Ver Louis Bouyer, *Liturgy and Architecture* (Noue Dame, Ind.: Univ. of Notre Dame Press, 1967), 8-24.

7. Bouyer, Liturgy and Architecture, 11.

8. Bouyer, Liturgy and Architecture, 24-39.

9. Bouyer, Liturgy and Architecture, 39-60.

10. Ver "Iconostasis," Davies, *Westminster Dictionary of Worship*, 196.

11. Para obter uma excelente crítica dos desenvolvimentos litúrgicos no leste, ver Alexander Schmemann, *Introduction to Liturgical Theology* (Bangor, Maine: American Orthodox, 1966).

12. Ver Bouyer, Liturgy and Architecture, 70-86.

13. William Maxwell, *An Outline of*

Christian Worship (London: Oxford Univ. Press, 1939), 68.

14. Bard Thompson, *Liturgies of the Western Church* (New York: New American Library, 1974), 142.

15. Ver "Pulpit," Davies, Westminster Dictionary of Worship, 326.

16. Ver "Communion Table," Davies Westminster Dictionary of Worship, 144.

17. Os seguintes recursos contêm sugestões úteis sobre guiar uma congregação a uma compreensão renovada e ao uso do espaço: Edward A. Sovik, *Architecture for Worship* (Minneapolis: Augsburg, 1973); Peter G. Cobb, "The Architectural Setting of the Liturgy," Cheslyn Jones, Geoffrey Wainwright, and Edward Yarnold, eds., *The Study of Liturgy* (New York: Oxford Univ. Press, 1978), 473-87; *Environment and Ant in Christian Worship* (Chicago: Liturgy Training, 1986); Marchita Mauck, *Shaping a House for the Church* (Chicago: Liturgy Training, 1990); James F. White and Susan J. White, *Church Architecture: Building and Renovating for Christian Worship* (Nashville: Abingdon Press, 1988).

18. Ver especificamente Mauck, Shaping a House for the Church, and White and White, Church Architecture.

CAPÍTULO 13

1. Para obter uma boa discussão sobre a ordem da adoração na igreja primitiva ver Allen Cabaniss, *Pattern in Early Christian Worship* (Macon, Ga.: Mercer Univ. Press. 1989).

CAPÍTULO 14

1. *The Book of Common Prayer* (New York Church Hymnal, 1979), 355-357.

2. Rudolf Otto, *The Idea of the Holy* (New York Oxford Univ. Press, 1958), 211-12.

3. Ver "Procession," J. G. Davies, eel., *Westminster Dictionary of Worship* (Philadelphia: Westminster, 1972), 323ff.

4. Abraham Millgram, *Jewish Worship* (Philadelphia: The Jewish Publication Society, 1971), 98-99.

5. Bard Thompson, *Liturgies of the Western Church* (New York: New American Library, 1974), 197.

6. Thompson, Liturgies of the Western Church, 357.

7. Thompson, Liturgies of the Western Church, 417.

8. Ver "Gloria in Excelsis Deo," in New Catholic Encyclopedia (New York: McGraw, 1967),7:510-11.

9. Ver Joseph Jungmann, *The Mass of the Roman Rite* (New York: Be:nunger Bromers 1959), 222ff.

10. Brian Doerksen, "Vineyard," The Renewing of Sunday Worship (Nashville: Abbott Martyn, 1993).

11. Para uma explicação mais completa do padrão de cinco fases da adoração, ver Barry Leisch, People in the Presence of God (Grand Rapids: Zondervan, 1988), 91-94.

CAPÍTULO 15

1. Ver Cyril Richardson, *Early Christian Fathers* (Philadelphia: Westminster, 1953), 287; William Maxwell, *An Outline of Christian Worship* (London: Oxford Univ. Press, 1939),14ff.

2. Ver Joseph Jungmann, *The Man of the Roman Rite*, trans. Francis A. Brunner and Rev. Charles K. Riepe (New York: Benzinger Brothers, 1959), 260ff.

3. Citado em "Psalmody," J. G. Davies. ed., *Westminster Dictionary of Worship* (Philadelphia: Westminster, 1977), 326,

4. Citado em "Psalmody," Davies, *Westminster Dictionary of Worship*, 326.

5. Ver Jungmann, The Man of the Roman Rite, 284ff.

6. Para uma hermenêutica da pregação, ver David Buttrick, *The Renewal of Sunday Worship* (Nashville: Abbott Martyn, 1993) 326-29.

7. Ver Donald Coggen, The Prayers of the New Testament (New York: Harper, 1967).

8. Ver Jungmann, *The Mass of the Roman Rite*, 39tff., and Hughes Oliphant Old, *The Patristic Roots of Reformed Worship* (Zurich: Tehologischer Verlag Zurich, 1975), 240ff.

9. Gregory Dix, *The Shape of the Liturgy* (London, Dacre, 1945), 42-43.

10. Ver "Gestures," Davies, *Westminster*

Dictionary of Worship, 185ff.

11. Richardson, Early Christian Fathers, 285-86.

12. *The New Common Lectionary* (Nashville: Abingdon. 1992).

CAPÍTULO 16

1. Ver Gregory Dix, *The Shape of the Liturgy* (London: Dacre, 1945), 48ff.

2. Ver "Anaphora," J. G. Davies, ed., *Westminster Dictionary of Worship* (Philadelphia: Westminster, 1972), 10ff.

3. As fontes básicas de comparação são encontradas em Cheslyn Jones, Geoffrey Wainwright e Edward Yarnold, eds., *The Study of Liturgy* (New York: Oxford Univ. Press, 1978); Bard Thompson, *Liturgies of the Western Church* (New York: New American Library, 1974); Hughes Oliphant Old, *The Patristic Roots of Reformed Worship* (Zurich: Theologische verlag Zurich, 1975); and R. C. D. Jasper and G. C. Cumings, *Prayers of the Eucharist: Early and Reformed*, 2d. ed., (New York: Oxford Univ. Press, 1980).

4. Dix, The Shape of the Liturgy, 117.

5. Dix, The Shape of the Liturgy, 124-25.

6. Thompson, Liturgies of the Western Church, 204.

7. Thompson, Liturgies of the Western Church, 111.

8. Thompson, Liturgies of the Western Church, 369.

9. Justin Martyr, *First Apology*, 67.

10. Dix, The Shape of the Liturgy, 126ff.

11. Hippolytus, *Apostolic Tradition*, 1, 4, 3.

12. Hippolytus, *Apostolic Tradition*, 1, 4, 3.

13. Ver Jasper and Cumings, *Prayers of Eucharist*, 89.

14. Hippolytus, *Apostolic Tradition*, 1, 4, 4-8. Para comparar com a oração eucarística dos reformados ver Old, *Patristic Roots*, 283ff; Jasper and Cumings, *Prayers of the Eucharist*, 130-92; Thompson, *Liturgies of the Western Church*, 95-374.

15. Ver Jasper and Cumings, *Prayers of the Eucharist*, 130ff.

16. Jasper and Cumings, *Prayers of the Eucharist*, 153ff.

17. Thompson, Liturgies of the Western Church. 369.

18. Ignatius, Letter to the Ephesians, 20:1.

19. *Didache*, 9:4.

20. Hippolytus, *Apostolic Tradition*, 1,4:9-10.

21. The Apostolic Constitutions, Book 8, ver Jasper and Cumings, Prayers of the Eucharist, 76.

22. Ver Dix, The Shape of the Liturgy, 161.

23. Hippolytus, *Apostolic Tradition*, 1, 4:12.

24. Alexander Schmemann, *For the Lift of the World* (Crestwood. N.Y.; St. Vladimir's Press, 1973), 44.

25. Dix, The Shape of the Liturgy, 161.

26. The Shape of the Liturgy, 131.

27. Ver Thompson, Liturgies of the Western Church, 95-104.

28. The Apostolic Constitution, Book 8, 78-79.

29. Ver Henry Bettenson, *Later Church Fathers* (New York: Oxford Univ. Press, 1970), 46-47.

30. *The Book of Common Prayer* (New York: Seabury Press, 1979), 361-65.

CAPÍTULO 17

1. Norman Pittenger, *Life as Eucharist* (Grand Rapids: Eerdmans. 1973), 80-81.

2. Tissa Balasuriya, *The Eucharist and Human Literature* (Maryknoll, N.Y.: Orbis, 1979).

3. Balasuriya, The Eucharist and Human Literature, 25.

CAPÍTULO 18

1. Ver, "The Numinous in Poetry, Hymn, and Liturgy," Rudolf Ono, *The Idea of the Holy* (New York: Oxford 1977), 186ff.

2. Ignatius, Letter to the Ephesians, 4.

3. Jones, Wainwright, and Yarnold, *The Study of Liturgy* (New York: Oxford Univ. Press, 1978),451.

4. Jones, Wainwright, and Yamold, *The*

Study of Liturgy, 451-52.

5. Jones, Wainwright, and Yarnold, *The Study of Liturgy*, 452.

6. Jones, Wainwright, and Yarnold, *The Study of Liturgy*, 452-53.

7. Jones, Wainwright, and Yarnold, *The Study of Liturgy*, 453-54.

8. Para uma discussão sobre o relacionamento entre a música no Antigo Testamento e o Novo ver especialmente Eric Werner, *The Sacred Bridge: Liturgical Parallels in Synagogue and Early Church* (New York: Schocken, 1970).

9. Ver "Hymns and Spiritual Songs," Ralph P. Martin, *Worship in the Early Church* (Grand Rapids: Eerdmans, 1976), 39-52.

10. Ver "Gregorian Chant," in Hugh Leichtentnitt, *Music History and Ideas* (Cambridge Mass.: Harvard Univ. Press, 1961), 22ff.

11. Ver Ellsworth, Christian Music in Contemporary Witness, 35-44.

12. Citado em Lester Hostetler, *Handbook to the Mennonite Hymnary* (Newton, Kans.: General Conference of the Mennonite Church of North America. 1949), xv.

13. Jones, Wainwright, and Yarnold, *The Study of Liturgy*, 444.

14. Hostetler, Handbook, xv.

15. Hostetler, Handbook, xvt.

16. Hostetler, Handbook, xvii.

17. Ver Erik Routley, C*hurch Music and the Christian Faith* (Carol Stream, III.: Agape, 1978), 50ff.

18. Ver "Psalmody and Hymnody" in Hughes Oliphant Old, *The Patristic Roots of Reformed Worship* (Zurich: Theologischer Verlag Zurich, 1975). 251ff.

19. Para uma pequena, mas útil, pesquisa sobre este período, ver Robert G. Rayburn, *O Come Let Us Worship* (Grand Rapids: Baker, 1980), 223ff.

20. Citado em Alan Dunstan, "Hymnody in Christian Worship," in Jones, Wainwright, and Yarnold, *The Study of Liturgy*, 458.

21. Ver "Eighteenth Century Music," Ellsworth, *Christian Music in Contemporary Witness*, 65ff.

22. Ver "Eighteenth Century Music," Ellsworth, *Christian Music in Contemporary Witness*, 65ff.

23. Ellsworth, Christian Music in Contemporary Witness, 103ff.

24. Para obter uma excelente pesquisa sobre música e a sua relação com as culturas, ver Andrew Wilson-Dickerson, *The Story of Christian Music* (Oxford: Lion, 1992).

25. Calvin M. Johansson, *Disciplining Music Ministry* (Peabody, Mass.: Hendrickson, 1992), 136.

CAPÍTULO 19

1. *The Constitution on the Sacred Liturgy*, Chap. 7, 122. Ver Mary Ann Simcoe, cd., *The Liturgy Document* (Chicago: Liturgy Training, 1985), 32.

2. Richard Leonard, "Biblical Philosophy of the Worship Arts," *The Biblical Foundations of Christian Worship* (Nashville: Abbott Marryn, 1993), 219.

3. Ver Ronald Gagne, Thomas Kane, Robert Ver Eecke, *Introducing Dance in Christian Worship* (Washington, D.C Pastoral, 1984), 38-43; 45-51.

4. Timothy Ware, *The Orthodox Church* (New York: Penguin Books, 1994), 277-78.

5. *Environment and Art in Catholic Worship* (Washington, D.C.: United States Catholic Conference, 1978), 2.

6. Ibid., 3.

7. LeRoy Kennel, *Visual Arts and Worship* (Newton, KS: Faith & Life Press, 1983), 9.

8. Para o desenvolvimento dessas ideias, ver Kennel, *Visual Arts and Worship*, 9-17.

9. Para uma discussão desses cinco tipos de ordenança, ver Ronald Gagne, Thomas Kane, Robert Ver Eecke, *Introducing Dance in Christian Worship* (Washington, D.C.: The Pastoral Press, 1984), 99-115.

CAPÍTULO 20

1. Ver "καιρός" Colin Brown, ed., Dictionary of New Testament Theology (Grand Rapids: Zondervan, 1971), 3:833ff.

2. Ver Abraham Millgram, *Jewish Worship* (Philadelphia: Jewish Publication Society, 1971).

3. Oscar Cullman, Christ and Time: The

Primitive Conception of Time and History (Philadelphia: Westminster, 1964).

4. Marion J. Hatchett, *Sanctifying Life, Time, and Space* (New York Seabury, 1976), 9ff.

5. Ver Millgram, *Jewish Worship*, 143ff.

6. Hippolytus, *The Apostolic Tradition*, 4, 36.

7. Chesly Jones, Geoffrey Wainwright, and Edward Yarnold, *The Study of Liturgy* (New York: Oxford Univ. Press, 1978), 350-402.

8. Ver "The Lord's Day," Jean Danielou, *The Bible and the Liturgy* (Notre Dame: Univ. of Notre Dame Press, 1956), 242ff.

9. Daniélou, *Bible and Liturgy*, 249.

10. Daniélou, *Bible and Liturgy*, 251.

11. Citado de Daniélou, *Bible and Liturgy*, 255.

12. Ver "The eighth day," in Daniélou, *Bible and Liturgy*, 262ff.

13. Ver Peter G. Cobb, "The History of the Christian Year," Jones, Wainwright, and Yarnold, *The Study of Liturgy*, 403-19.

14. Ver os comentários incisivos sobre este assunto por Alexander Schmemann, *Introduction to Liturgical Theology* (Bangor, Maine: American Orthodox. 1970), 34ff.

15. See "The Liturgical Year," Jean-Jacques von Allmen, *Worship: Its Theology and Practice* (New York: Oxford Univ. Press, 1965), 227-36.

16. Obras úteis sobre as origens do ano cristão incluem: Adolf Adam, *The Liturgical Year* (New York: Pueblo, 1981), A. G. Mactinmort, *The Liturgy and Time* (Collegeville, Minn,: Liturgical. 1986).

17. Ver "Advent," J. G. Davies, cd., *Westminster Dictionary of Worship* (Philadelphia: Westminster, 1972), 1ff.

18. Ver "Epiphany," Davies, *Westminster Dictionary of Worship*, 170ff.

19. Ver "Lent," Davies, Westminster Dictionary of Worship, 212ff.

20. Ver "Ash Wednesday," Davies, *Westminster Dictionary of Worship*, 41.

21. Ver "Holy Week," Davies, *Westminster Dictionary of Worship*, 193ff.

22. Ver "Easter," Davies, *Westminster Dictionary of Worship*, 166ff.

23. Citado em James F. White, *Introduction to Christian Worship* (Nashville: Abingdon, 1980), 53.

24. Ver "Pentecost," Davies, *Westminster Dictionary of Worship*, 310ff.

25. Citado em "Pentecost," Davies, *Westminster Dictionary of Worship*, 310-11.

CAPÍTULO 21

1. Tertullian, "*On Baptism*," *The Ante-Nicene Fathers*, Vol. 3. Tertullian, trans. S. Thelwall (Grand Rapids: Eerdmans, 1978), 670.

2. Tertullian, *On Baptism*, 670.

3. Tertullian, *On Baptism*, 677.

4. *The Apostolic Tradition of St. Hippolytus*, ed. Gregory Dix and Henry Chadwick (2d ed., Harrisburg, Penn.: Morehouse Publishers, 1991).

5. Hippolytus, *Apostolic Tradition*, para obter o texto completo ver páginas 23-28.

6. Hippolytus, *Apostolic Tradition*, para obter o texto completo ver páginas 28-30.

7. Citado de Robert Ferm, *Readings in the History of Christian Thought* (New York: Holt, Rinehart and Winston, J964), 446-69.

8. Hugh T. Kerr. ed., *A Compend of Luther's Theology* (Philadelphia; Westminster, 1966), 166.

9. John Calvin, *Institutes of the Christian Religion*, ed., John T. McNeil (Philadelphia: Westminster, 1960), 4.1.1277.

10. Calvin, *Institutes*, 4.1.1303.

11. Robert Friedman, *The Theology of Anabaptism* (Scottdale, Penn., Herald, 1973), 135.

12. Friedman, The Theology of Anabaptism, 137.

13. Muito do material sobre o baptismo tem sido adaptado de Alan Johnson and Robert Webber, *What Christians Believe* (Grand Rapids: Zondervan, 1989), 389-397.

14. Para obter uma explicação sobre a adaptação do RClA para protestantes, ver Robert Webber, *Liturgical Evangelism* (Harrisburg, Penn.; Morehouse, 1993).

15. Ver por exemplo, The Book of Common Prayer.

16. Hippolytus, *The Apostolic Tradition*, 4, 2.

17. Ver o debate sobre esta questão em Gregory Dix, *The Shape of the Liturgy* (London: Dacre, 1945), 48-102; ver também "Was the Last Supper a Passover Meal?" in Joachim Jeremias, *The Eucharistic Words of Jesus* (Philadelphia: Fortress. 1977).

18. Ver Dix, The Shape of the Liturgy, 110-23.

19. Clement, *First Letter*, chap. 36.

20. Ibid., chap. 44.

21. Justin, *First Apology*, 2, 65.

22. Hippolytus, *Apostolic Tradition*, 4, 2.

23. *Didache*, 14.

24. Ignatius, Letter to the Ephesians, 5. 2.

25. Hippolytus, *Apostolic Tradition*, 4,12-13.

26. Para obter uma história sobre a teologia eucarística ver Joseph M. Powers, *Eucharistic Theology* (New York: Seabury, 1967); ver também Cheslyn Jones, Geoffrey Wainwright, and Edward Yarnold, cds., *The Study of Liturgy* (New York: Oxford Univ. Press, 1978), 147-288.

27. Ver Hughes Oliphant Old, *The Patristic Roots of Reformed Worship* (Zurich: Theologischer Verlag Zurich, 1975), 101ff.

28. Ver as orações e ensino eucarísticos dos pais da igreja em R. C. D. Jasper and G. C. Cumings, *Prayer of the Eucharist: Early and Reformed*. 2d ed. (New York: Oxford Univ. Press, 1980), esp. Justin Martyr, 17-20.

29. Ver os comentários sobre isto por Dix, *The Shape of the Liturgy*, 114ff.

30. Cyril C. Richardson, ed., *Early Christian Fathers* (Philadelphia: Westminster, 1953), 286.

31. Jasper and Cumings, *Prayer of the Eucharist*, 22-25.

32. Ver Henry Bettenson, *The Later Christian Fathers* (London: Oxford Univ. Press, 1970), 185.

33. Bettenson, The Later Christian Fathers, 244.

34. Bettenson, The Later Christian Fathers, 245.

35. Citado de Robert Ferm, *Readings in the History of Christian Thought* (New York: Holt, Rinehart and Winston, 1964), 459.

36. Ferm, *Readings*, 461.

37. Ver John H. Leith, *Creeds of the Churches* (New York: Doubleday, 1963), 58.

38. Thomas Aquinas, *Summa Theologiae*, 58:73, 75.

39. Citado por Donald Bridge and David Phypers, *Communion: The Meal that Unites?* (Wheaton, Ill.: Shaw, 1981), 80.

40. Kerr, *A Compend of Luther's Theology* (Philadelphia: Westminster. 1966), 170-71.

41. Calvin, *Institutes*, 4.17.3, 1363.

42. Citado de Friedmann, *The Theology of Anabaptism*, 140-41.

43. James Arminius, *The Works of James Arminius*, 3 vols. (Grand Rapids: Baker, reprint of 1875), 1.161.

44. Arminius, *Works*, 1.280.

45. O material sobre o desenvolvimento histórico da eucaristia foi adaptado de Johnson and Webber, *What Christians Believe*, 399-408.

46. Ver Peter E. Fink, "Eucharist, Theology of" *The New Dictionary of Sacramental Worship* (Collegeville, Minn.: Liturgical, 1990), 431-47.

47. Essas sugestões foram publicadas anteriormente em Robert Webber, "The Table of the Lord Is a Time for Celebration," *Worship Leader* (August-September, 1993): 9.

CAPÍTULO 22

1. Para uma introdução completa sobre essas áreas de estudos de adoração, ver, Robert Webber. cd., *The Ministries of Worship* (Nashville: Abbott Martyn, 1994).

2. Para obter um estudo sobre esta questão, ver Brian Wren, *What Language Shan I Borrow?* (Grand Rapids: Eerdmans. 1991).

3. Ver Martin Israel, *Healing as Sacrament* (Cambridge, Mass.: Cowley, 1984); Francis MacNun, *Healing* (Notre Dame. Ind.: Ave Maria, 1974); and Nelson S. T. Thayer. *Spirituality and Pastoral Care* (Philadelphia: Fortress, 1985).

4. Ver Don E. Saliers, *Worship and Spirituality* (Philadelphia: Westminster, 1984).

5. Ver Frank C. Senn, *The Witness of the Worshiping Community: Liturgy and the Practice of Evangelism* (Mahwah, N.J.: Paulist, 1993), and Robert Webber, *Liturgical Evangelism* (Harrisburg: Morehouse, 1992).

6. Tissa Balasuriya, *The Eucharist and Human Liberation* (Mary Knoll, N.Y.: Orbis. 1979).

7. Ver Kathleen Hughes and Mark R. Francis. 2ed., *Living No Longer for Ourselves: Liturgy and justice in the Nineties* (Collegeville, Minn.: Liturgical. 1991), and James L Empereur and Christopher G. Kiesling, *The Liturgy that Does Justice* (Collegeville. Minn.: Liturgical, 1990).

8. Ver também a página 196 sobre este assunto.

Bibliografia

OBRAS DE REFERÊNCIA

Davies. J. G. ed. *The New Westminster Dictionary of Liturgy and Worship*. Philadelphia: Westminster, 1986.

Fink, PeTer E., ed. *The Dictionary of Sacramental Worship*. Collegeville, Minn.: Liturgical, 1990.

Lang. Jovian P. *Dictionary of the Liturgy*. New York: Catholic Book Publishing Co., 1989.

Thompson, Bard. *A Bibliography of Christian Worship*. Metuchen. N.J. & London: The American Theological Library Association and the Scarecrow Press, 1989.

Webber, Robert, ed. *The Complete Library of Christian Worship*. Nashville: Abbott Marryn, 1993-4.

Vol. I. *The Biblical Foundations of Christian Worship.*

Vol. II. *The Twenty Century of Worship.*

Vol. III. *The Renewal of Sunday Worship.*

Vol. IV. *The Role of Music and Arts in Worship (Books One and Two).*

Vol. V. *The Service of the Christian Year.*

Vol. VI. *The Sacred Actions of Worship.*

Vol. VII. *The Ministries of Worship.*

Whitt. James F. Documents of Christian Worship. Louisville: Westminster/John Knox Press, 1992.

LIVROS SOBRE ADORAÇÃO

The Book of Occasional Services. New York: The Hymnal Corp., 1979.

The Book of Common Prayer. New York: The Hymnal Corp., 1977.

Book of Worship: United Church of Christ. New York: United Church of Christ, Office of Church Life and Leadership, 1986.

The Service for the Lord's Day. Philadelphia: Westminster, 1984.

Thankful Praise: A Resource for Christian Worship. Sr. Louis: CBP, 1987.

INTRODUÇÕES GERAIS SOBRE ADORAÇÃO

Allen, Ronald, and Gordon Borrow. *Worship: Rediscovering the Missing Jewel*. Portland: Multnomah Press, 1982.

Burkhart, John E. *Worship*. Philadelphia: Westminster, 1982.

Engle, Paul E. *Discovering the Fullness of Worship*. Philadelphia: Great Commission, 1978.

Erickson, Craig Douglas. *Participating in Worship*. Louisville: Westminster/John Knox Press,

1989.

Hayford, Jack W. *Worship His Majesty*. Waco: Word, 1987.

Hickman, Hoyt L. *A Primer for Church and Worship*. Nashville: Abingdon Press, 1984.

Hoon, Paul. *The Integrity of Worship*. Nashville: Abingdon Press, 1971.

Jones, Cheslyn, Geoffrey Wainwright, and Edward Yarnold, eds. *The Study of Liturgy*. New York: Oxford Univ. Press, 1978.

Kavanaugh, Aidan. *On Liturgical Theology*. New York: Pueblo, 1984.

Kendrick, Graham. *Learning to Worship as Way of Life*. Minneapolis: Bethany House, 1984.

Liesch, Barry. *People in the Presence of God*. Grand Rapids: Zondervan, 1988.

Marshal, Michael. *Renewal in Worship*. Wilton, Conn.: Morehouse-Barlow, 1985.

Rayburn, Robert. *O Come Let Us Worship*. Grand Rapids: Baker, 1980.

Schmemann, Alexander. *Introduction to Liturgical Theology*. Scarsdale, N.Y.: St. Vladimir's Press.

Taft, Robert. Beyond East and West: Problems in Liturgical Understanding. Washington: Pastoral, 1984.

Wardle, Terry Howard. *Exalt Him!* Camp Hill, Penn.: Christian Publications, 1988.

Webber, Robert. *Worship is a Verb*. Nashville: Abbott Martyn, 1992.

__. *Signs of Wonder*. Nashville: Abbott Marryn, 1992.

White, James F. *Introduction to Christian Worship*. 2d edition. Nashville: Abingdon, 1990.

Wiersbe, Warren W. *Real Worship*. Nashville: Oliver Nelson, 1986.

ESTUDOS BÍBLICOS

Bradshaw, Paul F. and Lawrence D. Hoffman. eds. *The Making of Jewish and Christian Worship*. Notre Dame. Ind.: Univ. of Notre Dame Press, 1991.

Cullmann, Oscar. *Early Christian Worship*. London: SCM, 1973.

Di Sante, Carmine. Jewish Prayer: The Origins of Christian Liturgy. New York: Paulist, 1985.

Fisher. Eugene J. *The Jewish Roots of Christian Liturgy*. New York: Paulist, 1990.

Hahn. Ferdinand. *The Worship of the Early Church*, Philadelphia: Forness. 1973.

Martin. Ralph P. *Worship in the Early Church*. Grand Rapids: Eerdmans, 1974.

Moule. C. F. D. *Worship in the New Testament*. Bremcote: Grove, 1977.

Peterson, David. Engaging with God: A Biblical Theology of Worship. Grand Rapids: Eerdmans. 1992.

Van Olsr. E. H. *The Bible and the Liturgy*. Grand Rapids: Eerdmans. 1991.

ESTUDOS HISTÓRICOS

Adams, Doug. Meeting House to Camp Meeting: Toward a History of American Free Church Worship. Austin. Tex.: The Shering Company, 1981.

Deiss. Lucien. *Early Source of the Liturgy*. Collegeville. Minn.: Liturgical, 1967.

Dix. Gregory. *The Shape of Liturgy*. San Francisco: Harper & Row, 1943.

Jasper, R. D. C.. and G. C. Cumings. *Prayers of the Eucharist: Early and Reformed*. New York: Oxford Univ. Press, 1980.

Klauser, Theodore. *A Short History of the Western Liturgy*. New York: Oxford Univ. Press, 1979.

Maxwell, William D. *An Outline of Christian Worship*. Grand Rapids: Baker, 1963.

Oesterley, W. O. E. *The Jewish Background of the Christian Liturgy*. Glouchester: Peter Smith, 1965.

BIBLIOGRAFIA

Rordorf, Willy. *The Eucharist of the Early Christians*. New York: Pueblo, 1978.
Thompson, Bard. *Liturgies of the Western Church*. New York: New American Library, 1974.
Wegman. Herman. Christian Worship in East and West: A Study Guide to Liturgical History. New York: Pueblo, 1985.
White. James F. *A Brief History of Christian Worship*. Nashville: Abingdon, 1993.
Willimon, William H. *Word, Water, Wine and Bread*. Valley Forge, Penn.: Judson Press, 1980.

ADORAÇÃO E ARTES

MÚSICA

Hustad, Don. *Jubilate*. Carol Stream: Hope, 1981.
Lawrence, Joy E. and John A. Ferguson. *A Musician's Guide to Church Music*. New York: Pilgrim, 1981.
A New Metrical Psalter. New York: The Church Hymnal Corporation, 1988.
100 Hymns, 100 Choruses, Laguna Hills, Cal.: Maranatha! Music, 1987.
Psalter Hymnal. Grand Rapids: CRC Publication, 1987.
The Worshiping Church: A Hymnal. Carol Stream: Hope, 1990.

DANÇA

Daniels, Marilyn. *The Dance in Christianity*. New York: Paulist, 1981.
Deirering, Carolyn. *The Liturgy as Dance and the Liturgical Dancer*. New York: Crossroad, 1984.
Gagne. Ronald. et aI. *Introducing Dance in Christian Worship*. Washington: Pastoral, 1986.

TEATRO

Smith, Judy Gattis. *Drama Through the Church Year*. Colorado Springs: Meriwether, 1984.
Para uma brochura sobre os materiais disponíveis de teatro na adoração: Meriwether Publishing, Ltd., P.O. Box 7710, Colorado Springs, CO 80633.

ADORAÇÃO E ASSUNTOS RELACIONADOS

ANO CRISTÃO

Adam, Adolf. *The Liturgical Year*. New York: Pueblo, 1981.
Hickman. Hoyt. et at. *Handbook of the Christian Year*. Nashville: Abingdon, 1986.
Nocent, Adrian. *The Liturgical Year*. 4 vols. Collegeville. Minn.: Liturgical. 1977.

EVANGELISMO

Senn, Frank C. The Witness of the Worshiping Community: Liturgy and the Practice of Evangelism. Mahwah. N.J.: Paulist, 1993.
Webber, Robert. Liturgical Evangelism: Worship as Outreach and Nurture. Harrisburg, Penn.: Morehouse. 1992.

ACÇÃO SOCIAL

Webber. Robert. and Rodney Clapp. *People of the Truth*. Harrisburg. Penn.: Morehouse, 1993.

ORAÇÃO

Daily Prayer: The Worship of God. Philadelphia: Westminster, 1987.

Appleton, George. *The Oxford Book of Prayer*. New York: Oxford Univ. Press, 1985.

Rowthorn, Jeffrey W. *The Wideness of God's Mercy: Litanies to Enlarge Our Prayer*. 2 vols. New York: Seabury, 1985.

Webber. Robert. *The Book of Daily Pray*. Grand Rapids: Eerdmans, 1993.

www.ingramcontent.com/pod-product-compliance
Lightning Source LLC
Chambersburg PA
CBHW051342040426
42453CB00007B/364